Y. 5548
A.C.I.

Yf 5270

RÉPERTOIRE GÉNÉRAL

DU

THÉATRE FRANÇAIS.

TOME 1.

A. EGRON, IMPRIMEUR
DE S. A. R. MONSEIGNEUR, DUC D'ANGOULÊME,
rue des Noyers, n.º 37.

RÉPERTOIRE GÉNÉRAL

DU

THÉATRE FRANÇAIS,

COMPOSÉ

DES TRAGÉDIES, COMÉDIES ET DRAMES

DES AUTEURS DU PREMIER ET DU SECOND ORDRE,

Restés au Théâtre Français;

AVEC UNE TABLE GÉNÉRALE.

THÉATRE DU PREMIER ORDRE.

P. CORNEILLE. — TOME I.

PARIS,

H. NICOLLE, A LA LIBRAIRIE STÉRÉOTYPE,
rue de Seine, n.° 12.

M DCCC XVIII.

VIE

DE P. CORNEILLE,

PAR

BERNARD LE BOVIER DE FONTENELLE,

SON NEVEU.

Pierre Corneille naquit à Rouen, en 1606, de Pierre Corneille, maître des eaux et forêts en la vicomté de Rouen, et de Marthe le Pesant. Il fit ses études aux jésuites de Rouen, et il en a toujours conservé une extrême reconnoissance pour toute la société. Il se mit d'abord au barreau, sans goût, et sans succès. Mais une petite occasion fit éclater en lui un génie tout différent; et ce fut l'amour qui la fit naître. Un jeune homme de ses amis, amoureux d'une demoiselle de la même ville, le mena chez elle : le nouveau venu se rendit plus agréable que l'introducteur. Le plaisir de cette aventure excita dans Corneille un talent qu'il ne connoissoit pas; et sur ce léger sujet il fit la comédie de Mélite, qui parut en 1625. On y découvrit un caractère original; on conçut que la comédie alloit se perfectionner; et, sur la confiance qu'on eut [1] du nouvel auteur qui paroissoit, il se forma une nouvelle troupe de comédiens.

Je ne doute pas que ceci ne surprenne la plupart des gens qui trouvent les six ou sept premières pièces de Corneille si indignes de lui, qu'ils les voudroient retrancher de son recueil, et les faire oublier à jamais. Il est certain que ces pièces ne sont pas belles; mais, outre qu'elles servent à l'histoire du théâtre, elles servent beaucoup aussi à la gloire [2] de Corneille.

---

[1] Comme on a promis des notes grammaticales, il est juste d'observer que la confiance du nouvel auteur est une faute de langue. On a de la confiance en quelqu'un, dans le mérite et les talents de quelqu'un, mais non pas DU mérite et DES talents. On a de la défiance DE, et de la confiance EN. Cette remarque est pour les étrangers; ils pourraient être induits en erreur par cette inadvertance de M. de Fontenelle, qui écrivait d'ailleurs avec autant de pureté que de grace et de finesse.

[2] Ce qu'on ne peut lire ne peut guère servir à la gloire de l'auteur. La gloire est le concert des louanges constantes du public. Deux ou trois littérateurs qui diront d'un ouvrage mauvais en soi, Cet ouvrage était bon pour son temps, ne procureront à l'auteur aucune gloire. Corneille n'est point un grand homme pour avoir fait de mauvaises comédies, bien moins mauvaises que celles de son temps, mais pour avoir fait des tragédies infiniment supérieures à celles de son temps, et dans lesquelles il y a des morceaux supérieurs à tous ceux du théâtre d'Athènes.

Il y a une grande différence entre la beauté de l'ouvrage et le mérite de l'auteur. Tel ouvrage qui est fort médiocre n'a pu partir que d'un génie sublime; et tel autre ouvrage qui est assez beau a pu partir d'un génie assez médiocre. Chaque siècle a un certain degré de lumière qui lui est propre; les esprits médiocres demeurent au-dessous de ce degré; les bons esprits y atteignent; les excellents le passent, si on le peut passer. Un homme né avec des talents est naturellement porté par son siècle au point de perfection où ce siècle est arrivé; l'éducation qu'il a reçue, les exemples qu'il a devant les yeux, tout le conduit jusque-là. Mais s'il va plus loin, il n'a plus rien d'étranger qui le soutienne, il ne s'appuie que sur ses propres forces, il devient supérieur aux secours dont il s'est servi. Ainsi deux auteurs, dont l'un surpasse extrêmement l'autre par la beauté de ses ouvrages, sont néanmoins égaux en mérite, s'ils se sont également élevés chacun au-dessus de son siècle. Il est vrai que l'un a été bien plus haut que l'autre; mais ce n'est pas qu'il ait eu plus de force, c'est seulement qu'il a pris son vol d'un lieu plus élevé. Par la même raison, de deux auteurs dont les ouvrages sont d'une égale beauté, l'un peut être un homme fort médiocre, et l'autre un génie sublime.

Pour juger de la beauté d'un ouvrage, il suffit donc de le considérer en lui-même; mais pour juger du mérite de l'auteur, il faut le comparer à son siècle. Les premières pièces de Corneille, comme nous avons déjà dit, ne sont pas belles : mais tout autre qu'un génie extraordinaire ne les eût pas faites. Mélite est divine, si vous la lisez après les pièces de Hardy, qui l'ont immédiatement précédée. Le théâtre y est, sans comparaison, mieux entendu, le dialogue mieux tourné, les mouvements mieux conduits, les scènes plus agréables; surtout, et c'est ce que Hardy n'avoit jamais attrapé, il y règne un air assez noble, et la conversation des honnêtes gens n'y est pas mal représentée. Jusque-là on n'avoit guère connu que le comique le plus bas, ou un tragique assez plat; on fut étonné d'entendre une nouvelle langue.

Le jugement que l'on porta de Mélite fut que cette pièce étoit trop simple, et avoit trop peu d'événements. Corneille, piqué de cette critique, fit Clitandre, et y sema les incidents et les aventures avec une très vicieuse profusion, plus pour censurer le goût du public, que pour s'y accommoder. Il paroît qu'après cela il lui fut permis de revenir à son naturel. La Galerie du Palais, la Veuve, la Suivante, la Place royale, sont plus raisonnables.

Nous voici dans le temps où le théâtre devint florissant par la faveur [1] du cardinal de Richelieu. Les princes et les ministres n'ont qu'à commander

---

[1] Malgré le cardinal de Richelieu, qui, voulant être poëte, voulut humilier Corneille, et élever les mauvais auteurs.

qu'il se forme des poëtes [1], des peintres, tout ce qu'ils voudront, et il s'en forme. Il y a une infinité de génies de différentes espèces, qui n'attendent, pour se déclarer, que leurs ordres, ou plutôt leurs graces. La nature est toujours prête à servir leurs goûts.

On recommença alors à étudier le théâtre des anciens, et à soupçonner qu'il pouvoit y avoir des règles. Celle des vingt-quatre heures fut une des premières dont on s'avisa : mais on n'en faisoit pas encore trop grand cas; témoin la manière dont Corneille lui-même en parle dans la préface de Clitandre, imprimée en 1632 [2] : « Que si j'ai renfermé cette pièce, dit-il, dans la règle d'un jour, ce n'est pas que je me repente de n'y avoir point

---

[1] C'est de quoi je doute beaucoup. Notre meilleur peintre, Le Poussin, fut persécuté; et les bienfaits prodigués aux académies ont fait tout au plus un ou deux bons peintres, qui avaient déjà donné leurs chefs-d'œuvre avant d'être récompensés. Rameau avait fait tous ses bons ouvrages de musique au milieu des plus grandes traverses; et Corneille lui-même fut très peu encouragé. Homère vécut errant et pauvre. Le Tasse fut le plus malheureux des hommes de son temps. Camoëns et Milton furent plus malheureux encore. Chapelain fut récompensé; et je ne connais aucun homme de génie qui n'ait été persécuté.

[2] Les tragédies italiennes du seizième siècle étaient dans la règle des trois unités, règle admirable d'Aristote. La Sophonisbe de Mairet fut la première pièce de théâtre

mis Mélite, ou que je me sois résolu à m'y attacher dorénavant. Aujourd'hui quelques uns adorent cette règle, beaucoup la méprisent; pour moi, j'ai voulu seulement montrer que, si je m'en éloigne, ce n'est pas faute de la connoître. »

Ne nous imaginons pas que le vrai soit victorieux dès qu'il se montre; il l'est à la fin, mais il lui faut du temps pour soumettre les esprits. Les règles du poëme dramatique, inconnues d'abord ou méprisées, quelque temps après combattues, ensuite reçues à demi, et sous des conditions, demeurent enfin maîtresses du théâtre. Mais l'époque de l'établissement de leur empire n'est proprement qu'au temps de Cinna.

Une des plus grandes obligations que l'on ait à Corneille est d'avoir purifié le théâtre. Il fut d'abord entraîné par l'usage établi, mais il y résista aussitôt après; et depuis Clitandre, sa seconde pièce, on ne trouve plus rien de licencieux dans ses ouvrages.

Corneille, après avoir fait un essai de ses forces dans ses six premières pièces, où il s'éleva déjà au-dessus de son siècle, prit tout-à-coup l'essor dans Médée, et monta jusqu'au tragique le plus sublime. A la vérité il fut secouru par Sénèque;

---

en France dans laquelle cette loi fut suivie. Elle est de 1633.

En Angleterre, en Espagne, on ne s'est assujetti que depuis peu à cette règle, et encore très rarement.

mais il ne laissa pas de faire voir ce qu'il pouvoit par lui-même [1].

Ensuite il retomba dans la comédie; et, si j'ose dire ce que j'en pense, la chute fut grande. L'Illusion comique, dont je parle ici, est une pièce irrégulière et bizarre, et qui n'excuse point par ses agréments sa bizarrerie et son irrégularité. Il y domine un personnage de Capitan, qui abat d'un souffle le grand Sophi de Perse et le grand Mogol, et qui une fois en sa vie avoit empêché le soleil de se lever à son heure prescrite, parcequ'on ne trouvoit point l'Aurore, qui étoit couchée avec ce merveilleux brave. Ces caractères ont été autrefois fort à la mode. Mais qui représentoient-ils? à qui en vouloit-on? Est-ce qu'il faut outrer nos folies jusqu'à ce point-là pour les rendre plaisantes? En vérité ce seroit nous faire trop d'honneur.

Après l'Illusion comique, Corneille se releva, plus grand et plus fort que jamais, et fit le Cid. Jamais pièce de théâtre n'eut un si grand succès. Je me souviens d'avoir vu en ma vie un homme de guerre et un mathématicien qui de toutes les comédies du monde ne connoissoient que le Cid. L'horrible barbarie où ils vivoient n'avoit pu empêcher le nom du Cid d'aller jusqu'à eux. Corneille avoit dans son cabinet cette pièce traduite en toutes les langues de l'Europe, hors l'esclavone

---

[1] Les louanges trop exagérées font tort à celui qui les donne, sans relever celui qui les reçoit.

et la turque; elle étoit en allemand, en anglois, en flamand; et, par une exactitude flamande, on l'avoit rendue vers pour vers [1]. Elle étoit en italien, et, ce qui est plus étonnant, en espagnol. Les Espagnols avoient bien voulu copier eux-mêmes une pièce dont l'original leur appartenoit. M. Pélisson, dans son Histoire de l'académie, dit qu'en plusieurs provinces de France il étoit passé en proverbe de dire, CELA EST BEAU COMME LE CID. Si ce proverbe a péri, il faut s'en prendre aux auteurs [2], qui ne le goûtoient pas, et à la cour, où c'eût été très mal parler que de s'en servir sous le ministère du cardinal de Richelieu [3].

Ce grand homme avoit la plus vaste ambition qui ait jamais été. La gloire de gouverner la France presque absolument, d'abaisser la redoutable

---

[1] On en use encore ainsi en Italie, et même en Angleterre. Il y a de nos ouvrages de poésie traduits en ces deux langues, vers pour vers; et ce qui est étonnant, c'est qu'ils sont assez bien traduits.

[2] J'ose plutôt penser qu'il faut s'en prendre à Cinna, qui fut mis par toute la cour au-dessus du Cid, quoiqu'il ne fût pas si touchant.

[3] Le cardinal de Richelieu montra tant de partialité contre Corneille, que quand Scudéri eut donné sa mauvaise pièce de l'Amour tyrannique, que le cardinal trouvait divine, Sarrazin, par ordre de ce ministre, fit une mauvaise préface, dans laquelle il louait Hardy, sans oser nommer Corneille.

maison d'Autriche, de remuer toute l'Europe à son gré, ne lui suffisoit point; il y vouloit joindre encore celle de faire des comédies. Quand le Cid parut, il en fut aussi alarmé que s'il avoit vu les Espagnols devant Paris. Il souleva les auteurs contre cet ouvrage, ce qui ne dut pas être fort difficile, et il se mit à leur tête. Scudéri publia ses observations sur le Cid, adressées à l'Académie françoise, qu'il en faisoit juge, et que le cardinal son fondateur sollicitoit puissamment contre la pièce accusée. Mais afin que l'Académie pût juger, ses statuts vouloient que l'autre partie, c'est-à-dire Corneille, y consentît. On tira donc de lui une espèce de consentement, qu'il ne donna qu'à la crainte de déplaire au cardinal, et qu'il donna pourtant avec assez de fierté. Le moyen de ne pas ménager un pareil ministre, et qui étoit son bienfaiteur [1]? car il récompensoit comme ministre ce même mérite dont il étoit jaloux comme poëte; et il semble que cette grande ame ne pouvoit pas avoir des foiblesses qu'elle ne réparât en même temps par quelque chose de noble.

L'Académie françoise donna ses sentiments sur le Cid, et cet ouvrage fut digne de la grande réputation de cette compagnie naissante. Elle sut conserver tous les égards qu'elle devoit et à la passion

---

[1] Pierre Corneille avait le malheur de recevoir une petite pension du cardinal, pour avoir quelque temps travaillé sous lui aux pièces des cinq auteurs.

du cardinal et à l'estime prodigieuse que le public avoit conçue du Cid. Elle satisfit le cardinal en reprenant exactement tous les défauts de cette pièce, et le public en les reprenant avec modération, et même souvent avec des louanges.

Quand Corneille eut une fois, pour ainsi dire, atteint jusqu'au Cid, il s'éleva encore dans les Horaces; enfin il alla jusqu'à Cinna et à Polyeucte, au-dessus desquels il n'y a rien [1].

---

[1] On peut croire que Fontenelle parle ainsi, moins parcequ'il était neveu du grand Corneille, que parcequ'il était l'ennemi de Racine, qui avait fait contre lui une épigramme piquante, à laquelle il avait répondu par une épigramme plus violente encore. Les connaisseurs pensent qu'Athalie est très supérieure à Polyeucte, par la simplicité du sujet, par la régularité, par la grandeur des idées, par la sublimité de l'expression, par la beauté de la poésie. Il est vrai que ces connaisseurs reprochent au prêtre Joad d'être impitoyable et fanatique, de dire à sa femme, qui parle à Mathan, « Ne craignez-vous pas que ces murailles ne tombent sur vous, et que l'enfer ne vous engloutisse? » d'aller beaucoup au-delà de son ministère; d'empêcher qu'Athalie n'élève le petit Joas, qui est son seul héritier; de faire tomber la reine dans le piège; d'ordonner son supplice comme s'il était son juge; de prendre enfin le brave Abner pour dupe. On reproche à Mathan de se vanter de ses crimes: on reproche à la pièce des longueurs. Presque tous ces défauts sont ceux du sujet: mais le grand mérite de cette tragédie est d'être la première qui ait

Ces pièces-là étoient d'une espèce inconnue, et l'on vit un nouveau théâtre. Alors Corneille, par l'étude d'Aristote et d'Horace, par son expérience, par ses réflexions, et plus encore par son génie, trouva les sources du beau, qu'il a depuis ouvertes à tout le monde dans les discours qui sont à la tête de ses comédies. De là vient qu'il est regardé comme le père du théâtre françois. Il lui a donné le premier une forme raisonnable ; il l'a porté à son plus haut point de perfection, et a laissé son secret à qui s'en pourra servir.

Avant que l'on jouât Polyeucte, Corneille le lut à l'hôtel de Rambouillet, souverain tribunal des affaires d'esprit en ce temps-là. La pièce y fut applaudie autant que le demandoient la bienséance et la grande réputation que l'auteur avoit déjà. Mais, quelques jours après, Voiture vint trouver Corneille, et prit des tours fort délicats pour lui dire que Polyeucte n'avoit pas réussi comme il pensoit [1], que surtout le christianisme avoit

---

intéressé sans amour ; au lieu que, dans Polyeucte, le plus grand mérite est l'amour de Sévère.

[1] C'est qu'on n'avait encore vu que les comédies de la Passion et des Actes des Apôtres. D'ailleurs il faut peut-être pardonner à l'hôtel de Rambouillet d'avoir condamné l'imprudence punissable de Polyeucte et de Néarque, qui exercent dans le temple une violence que Dieu n'a jamais commandée. On pouvait craindre encore qu'un homme qui résigne sa femme à son rival ne passât pour

extrêmement déplu. Corneille alarmé voulut retirer la pièce d'entre les mains des comédiens qui l'apprenoient : mais enfin il la leur laissa, sur la parole d'un d'entre eux qui n'y jouoit point parcequ'il étoit trop mauvais acteur. Étoit-ce donc à ce comédien à juger mieux que tout l'hôtel de Rambouillet?

Pompée suivit Polyeucte. Ensuite vint le Menteur, pièce comique, et presque entièrement prise de l'espagnol, selon la coutume de ce temps-là.

Quoique le Menteur soit très agréable, et qu'on l'applaudisse encore aujourd'hui sur le théâtre, j'avoue que la comédie n'étoit point encore arrivée à sa perfection. Ce qui dominoit dans les pièces, c'étoit l'intrigue et les incidents, erreurs de nom, déguisements, lettres interceptées, aventures nocturnes; et c'est pourquoi on prenoit presque tous les sujets chez les Espagnols, qui triomphent sur ces matières. Ces pièces ne laissoient pas d'être fort plaisantes, et pleines d'esprit. Témoin le Menteur dont nous parlons, Don Bertrand de Cigaral, le Geolier de soi-même. Mais enfin la plus grande beauté de la comédie étoit inconnue; on ne songeoit point aux mœurs et aux caractères ; on alloit chercher bien loin le ridicule dans des évènements imaginés avec beaucoup de

---

un imbécile plutôt que pour un bon chrétien. Le caractère bas de Félix pouvait déplaire; mais on ne faisait pas réflexion que Sévère et Pauline feraient réussir la pièce.

peine, et on ne s'avisoit point de l'aller prendre dans le cœur humain, où est sa principale habitation [1]. Molière est le premier qui l'ait été chercher là, et celui qui l'a le mieux mis en œuvre : homme inimitable, et à qui la comédie doit autant que la tragédie à Corneille.

Comme le Menteur eut beaucoup de succès, Corneille lui donna une suite, mais qui ne réussit guère. Il en découvre lui-même la raison dans les examens qu'il a faits de ses pièces. Là il s'établit juge de ses propres ouvrages, et en parle avec un noble désintéressement, dont il tire en même temps le double fruit et de prévenir l'envie sur le mal qu'elle en pourroit dire, et de se rendre lui-même croyable sur le bien qu'il en dit.

A la Suite du Menteur succéda Rodogune. Il a écrit quelque part que, pour trouver la plus belle de ses pièces, il falloit choisir entre Rodogune et Cinna ; et ceux à qui il en a parlé ont démêlé sans beaucoup de peine qu'il étoit pour Rodogune. Il ne m'appartient nullement de prononcer sur

---

[1] Fontenelle oublie ici que la comédie du Menteur est une pièce de caractère. Il y a beaucoup d'incidents, il en faut aussi. Les pièces de Molière n'en ont peut-être pas assez. Tous servent à faire paraître le caractère du Menteur.

On avait, long-temps avant Molière, plusieurs pièces dans ce goût en Espagne, le Menteur, le Jaloux, l'Impie ou le Convié de pierre, traduit depuis par Molière sous le nom du Festin de pierre.

cela : mais peut-être préféroit-il Rodogune parcequ'elle lui avoit extrêmement coûté. Il fut plus d'un an à disposer le sujet. Peut-être vouloit-il, en mettant son affection de ce côté-là, balancer celle du public, qui paroît être de l'autre. Pour moi, si j'ose le dire, je ne mettrois point le différent entre Rodogune et Cinna, il me paroît aisé de choisir entre elles; et je connois quelque pièce de Corneille que je ferois passer encore avant la plus belle des deux.

On apprendra dans les examens de P. Corneille, mieux que l'on ne feroit ici, l'histoire de Théodore, d'Héraclius, de Don Sanche d'Aragon, d'Andromède, de Nicomède, et de Pertharite. On y verra pourquoi Théodore et Don Sanche d'Aragon réussirent fort peu, et pourquoi Pertharite tomba absolument. On ne put souffrir dans Théodore la seule idée du péril de la prostitution; et si le public étoit devenu si délicat, à qui Corneille devoit-il s'en prendre qu'à lui-même? Avant lui, le viol réussissoit dans les pièces de Hardy. Il manqua à Don Sanche UN SUFFRAGE ILLUSTRE, qui lui fit manquer tous ceux de la cour; exemple assez commun de la soumission des François à de certaines autorités. Enfin, un mari qui veut racheter sa femme en cédant un royaume fut encore, sans comparaison, plus insupportable dans Pertharite, que la prostitution ne l'avoit été dans Théodore. Le bon mari n'osa se montrer au public que deux fois. Cette chute du grand Corneille peut être mise parmi les exemples les plus remarquables des vicissitudes du monde; et Bélisaire demandant l'aumône n'est pas plus étonnant.

Il se dégoûta du théâtre, et déclara qu'il y renonçoit, dans une petite préface assez chagrine qu'il mit au-devant de Pertharite. Il dit pour raison qu'il commence à vieillir; et cette raison n'est que trop bonne, surtout quand il s'agit de poésie et des autres talents de l'imagination. L'espèce d'esprit qui dépend de l'imagination, et c'est ce qu'on appelle communément ESPRIT dans le monde, ressemble à la beauté, et ne subsiste qu'avec la jeunesse. Il est vrai que la vieillesse vient plus tard pour l'esprit, mais elle vient. Les plus dangereuses qualités qu'elle lui apporte sont la sécheresse et la dureté; et il y a des esprits qui en sont naturellement plus susceptibles que d'autres, et qui donnent plus de prise aux ravages du temps : ce sont ceux qui avoient de la noblesse, de la grandeur, quelque chose de fier et d'austère. Cette sorte de caractère contracte aisément par les années je ne sais quoi de sec et de dur. C'est à-peu-près ce qui arriva à Corneille; il ne perdit pas en vieillissant l'inimitable noblesse de son génie, mais il s'y mêla quelquefois un peu de dureté. Il avoit poussé les grands sentiments aussi loin que la nature pouvoit souffrir qu'ils allassent; il commença de temps en temps à les pousser un peu plus loin. Ainsi dans [1]

---

[1] Tout cela est dit mal-à-propos : Pertharite est de 1653. Corneille n'avait que quarante-sept ans.

Pertharite, une reine consent à épouser un tyran qu'elle déteste, pourvu qu'il égorge un fils unique qu'elle a, et que par cette action il se rende aussi odieux qu'elle souhaite qu'il le soit. Il est aisé de voir que ce sentiment, au lieu d'être noble, n'est que dur; et il ne faut pas trouver mauvais que le public ne l'ait pas goûté.[1]

Après Pertharite, Corneille, rebuté du théâtre, entreprit la traduction en vers de l'Imitation de Jésus-Christ. Il y fut porté par des pères jésuites de ses amis, par des sentiments de piété qu'il eut toute sa vie, et peut-être aussi par l'activité de son génie qui ne pouvoit demeurer oisif. Cet ouvrage eut un succès[2] prodigieux, et le dédommagea en toutes manières d'avoir quitté le théâtre. Cependant, si j'ose en parler avec une liberté que je ne devrois peut-être pas me permettre, je ne trouve point dans la traduction de Corneille le plus grand charme de l'Imitation de Jésus-Christ, je veux dire sa simplicité et sa naïveté. Elle se perd dans la pompe des vers, qui étoit naturelle à

---

[1] Comme s'il n'y avait que cela de mauvais dans Pertharite!

[2] Il y a une grande différence entre le débit et le succès. Les jésuites, qui avaient un très grand crédit, firent lire le livre à leurs dévotes, et dans les couvents. Ils le prônaient, on l'achetait, et on s'ennuyait. Aujourd'hui ce livre est inconnu. L'Imitation n'est pas plus faite pour être mise en vers qu'une épître de S. Paul.

Corneille; et je crois même qu'absolument la forme des vers lui est contraire. Ce livre, le plus beau qui soit parti de la main d'un homme, puisque l'évangile n'en vient pas, n'iroit pas droit au cœur comme il fait, et ne s'en saisiroit pas avec tant de force, s'il n'avoit un air naturel et tendre, à quoi la négligence même du style aide beaucoup.

Il se passa six ans pendant lesquels il ne parut de Corneille que l'Imitation en vers. Mais enfin, sollicité par M. Fouquet, et peut-être encore plus poussé par son penchant naturel, il se rengagea au théâtre. M. le sur-intendant, pour lui faciliter ce retour, et lui ôter toutes les excuses que lui auroit pu fournir la difficulté de trouver des sujets, lui en proposa trois. Celui qu'il prit fut OEdipe; Thomas Corneille son frère prit Camma, qui étoit le second. Je ne sais quel fut le troisième.

La réconciliation de Corneille et du théâtre fut heureuse : OEdipe réussit fort bien.

La Toison d'or fut faite ensuite à l'occasion du mariage du roi; et c'est la plus belle pièce à machines que nous ayons. Les machines, qui sont ordinairement étrangères à la pièce, deviennent par l'art du poëte nécessaires à celle-là; et surtout le prologue doit servir de modèle aux prologues à la moderne, qui sont faits pour exposer, non pas le sujet de la pièce, mais l'occasion pour laquelle elle a été faite.

Ensuite parurent Sertorius et Sophonisbe. Dans la première de ces deux pièces la grandeur romaine éclate avec toute sa pompe ; et l'idée qu'on pourroit se former de la conversation de deux grands hommes qui ont de grands intérêts à démêler est encore surpassée par la scène de Pompée et de Sertorius. Il semble que Corneille ait eu des mémoires particuliers sur les Romains. Sophonisbe avoit déjà été traitée par Mairet avec beaucoup de succès ; et Corneille avoue qu'il se trouvoit bien hardi d'oser la traiter de nouveau. Si Mairet avoit joui de cet aveu, il en auroit été fort glorieux, même étant vaincu.

Il faut croire qu'Agésilas est de P. Corneille, puisque son nom y est, et qu'il y a une scène d'Agésilas et de Lysander qui ne pourroit pas facilement être d'un autre.

Après Agésilas vint Othon, ouvrage où Tacite est mis en œuvre par le grand Corneille, et où se sont unis deux génies si sublimes. Corneille y a peint la corruption de la cour des empereurs du même pinceau dont il avoit peint les vertus de la république.

En ce temps-là, des pièces d'un caractère fort différent des siennes parurent avec éclat sur le théâtre. Elles étoient pleines de tendresse et de sentiments aimables. Si elles n'alloient pas jusqu'aux beautés sublimes, elles étoient bien éloignées de tomber dans des défauts choquants. Une élévation qui n'étoit pas du premier degré, beaucoup d'amour, un style très agréable et d'une élégance qui ne se démentoit point, une infinité de traits vifs et naturels, un jeune auteur: voilà ce qu'il falloit aux femmes, dont le jugement a tant d'autorité au théâtre françois. Aussi furent-elles charmées, et Corneille ne fut plus chez elles que le vieux Corneille. J'en excepte quelques femmes qui valoient des hommes.

Le goût du siècle se tourna donc entièrement du côté d'un genre de tendresse moins noble, et dont le modèle se retrouvoit plus aisément dans la plupart des cœurs. Mais Corneille dédaigna fièrement d'avoir de la complaisance pour ce nouveau goût[1]. Peut-être croira-t-on que son âge ne lui permettoit pas d'en avoir : ce soupçon seroit très légitime, si l'on ne voyoit ce qu'il a fait dans la Psyché de Molière, où, étant à l'ombre du nom d'autrui, il s'est abandonné à un excès de tendresse dont il n'auroit pas voulu déshonorer son nom.

Il ne pouvoit mieux braver son siècle qu'en lui donnant Attila, digne roi des Huns. Il règne dans cette pièce une férocité noble que lui seul pouvoit attraper. La scène où Attila délibère s'il se doit allier à l'empire qui tombe, ou à la France qui s'élève, est une des belles choses qu'il ait faites.

Bérénice fut un duel dont tout le monde sait l'histoire. Une princesse fort touchée des choses d'esprit[2], et qui eût pu les mettre à la mode dans

---

[1] Au contraire, il n'a fait aucune pièce sans amour.
[2] La princesse Henriette, belle-sœur de Louis XIV, ne proposa pas seulement ce sujet parcequ'elle était

un pays barbare, eut besoin de beaucoup d'adresse pour faire trouver les deux combattants sur le champ de bataille sans qu'ils sussent où on les menoit. Mais à qui demeura la victoire ? Au plus jeune.

Il ne reste plus que Pulchérie et Suréna, tous deux sans comparaison meilleurs que Bérénice, tous deux dignes de la vieillesse d'un grand homme. Le caractère de Pulchérie est de ceux que lui seul savoit faire ; et il s'est dépeint lui-même avec bien de la force dans Martian, qui est un vieillard amoureux. Le cinquième acte de cette pièce est tout-à-fait beau. On voit dans Suréna une belle peinture d'un homme que son trop de mérite et de trop grands services rendent criminel auprès de son maître ; et ce fut par ce dernier effort que Corneille termina sa carrière.

---

touchée des choses d'esprit, mais parceque ce sujet était à plusieurs égards sa propre aventure.

La victoire ne demeura pas à Racine seulement parcequ'il était le plus jeune, mais parceque sa pièce est incomparablement meilleure que celle de Corneille, qui tomba, et qu'on ne peut lire. Racine tira de ce mauvais sujet tout ce qu'on en pouvait tirer. Son goût épuré, son esprit flexible, sa diction toujours élégante, son style toujours châtié et toujours charmant, étaient propres à toutes les matières ; et Corneille ne pouvait guère traiter heureusement que des sujets conformes au caractère de son génie.

La suite de ses pièces représente ce qui doit naturellement arriver à un grand homme qui pousse le travail jusqu'à la fin de sa vie. Ses commencements sont foibles et imparfaits, mais déjà dignes d'admiration par rapport à son siècle : ensuite il va aussi haut que son art peut atteindre : à la fin il s'affoiblit, s'éteint peu-à-peu, et n'est plus semblable à lui-même que par intervalles.

Après Suréna, qui fut joué en 1675, Corneille renonça tout de bon au théâtre, et ne pensa plus qu'à mourir chrétiennement. Il ne fut pas même en état d'y penser beaucoup la dernière année de sa vie.

Je n'ai pas cru devoir interrompre la suite de ses grands ouvrages pour parler de quelques autres beaucoup moins considérables qu'il a donnés de temps en temps. Il a fait, étant jeune, quelques petites pièces de galanterie, qui sont répandues dans des recueils. On a encore de lui quelques petites pièces de cent ou de deux cents vers au roi, soit pour le féliciter de ses victoires, soit pour lui demander des graces, soit pour le remercier de celles qu'il en avoit reçues. Il a traduit deux ouvrages latins du P. de la Rue, tous deux d'assez longue haleine, et plusieurs petites pièces de M. de Santeuil. Il estimoit extrêmement ces deux poëtes. Lui-même faisoit fort bien des vers latins ; et il en fit sur la campagne de Flandre en 1667, qui parurent si beaux, que non seulement plusieurs personnes les mirent en françois, mais que les meilleurs poëtes latins en prirent l'idée, et les mirent encore en latin. Il avoit traduit sa première scène de Pompée en vers du style de Sénèque le tragique, pour lequel il n'avoit pas d'aversion, non plus que pour Lucain. Il falloit aussi qu'il n'en eût pas pour Stace, fort inférieur à Lucain, puisqu'il en a traduit en vers et publié les deux premiers livres de la Thébaïde. Ils ont échappé à toutes les recherches qu'on a faites depuis un temps pour en retrouver quelque exemplaire.

Corneille étoit assez grand, et assez plein, l'air fort simple et fort commun, toujours négligé, et peu curieux de son extérieur. Il avoit le visage assez agréable, un grand nez, la bouche belle, les yeux pleins de feu, la physionomie vive, des traits fort marqués, et propres à être transmis à la postérité dans une médaille ou dans un buste. Sa prononciation n'étoit pas tout-à-fait nette; il lisoit ses vers avec force, mais sans grace.

Il savoit les belles-lettres, l'histoire, la politique; mais il les prenoit principalement du côté qu'elles ont rapport au théâtre. Il n'avoit pour toutes les autres connoissances ni loisir, ni curiosité, ni beaucoup d'estime. Il parloit peu, même sur la matière qu'il entendoit si parfaitement. Il n'ornoit pas ce qu'il disoit; et pour trouver le grand Corneille, il le falloit lire.

Il étoit mélancolique; il lui falloit des sujets plus solides pour espérer et pour se réjouir, que

pour se chagriner ou pour craindre. Il avoit
l'humeur brusque, et quelquefois rude en apparence; au fond il étoit très aisé à vivre, bon mari,
bon parent, tendre, et plein d'amitié. Son tempérament le portoit assez à l'amour, mais jamais au
libertinage, et rarement aux grands attachements.
Il avoit l'ame fière et indépendante, nulle souplesse,
nul manège; ce qui l'a rendu très propre à peindre
la vertu romaine, et très peu propre à faire sa fortune. Il n'aimoit point la cour; il y apportoit un
visage presque inconnu, un grand nom qui ne
s'attiroit que des louanges, et un mérite qui n'étoit
point le mérite de ce pays-là. Rien n'étoit égal à
son incapacité pour les affaires, que son aversion;
les plus légères lui causoient de l'effroi et de la
terreur. Quoique son talent lui eût beaucoup rapporté, il n'en étoit guère plus riche. Ce n'est pas
qu'il eût été fâché de l'être; mais il eût fallu le
devenir par une habileté qu'il n'avoit pas, et par
des soins qu'il ne pouvoit prendre. Il ne s'étoit point
trop endurci aux louanges à force d'en recevoir:
mais, s'il étoit sensible à la gloire, il étoit fort
éloigné de la vanité. Quelquefois il se confioit trop
peu à son rare mérite, et croyoit trop facilement
qu'il pût avoir des rivaux.

A beaucoup de probité naturelle il a joint dans
tous les temps de sa vie beaucoup de religion, et
plus de piété que le commerce du monde n'en
permet ordinairement. Il a eu souvent besoin
d'être rassuré par des casuistes sur ses pièces de

théâtre[1], et ils lui ont toujours fait grace en faveur de la pureté qu'il avoit établie sur la scène, des

---

[1] Ces casuistes avaient bien raison. L'art du théâtre est comme celui de la peinture. Un peintre peut également faire des ouvrages lascifs et des tableaux de dévotion : tout auteur peut être dans ce cas. Ce n'est donc point le théâtre qui est condamnable, mais l'abus du théâtre. Or les pièces étant approuvées par les magistrats, et ayant la sanction de l'autorité royale, le seul abus est de les condamner. Cette ancienne méprise a subsisté, parceque les comédies des mimes étaient obscènes du temps des premiers chrétiens, et que les autres spectacles étaient consacrés chez les Romains et chez les Grecs par les cérémonies de leur religion : elles étaient regardées comme un acte d'idolâtrie. Mais c'est une grande inconséquence de vouloir flétrir des pièces très morales parcequ'il y en a eu autrefois de scandaleuses. Les fanatiques qui, par une jalousie secrète, ont prétendu flétrir les chefs-d'œuvre de Corneille n'ont pas songé combien cet outrage révolte des hommes de génie ; ils font un tort irréparable à la religion chrétienne, en aliénant d'elle des esprits très éclairés, qui ne peuvent souffrir qu'on avilisse le plus beau des arts.

Le public éclairé préfèrera toujours les Sophocle, les Euripide, les Térence, aux Baïus, Jansénius, du Verger, de Hauranne, Quesnel, Petit-pied, et à tous les gens de cette espèce.

Au reste, cette persécution fanatique ne s'est vue qu'en France. On a tempéré en Espagne, en Italie, les anciennes rigueurs, qui étaient absurdes : on ne les connaît point nobles sentiments qui règnent dans ses ouvrages, et de la vertu qu'il a mise jusque dans l'amour.

---

en Angleterre. Les vainqueurs de Bleinheim et les maîtres des mers, les contemporains de Newton, de Locke, d'Addisson, et de Pope, ont rendu des honneurs aux beaux arts. Le grand Corneille avait projeté un ouvrage pour répondre aux détracteurs du théâtre.

FIN DE LA VIE DE P. CORNEILLE.

LE CID,

TRAGÉDIE EN CINQ ACTES.

1636.

PRÉFACE HISTORIQUE

DE

VOLTAIRE

SUR LE CID.

Lorsque Corneille donna le Cid, les Espagnols avaient, sur tous les théâtres de l'Europe, la même influence que dans les affaires publiques ; leur goût dominait ainsi que leur politique : et même en Italie leurs comédies ou leurs tragi-comédies obtenaient la préférence chez une nation qui avait l'Aminte et le Pastor fido, et qui, étant la première qui eût cultivé les arts, semblait plutôt faite pour donner des lois à la littérature que pour en recevoir.

Il est vrai que, dans presque toutes ces tragédies espagnoles, il y avait toujours quelques scènes de bouffonneries. Cet usage infecta l'Angleterre : il n'y a guère de tragédies de Shakespear où l'on ne trouve des plaisanteries d'hommes grossiers à côté du sublime des héros. A quoi attribuer une mode si extravagante et si honteuse pour l'esprit humain, qu'à la coutume des princes mêmes, qui entretenaient toujours des bouffons auprès d'eux ?

coutume digne de barbares qui sentaient le besoin des plaisirs de l'esprit, et qui étaient incapables d'en avoir; coutume même qui a duré jusqu'à nos temps, lorsqu'on en reconnaissait la turpitude. Jamais ce vice n'avilit la scène française : il se glissa seulement dans nos premiers opéras, qui, n'étant pas des ouvrages réguliers, semblaient permettre cette indécence ; mais bientôt l'élégant Quinault purgea l'opéra de cette bassesse.

Quoi qu'il en soit, on se piquait alors de savoir l'espagnol, comme on se fait honneur aujourd'hui de parler français. C'était la langue des cours de Vienne, de Bavière, de Bruxelles, de Naples, et de Milan : la ligue l'avait introduite en France; et le mariage de Louis XIII avec la fille de Philippe III avait tellement mis l'espagnol à la mode, qu'il était alors presque honteux aux gens de lettres de l'ignorer. La plupart de nos comédies étaient imitées du théâtre de Madrid.

Un secrétaire de la reine Marie de Médicis, nommé Chalons, retiré à Rouen dans sa vieillesse, conseilla à Corneille d'apprendre l'espagnol, et lui proposa d'abord le sujet du Cid. L'Espagne avait deux tragédies du Cid ; l'une de Diamante, intitulée, EL HONRADOR DE SU PADRE, qui était la plus ancienne ; l'autre, EL CID, de Guilain de Castro, qui était la plus en vogue : on voyait dans toutes les deux une infante amoureuse du Cid, et un bouffon appelé le valet gracieux, personnages également ridicules ; mais tous les sentiments généreux et tendres dont Corneille a fait un si bel usage sont dans ces deux originaux.

Je n'avais pu encore déterrer le Cid de Diamante quand je donnai la première édition des commentaires de Corneille ; je marquerai dans celle-ci les principaux endroits qu'il traduisit de cet auteur espagnol.

C'est une chose, à mon avis, très remarquable, que depuis la renaissance des lettres en Europe, depuis que le théâtre était cultivé, on n'eût encore rien produit de véritablement intéressant sur la scène, et qui fît verser des larmes, si on en excepte quelques scènes attendrissantes du PASTOR FIDO et du Cid espagnol. Les pièces italiennes du seizième siècle étaient de belles déclamations, imitées du grec ; mais les déclamations ne touchent point le cœur. Les pièces espagnoles étaient des tissus d'aventures incroyables : les Anglais avaient encore pris ce goût. On n'avait point su encore parler au cœur chez aucune nation. Cinq ou six endroits très touchants, mais noyés dans la foule des irrégularités de Guilain de Castro, furent sentis par Corneille, comme on découvre un sentier couvert de ronces et d'épines.

Il sut faire du Cid espagnol une pièce moins irrégulière et non moins touchante. Le sujet du Cid est le mariage de Rodrigue avec Chimène. Ce mariage est un point d'histoire presque aussi célèbre en Espagne que celui d'Andromaque avec Pyrrhus chez les Grecs ; et c'était en cela même que consistait une grande partie de l'intérêt de la pièce. L'authenticité de l'histoire rendait tolérable aux spectateurs un dénouement qu'il n'aurait pas été peut-être permis de feindre; et l'amour de Chimène, qui eût été odieux s'il n'avait commencé qu'après la mort de son père, devenait aussi touchant qu'excusable, puisqu'elle aimait déjà Rodrigue avant cette mort, et par l'ordre de son père même.

On ne connaissait point encore, avant le Cid de Corneille, ce combat des passions qui déchire le cœur, et devant lequel toutes les autres beautés de l'art ne sont que des beautés inanimées. On sait quel succès eut le Cid, et quel enthousiasme il produisit dans la nation : on sait aussi les contradictions et les dégoûts qu'essuya Corneille.

Il était, comme on sait, un des cinq auteurs qui travaillaient aux pièces du cardinal de Richelieu. Ces cinq auteurs étaient Rotrou, l'Étoile, Colletet, Boisrobert, et Corneille, admis le dernier dans cette société. Il n'avait trouvé d'amitié et d'estime que dans Rotrou, qui sentait son mérite : les autres n'en avaient pas assez pour lui rendre justice. Scudéri écrivait contre lui avec le fiel de la jalousie humiliée et avec le ton de la supériorité. Un Claveret, qui avait fait une comédie intitulée la Place royale, sur le même sujet que Corneille, se répandit en invectives grossières. Mairet lui-même s'avilit jusqu'à écrire contre Corneille avec la même amertume. Mais ce qui l'affligea, et ce qui pouvait priver la France des chefs-d'œuvre dont il l'enrichit depuis; ce fut de voir le cardinal son protecteur se mettre avec chaleur à la tête de tous ses ennemis.

Le cardinal, à la fin de 1635, un an avant les représentations du Cid, avait donné dans le Palais-cardinal, aujourd'hui le Palais-royal, la comédie des Tuileries, dont il avait arrangé lui-même toutes les scènes. Corneille, plus docile à son génie que souple aux volontés d'un premier ministre, crut devoir changer quelque chose dans le troisième acte qui lui fut confié. Cette liberté estimable fut envenimée par deux de ses confrères, et déplut beaucoup au cardinal, qui lui dit QU'IL FALLAIT AVOIR UN ESPRIT DE SUITE. Il entendait par esprit de suite la soumission qui suit aveuglément les ordres d'un supérieur. Cette anecdocte était fort connue chez les derniers princes de la maison de Vendôme, petits-fils de César de Vendôme qui avait assisté à la représentation de cette pièce du cardinal.

Le premier ministre vit donc les défauts du Cid avec les yeux d'un homme mécontent de l'auteur, et ses yeux se fermèrent trop sur les beautés. Il était si entier dans son sentiment, que quand on lui apporta les premières esquisses du travail de l'Académie sur le Cid, et quand il vit que l'Académie, avec un ménagement aussi poli qu'encourageant pour les arts et pour le grand Corneille, comparait les contestations présentes à celles que la Jérusalem délivrée et le PASTOR FIDO avaient fait naître, il mit en marge, de sa main: « L'applaudissement et le blâme du Cid n'est qu'entre les doctes et les ignorants, au lieu que les contestations sur les deux autres pièces ont été entre les gens d'esprit. »

Qu'il me soit permis de hasarder une réflexion. Je crois que le cardinal de Richelieu avait raison, en ne considérant que les irrégularités de la pièce, l'inutilité et l'inconvenance du rôle de l'infante, le rôle faible du roi, le rôle encore plus faible de don Sanche, et quelques autres défauts. Son grand sens lui faisait voir clairement toutes ces fautes, et c'est en quoi il me paraît plus qu'excusable.

Je ne sais s'il était possible qu'un homme occupé des intérêts de l'Europe, des factions de la France, et des intrigues plus épineuses de la cour, un cœur ulcéré par les ingratitudes et endurci par les vengeances, sentît le charme des scènes de Rodrigue et de Chimène; il voyait que Rodrigue avait très grand tort d'aller chez sa maîtresse après avoir tué son père; et quand on est trop fortement choqué de voir ensemble deux personnes qu'on croit ne devoir pas se chercher, on peut n'être pas ému de ce qu'elles disent.

Je suis donc persuadé que le cardinal de Richelieu était de bonne foi. Remarquons encore que cette ame altière, qui voulait absolument que l'Académie condamnât le Cid, continua sa faveur à l'auteur, et que même Corneille eut le malheureux avantage de travailler deux ans après à l'Aveugle de Smyrne, tragi-comédie des cinq auteurs, dont le canevas était encore du premier ministre.

Il y a une scène de baisers dans cette pièce; et l'auteur du canevas avait reproché à Chimène un amour toujours combattu par son devoir. Il est à croire que le cardinal de Richelieu n'avait pas ordonné cette scène, et qu'il fut plus indulgent envers Colletet qui la fit, qu'il ne l'avait été envers Corneille.

Quant au jugement que l'Académie fut obligée de prononcer entre Corneille et Scudéri, et qu'elle intitula modestement SENTIMENTS DE L'ACADÉMIE SUR LE CID, j'ose dire que jamais on ne s'est conduit avec plus de noblesse, de politesse et de prudence, et que jamais on n'a jugé avec plus de goût. Rien n'était plus noble que de rendre justice aux beautés du Cid, malgré la volonté décidée du maître du royaume.

La politesse avec laquelle elle reprend les défauts est égale à celle du style; et il y eut une très grande prudence à se conduire de façon que ni le cardinal de Richelieu, ni Corneille, ni même Scudéri, n'eurent au fond sujet de se plaindre.

Je prendrai la liberté de faire quelques notes sur le jugement de l'Académie comme sur la pièce: mais je crois devoir les prévenir ici par une seule; c'est sur ces paroles de l'Académie, « encore que le sujet du Cid ne soit pas bon. » Je crois que l'Académie entendait que le mariage, ou du moins la promesse de mariage entre le meurtrier et la fille du mort, n'est pas un bon sujet pour une pièce morale, que nos bienséances en sont blessées. Cet aveu de ce corps éclairé satisfaisait à la fois la raison et le cardinal de Richelieu, qui croyait le sujet défectueux. Mais l'Académie n'a pas prétendu que le sujet ne fût pas très intéressant et très tragique ; et quand on songe que ce mariage est un point d'histoire célèbre, on ne peut que louer Corneille d'avoir réduit ce mariage à une simple promesse d'épouser Chimène : c'est en quoi il me semble que Corneille a observé les bienséances beaucoup plus que ne le pensaient ceux qui n'étaient pas instruits de l'histoire.

La conduite de l'Académie, composée de gens de lettres, est d'autant plus remarquable, que le déchaînement de presque tous les auteurs était plus violent : c'est une chose curieuse de voir comme il est traité dans la lettre sous le nom d'Ariste :

« Pauvre esprit qui, voulant paroître admirable à chacun, se rend ridicule à tout le monde, et qui, le plus ingrat des hommes, n'a jamais reconnu les obligations qu'il a à Sénèque et à Guilain de Castro, à l'un desquels il est redevable de son Cid, et à l'autre de sa Médée. Il reste maintenant à parler de ses autres pièces, qui peuvent passer pour farces, et dont les titres seuls faisoient rire autrefois les plus sages et les plus sérieux : il a fait voir une Mélite, la Galerie du Palais, et la Place royale ; ce qui nous faisoit espérer que Mondory annonceroit bientôt le Cimetière Saint-Jean, la Samaritaine, et la Place aux veaux*, l'humeur vile de cet auteur et la bassesse de son ame, etc. »

On voit, par cet échantillon de plus de cent brochures faites contre Corneille, qu'il y avait, comme aujourd'hui, un certain nombre d'hommes que le mérite d'autrui rend si furieux, qu'ils ne connaissent plus ni raison ni bienséance : c'est une espèce de rage qui attaque les petits auteurs, et surtout ceux qui n'ont point eu d'éducation. Dans une pièce de vers contre lui on fit parler ainsi Guilain de Castro :

Donc, fier de mon plumage, en corneille d'Horace,
Ne prétends plus voler plus haut que le Parnasse.
Ingrat, rends-moi mon Cid jusques au dernier mot :
Après tu connoîtras, corneille déplumée,
Que l'esprit le plus vain est souvent le plus sot,
Et qu'enfin tu me dois toute ta renommée.

Mairet, l'auteur de la Sophonisbe, qui avait au moins la gloire d'avoir fait la première pièce régulière que nous eussions en France, sembla perdre cette gloire en écrivant contre Corneille des personnalités odieuses. Il faut avouer que Corneille répondit très aigrement à tous ses ennemis. La querelle même alla si loin entre lui et Mairet, que

---

* Il est vrai que ces comédies de Corneille sont très mauvaises ; mais il n'est pas moins vrai qu'elles valaient mieux que toutes celles qu'on avait faites jusqu'alors en France.

le cardinal de Richelieu interposa entre eux son autorité. Voici ce qu'il fit écrire à Mairet par l'abbé de Boisrobert.

A Charonne, 5 octobre 1637.

« Vous lirez le reste de ma lettre comme un ordre que je vous envoie par le commandement de son éminence. Je ne vous célerai pas qu'elle s'est fait lire avec un plaisir extrême tout ce qui s'est fait sur le sujet du Cid; et particulièrement une lettre qu'elle a vue de vous lui a plu jusqu'à un tel point, qu'elle lui a fait naître l'envie de voir tout le reste. Tant qu'elle n'a connu dans les écrits des uns et des autres que des contestations d'esprit agréables et des railleries innocentes, je vous avoue qu'elle a pris bonne part au divertissement ; mais quand elle a reconnu que dans ces contestations naissoient enfin des injures, des outrages, et des menaces, elle a pris aussitôt la résolution d'en arrêter le cours. Pour cet effet, quoiqu'elle n'ait point vu le libelle que vous attribuez à M. Corneille, présupposant, par votre réponse que je lui lus hier au soir, qu'il devoit être l'agresseur, elle m'a commandé de lui remontrer le tort qu'il se faisoit, et de lui défendre de sa part de ne plus faire de réponse, s'il ne vouloit lui déplaire ; mais, d'ailleurs, craignant que, des tacites menaces que vous lui faites, vous ou quelqu'un de vos amis n'en viennent aux effets, qui tireroient des suites ruineuses à l'un et à l'autre, elle m'a commandé de vous écrire que, si vous voulez avoir la continuation de ses bonnes graces, vous mettiez toutes vos injures sous le pied, et ne vous souveniez plus que de votre ancienne amitié, que j'ai charge de renouveler sur la table de ma chambre, à Paris, quand vous serez tous rassemblés. Jusqu'ici j'ai parlé par la bouche de son éminence; mais, pour vous dire ingénument ce que je pense de toutes vos procédures, j'estime que vous avez suffisamment puni le pauvre M. Corneille de ses vanités, et que ses foibles défenses ne demandoient pas des armes si fortes et si pénétrantes que les vôtres : vous verrez un de ces jours son Cid assez mal-mené par les sentiments de l'Académie. »

L'Académie trompa les espérances de Boisrobert. On voit évidemment, par cette lettre, que le cardinal de Richelieu voulait humilier Corneille, mais qu'en qualité de premier ministre il ne voulait pas qu'une dispute littéraire dégénérât en querelle personnelle.

Pour laver la France du reproche que les étrangers pourraient lui faire que le Cid n'attira à son auteur que des injures et des dégoûts, je joindrai ici partie de la lettre que le célèbre Balzac écrivait à Scudéri, en réponse à la critique du Cid que Scudéri lui avait envoyée.

« Considérez néanmoins, monsieur, que toute la France entre en cause avec lui, et que peut-être il n'y a pas un des juges dont vous êtes convenus ensemble qui n'ait loué ce que vous désirez qu'il condamne : de sorte que, quand vos arguments seroient invincibles, et que votre adversaire y acquiesceroit, il auroit toujours de quoi se consoler glorieusement de la perte de son procès, et vous dire que c'est quelque chose de plus d'avoir satisfait tout un royaume que d'avoir fait une pièce régulière.

Il n'y a point d'architecte d'Italie qui ne trouve des défauts à la structure de Fontainebleau, et qui ne l'appelle un monstre de pierre : ce monstre néanmoins est la belle demeure des rois, et la cour y loge commodément. Il y a des beautés parfaites qui sont effacées par d'autres beautés qui ont plus d'agrément et moins de perfection ; et parceque l'acquis n'est pas si noble que le naturel, ni le travail des hommes que les dons du ciel, on vous pourroit encore dire que savoir l'art de plaire ne vaut pas tant que savoir plaire sans art. Aristote blâme la Fleur d'Agathon, quoiqu'il die qu'elle fut agréable ; et l'OEdipe peut-être n'agréoit pas, quoiqu'Aristote l'approuve. Or, s'il est vrai que la satisfaction des spectateurs soit la fin que se proposent les spectacles, et que les maîtres mêmes du métier aient quelquefois appelé de César au peuple, le Cid du poëte françois ayant plu aussi-bien que la Fleur du poëte grec, ne seroit-il point vrai qu'il a obtenu la fin de la représentation, et qu'il est arrivé à son but, encore que ce ne soit pas par le chemin d'Aristote, ni par les adresses de sa poétique ? Mais vous dites, monsieur, qu'il a ébloui les yeux du monde, et vous l'accusez de charme et d'enchantement : je connois beaucoup de gens qui feroient vanité d'une telle accusation ; et vous me confesserez vous-même que si la magie étoit une chose permise, ce seroit une chose excellente : ce seroit, à vrai dire, une belle chose de pouvoir faire des prodiges innocemment, de faire voir le soleil quand il est nuit, d'apprêter des festins sans viandes ni officiers, de changer en pistoles les feuilles de chêne, et le verre en diamants. C'est ce que vous reprochez à l'auteur du Cid, qui, vous avouant qu'il a violé les règles de l'art, vous oblige de lui avouer qu'il a un secret, qu'il a mieux réussi que l'art même ; et ne vous niant pas qu'il a trompé toute la cour et tout le peuple, ne vous laisse conclure de là, sinon qu'il est plus fin que toute la cour et tout le peuple, et que la tromperie qui s'étend à un si grand nombre de personnes est moins une fraude qu'une conquête. Cela étant, monsieur, je ne doute point que messieurs de l'Académie ne se trouvent bien empêchés dans le jugement de votre procès, et que d'un côté vos raisons ne les ébranlent, et de l'autre l'approbation publique ne les retienne. Je serois en la même peine si j'étois en la même délibération, et si de bonne fortune je ne venois de trouver votre arrêt dans les registres de l'antiquité. Il a été prononcé, il y a plus de quinze cents ans, par un philosophe de la famille stoïque, mais un philosophe dont la dureté n'étoit pas impénétrable à la joie, de qui il nous reste des jeux et des tragédies, qui vivoit sous le règne d'un empereur poëte et comédien, au siècle des vers et de la musique. Voici les termes de cet authentique arrêt, et je vous les laisse interpréter à vos dames, pour lesquelles vous avez bien entrepris une plus longue et plus difficile traduction : = Illud multum est primo aspectu oculos occupasse, etiamsi contemplatio diligens inventura est quod arguat. Si me interrogas, major ille est qui judicium abstulit quàm qui meruit. = Votre adversaire y trouve son compte par ce favorable mot de MAJOR EST; et vous avez aussi ce que vous pouvez désirer, ne désirant rien, à mon avis, que de prouver que JUDICIUM ABSTULIT. Ainsi vous l'emportez dans le cabinet, et il a gagné au théâtre. Si le Cid est coupable, c'est d'un crime qui a eu récompense ; s'il est puni, ce sera après avoir triomphé ; s'il faut que Platon le bannisse de sa république, il faut qu'il le couronne de fleurs en le

d.

bannissant, et ne le traite point plus mal qu'il a traité autrefois Homère. Si Aristote trouvé quelque chose à désirer en sa conduite, il doit le laisser jouir de sa bonne fortune, et ne pas condamner un dessein que le succès a justifié. Vous êtes trop bon pour en vouloir davantage : vous savez qu'on apporte souvent du tempérament aux lois, et que l'équité conserve ce que la justice pourroit ruiner. N'insistez point sur cette exacte et rigoureuse justice. Ne vous attachez point avec tant de scrupule à la souveraine raison : qui voudroit la contenter et satisfaire à sa régularité seroit obligé de lui bâtir un plus beau monde que celui-ci; il faudroit lui faire une nouvelle nature des choses, et lui aller chercher des idées au-dessus du ciel. Je parle, monsieur, pour mon intérêt; si vous la croyez, vous ne trouverez rien qui mérite d'être aimé, et par conséquent je suis en hasard de perdre vos bonnes graces, bien qu'elles me soient extrêmement chères, et que je sois passionnément, monsieur, votre, etc. »

C'est ainsi que Balzac retiré du monde, et plus impartial qu'un autre, écrivait à Scudéri son ami, et osait lui dire la vérité. Balzac, tout ampoulé qu'il était dans ses lettres, avait beaucoup d'érudition et de goût, connaissait l'éloquence des vers, et avait introduit en France celle de la prose. Il rendit justice aux beautés du Cid; et ce témoignage fait honneur à Balzac et à Corneille.

A MADAME LA DUCHESSE D'AIGUILLON.*

Madame,

Ce portrait vivant que je vous offre représente un héros assez reconnoissable aux lauriers dont il est couvert. Sa vie a été une suite continuelle de victoires; son corps, porté dans son armée, a gagné des batailles après sa mort; et son nom, au bout de six cents ans, vient encore triompher en France. Il y a trouvé une réception trop favorable pour se repentir d'être sorti de son pays, et d'avoir appris à parler une autre langue que la sienne. Ce

---

* Marie-Magdeleine de Vignerot, fille de la sœur du cardinal, et de René de Vignerot, seigneur de Pont-Courley. Elle épousa le marquis du Roure de Combalet, et fut dame d'atour de la reine; elle fut duchesse d'Aiguillon, de son chef, sur la fin de 1637.

Cette épître dédicatoire lui fut adressée au commencement de 1637; elle y est nommée madame de Combalet, et, dans l'édition de 1638, on voit le nom de madame la duchesse d'Aiguillon.

succès a passé mes plus ambitieuses espérances, et m'a surpris d'abord; mais il a cessé de m'étonner depuis que j'ai vu la satisfaction que vous avez témoignée quand il a paru devant vous. Alors j'ai osé me promettre de lui tout ce qui en est arrivé, et j'ai cru qu'après les éloges dont vous l'avez honoré, cet applaudissement universel ne lui pouvoit manquer. Et véritablement, madame, on ne peut douter avec raison de ce que vaut une chose qui a le bonheur de vous plaire; le jugement que vous en faites est la marque assurée de son prix : et comme vous donnez toujours libéralement aux véritables beautés l'estime qu'elles méritent, les fausses n'ont jamais le pouvoir de vous éblouir. Mais votre générosité ne s'arrête pas à des louanges stériles pour les ouvrages qui vous agréent; elle prend plaisir à s'étendre utilement sur ceux qui les produisent, et ne dédaigne point d'employer en leur faveur ce grand crédit * que votre qualité et

---

* La duchesse d'Aiguillon avait un très grand crédit, en effet, sur son oncle le cardinal; et, sans elle, Corneille aurait été entièrement disgracié : il le fait assez entendre par ces paroles. Ses ennemis acharnés l'avaient peint comme un esprit altier qui bravait le premier ministre, et qui confondait dans un mépris général leurs ouvrages et le goût de celui qui les protégeait. La duchesse d'Aiguillon rendit, dans cette affaire, un aussi grand service à son oncle qu'à Corneille : elle lui sauva, dans la postérité, la honte de passer pour l'approbateur de Colletet, et l'ennemi du Cid et de Cinna.

vos vertus vous ont acquis. J'en ai ressenti des effets qui me sont trop avantageux pour m'en taire, et je ne vous dois pas moins de remercîments pour moi que pour le Cid. C'est une reconnoissance qui m'est glorieuse, puisqu'il m'est impossible de publier que je vous ai de grandes obligations, sans publier en même temps que vous m'avez assez estimé pour vouloir que je vous en eusse. Aussi, madame, si je souhaite quelque durée pour cet heureux effort de ma plume, ce n'est point pour apprendre mon nom à la postérité, mais seulement pour laisser des marques éternelles de ce que je vous dois, et faire lire à ceux qui naîtront dans les autres siècles la protestation que je fais d'être toute ma vie,

MADAME,

votre très humble, très obéissant, et très obligé serviteur,
P. CORNEILLE.

PRÉFACE

DE

CORNEILLE.

Mariana; l. 4º. de la historia de España, c. 5º.

Avia pocos dias antes hecho campo con D. Gomes, conde de Gormas. Venciòle, y diòle la muerte. Lo que resultò d'este caso, fue que casò con doña Ximena, hija y heredera del mismo conde.* Ella misma requiriò al rey que se le diesse por marido (ya estava muy prendada de sus partes), ò le castigasse conforme à las leyes, por la muerte que diò à su padre. Hizòse el casamiento, que à todos estava à cuento, con el qual por el gran dote de su esposa, que se allegò al estado que el tenia de su padre, se aumentò en poder y riquezas.

---

* Ces paroles de Mariana suffisent pour justifier Corneille : « Chimène demanda au roi qu'il fît punir le Cid selon les lois, ou qu'il le lui donnât pour époux. »

On voit combien la vérité historique est adoucie dans la tragédie.

Voilà ce qu'a prêté l'histoire à D. Guilain de Castro, qui a mis ce fameux évènement sur le théâtre avant moi. Ceux qui entendent l'espagnol y remarqueront deux circonstances : l'une, que Chimène, ne pouvant s'empêcher de reconnoître et d'aimer les belles qualités qu'elle voyoit en D. Rodrigue, quoiqu'il eût tué son père (estava prendada de sus partes), alla proposer elle-même au roi cette généreuse alternative, ou qu'il le lui donnât pour mari, ou qu'il le fît punir suivant les lois; l'autre, que ce mariage se fît au gré de tout le monde (à todos estava à cuento.) Deux chroniques du Cid ajoutent qu'il fut célébré par l'archevêque de Séville, en présence du roi et de toute sa cour; mais je me suis contenté du texte de l'historien, parceque toutes les deux ont quelque chose qui sent le roman, et peuvent ne persuader pas davantage que celles que nos François ont faites de Charlemagne et de Roland. Ce que j'ai rapporté de Mariana suffit pour faire voir l'état qu'on fit de Chimène et de son mariage dans son siècle même, où elle vécut en un tel éclat, que les rois d'Aragon et de Navarre tinrent à honneur d'être ses gendres, en épousant ses deux filles. Quelques-unes ne l'ont pas si bien traitée dans le nôtre; et sans parler de ce qu'on a dit de la Chimène du théâtre, celui qui a composé l'histoire d'Espagne en françois l'a notée dans son livre de s'être tôt et aisément consolée de la mort de son père, et a voulu taxer de légèreté une action qui fut imputée à grandeur de courage par ceux qui en furent les témoins. Deux romances espagnoles, que je vous donnerai ensuite de cet avertissement, parlent encore plus en sa faveur. Ces sortes de petits poëmes sont comme des originaux décousus de leurs anciennes histoires; et je serois ingrat envers la mémoire de cette héroïne, si, après l'avoir fait connoître en France, et m'y être fait connoître par elle, je ne tâchois de la tirer de la honte qu'on lui a voulu faire parcequ'elle a passé par mes mains. Je vous donne donc ces pièces justificatives de la réputation où elle a vécu, sans dessein de justifier la façon dont je l'ai fait parler françois. Le temps l'a fait pour moi, et les traductions qu'on en a faites en toutes les langues qui servent aujourd'hui à la scène; et chez tous les peuples où l'on voit des théâtres, je veux dire en italien, flamand et anglois, sont d'assez glorieuses apologies contre tout ce qu'on en a dit. Je n'y ajouterai pour toute chose qu'environ une douzaine de vers espagnols qui semblent faits exprès pour la défendre. Ils sont du même auteur qui l'a traitée avant moi, D. Guilain de Castro, qui, dans une autre comédie qu'il intitule Enganarse enganando, fait dire à une princesse de Béarn :

    A mirar
 Bien el mondo, que el tener
 Apetitos que vencer,
 Y ocasiones que dexar.

 Examinan el valor
 En la muger, yo dixera

Lo que siento, porque fuera
Luzimiento de mi honor.

Pero malicias fundadas
En honras mal entendidas
De tentaciones vencidas
Haz en culpas declaradas :

Y assi la que el dessear
Con el resistir apunta;
Vence dos vezes, si junta
Con el resistir el callar.

C'est, si je ne me trompe, comme agit Chimène dans mon ouvrage en présence du roi et de l'infante. Je dis en présence du roi et de l'infante, parceque quand elle est seule, ou avec sa confidente, ou avec son amant, c'est une autre chose. Ses mœurs sont inégalement égales, pour parler en termes de notre Aristote, et changent suivant les circonstances des lieux, des personnes, des temps, et des occasions, en conservant toujours le même principe.

Au reste, je me sens obligé de désabuser le public de deux erreurs qui s'y sont glissées touchant cette tragédie, et qui semblent avoir été autorisées par mon silence. La première est que j'aie convenu de juges touchant son mérite, et m'en sois rapporté au sentiment de ceux qu'on a priés d'en juger. Je m'en tairois encore, si ce faux bruit n'avoit été jusque chez Mr. de Balzac dans sa province, où, pour me servir de ses paroles mêmes, dans son désert, et si je n'en avois vu depuis peu les marques dans cette admirable lettre qu'il a écrite sur ce sujet, et qui ne fait pas la moindre richesse des deux derniers trésors qu'il nous a donnés. Or, comme tout ce qui part de sa plume regarde toute la postérité, maintenant que mon nom est assuré de passer jusqu'à elle dans cette lettre incomparable, il me seroit honteux qu'il y passât avec cette tache, et qu'on pût à jamais me reprocher d'avoir compromis de ma réputation. C'est une chose qui jusqu'à présent est sans exemple; et de tous ceux qui ont été attaqués comme moi, aucun que je sache n'a eu assez de foiblesse pour convenir d'arbitres avec ses censeurs; et s'ils ont laissé tout le monde dans la liberté publique d'en juger, ainsi que j'ai fait, c'a été sans s'obliger non plus que moi à en croire personne; outre que, dans la conjoncture où étoient lors les affaires du Cid, il ne falloit pas être grand devin pour prévoir ce que nous en avons vu arriver. A moins que d'être tout à fait stupide, on ne pouvoit pas ignorer que comme les questions de cette nature ne concernent ni la religion, ni l'état, on en peut décider par les règles de la prudence humaine, aussi-bien que par celles du théâtre, et tourner sans scrupule le sens du bon Aristote du côté de la politique. Ce n'est pas que je sache si ceux qui ont jugé du Cid en ont jugé suivant leur sentiment ou non, ni même que je veuille dire qu'ils en aient bien ou mal jugé, mais seulement que ce n'a jamais été de mon consentement qu'ils en ont jugé, et que peut-être je l'aurois justifié sans beaucoup de peine, si la même raison qui les a fait parler ne m'avoit obligé à me taire. Aristote ne s'est pas expliqué si clairement dans sa poétique, que nous n'en puissions faire ainsi que les philosophes, qui le tirent chacun à leur parti dans leurs opinions contraires ; et comme c'est un pays inconnu pour beaucoup de monde, les plus zélés partisans du Cid en ont cru ses censeurs sur leur parole, et se sont imaginé avoir pleinement satisfait à toutes leurs objections, quand ils ont soutenu qu'il importoit peu qu'il fût selon les règles d'Aristote, et qu'Aristote en avoit fait pour son siècle et pour des Grecs, et non pas pour le nôtre et pour des François.

Cette seconde erreur que mon silence a affermie n'est pas moins injurieuse à Aristote qu'à moi. Ce grand homme a traité la poétique avec tant d'adresse et de jugement, que les préceptes qu'il nous en a laissés sont de tous les temps et de tous les peuples ; et bien loin de s'amuser au détail des bienséances et des agréments, qui peuvent être divers selon que ces deux circonstances sont diverses, il a été droit aux mouvements de l'ame, dont la nature ne change point. Il a montré quelles passions la tragédie doit exciter dans celles de ses auditeurs ; il a cherché quelles conditions sont nécessaires, et aux personnes qu'on introduit, et aux évènements qu'on représente, pour les y faire naître ; il en a laissé des moyens qui auroient produit leur effet partout dès la création du monde, et qui seront capables de le produire encore partout, tant qu'il y aura des théâtres et des acteurs; et pour le reste, que les lieux et les temps peuvent changer, il l'a négligé, et n'a pas même prescrit le nombre des actes; qui n'a été réglé que par Horace beaucoup après lui.

Et certes je serois le premier qui condamnerois le Cid, s'il péchoit contre ces grandes et souveraines maximes que nous tenons de ce philosophe; mais bien loin d'en demeurer d'accord, j'ose dire que cet heureux poëme n'a si extraordinairement réussi, que parcequ'on y voit les deux maîtresses conditions, permettez-moi cette épithète, que demande ce grand maître aux excellentes tragédies, et qui se trouvent si rarement assemblées dans un même ouvrage, qu'un des plus doctes commentateurs de ce divin traité qu'il en a fait soutient que toute l'antiquité ne les a vues se rencontrer que dans le seul OEdipe. La première est que celui qui souffre et est persécuté ne soit ni tout méchant, ni tout vertueux, mais un homme plus vertueux que méchant, qui, par quelque trait de foiblesse humaine qui ne soit pas un crime, tombe dans un malheur qu'il ne mérite pas : l'autre, que la persécution et le péril ne viennent point d'un ennemi, ni d'un indifférent, mais d'une personne qui doive aimer celui qui souffre et en être aimée. Et voilà, pour en parler pleinement, la véritable et seule cause de tout le succès du Cid, en qui l'on ne peut méconnoître ces deux conditions, sans s'aveugler soi-même pour lui faire injustice. J'achève donc en m'acquittant de ma parole ; et après vous avoir dit en passant ces deux mots pour le Cid du théâtre, je vous donne, en faveur de la Chimène de l'histoire, les deux romances que je vous ai promises.

J'oubliois à vous dire que quantité de mes amis ayant jugé à propos que je rendisse compte au public de ce que j'avois emprunté de l'auteur espagnol dans cet ouvrage, et m'ayant témoigné le souhaiter, j'ai bien voulu leur donner cette satisfaction. Vous trouverez donc tout ce que j'en ai traduit imprimé d'une autre lettre, avec un chiffre au commencement, qui servira de marque de renvoi pour trouver les vers espagnols au bas de la même page. * Je garderai ce même ordre dans la Mort de Pompée pour les vers de Lucain ; ce qui n'empêchera pas que je ne continue aussi ce même changement de lettre, toutes les fois que mes acteurs rapportent quelque chose qui s'est dit ailleurs que sur le théâtre ; où vous n'imputerez rien qu'à moi si vous n'y voyez ce chiffre pour marque et le texte d'un autre auteur au-dessous.

---

* Le format de cette édition ne nous a pas permis de rapporter ces passages, que Corneille lui-même a jugés peu nécessaires, puisqu'il les a supprimés depuis dans une édition faite sous ses yeux.

ROMANCE PRIMERO.

Delante el rey de Leon
Doña Ximena una tarde
Se pone à pedir justicia
Por la muerte de su padre.

Para contra el Cid la pide,
Don Rodrigo de Bivare,
Que huerfana la dexò,
Niña, y de muy poca edade.

Si tengo razon, o non,
Bien, rey, lo alcanças, y sabes
Que los negocios de honra
No pueden disimularse.

Cada dia que amanece,
Veo al lobo de mi sangre
Cavallero en un cavallo
Por darme mayor pesare.

Mandale, buen rey, pues puedes,
Que no me ronde mi calle,
Que no se venga en mugeres
El hombre que mucho vale.

Si mi padre afrentò al suyo,
Bien ha vengado à su padre;
Que si honras pagaron muertes,
Para su disculpa bastan.

Encomendada me tienes,
No consientas que me agravien,
Que el que à mi se fiziere
A tu corona se faze.

Calledes, doña Ximena,
Que me dades pena grande,
Que yo dare buen remedio
Para todos vuestros males.

Al Cid no le he de ofender,
Que es hombre que mucho vale;
Y me defiende mis reynos,
Y quiero que me los guarde.

Pero yo farè un partido
Con el, que no os este male,
De tomalle la palabra
Para que con vos se case.

Contenta quedò Ximena,
Con la merced que le faze,
Que quien huerfana la fizò
Aquesse mismo la ampare.

ROMANCE SEGUNDO.

A Ximena y a Rodrigo
Prendiò el rey palabra, y mano,
De juntarlos para en uno
En presencia de Layn Calvo.

Las enemistades viejas
Con amor se conformaron,
Que donde preside el amor
Se olvidan muchos agravios.

Llegaron juntos los novios;
Y al dar la mano, y abraço,
El Cid mirando à la novia
Le dixò todo turbado:

« Matè à tu padre, Ximena,
Pero no à desaguisado;
Matèle de hombre à hombre,
Para vengar cierto agravio:

Matè hombre, y hombre doy,
Aqui estey à tu mandado;
Y en lugar del muerto padre
Cobraste un marido honrado. »

A todos pareciò bien,
Su discrecion alabaron;
Y assi se hizieron las bodas
De Rodrigo el Castellano.

PERSONNAGES.

DON FERNAND, premier roi de Castille.
DONA URRAQUE, infante de Castille.
DON DIÈGUE, père de don Rodrigue.
DON GOMÈS, comte de Gormas, père de Chimène.
CHIMÈNE, fille de don Gomès.
DON RODRIGUE, fils de don Diègue, et amant de Chimène.
DON SANCHE, amoureux de Chimène.
DON ARIAS, } gentilshommes castillans.
DON ALONSE, }
LÉONOR, gouvernante de l'infante.
ELVIRE, gouvernante de Chimène.
Un page de l'infante.

La scène est à Séville. *

* Remarquez que la scène est tantôt au palais du roi, tantôt dans la maison du comte de Gormas, tantôt dans la ville: mais, comme je le dis ailleurs, l'unité de lieu serait observée aux yeux des spectateurs, si on avait eu des théâtres dignes de Corneille, semblables à celui de Vicence, qui représente une ville, un palais, des rues, une place, etc.; car cette unité ne consiste pas à représenter toute l'action dans un cabinet, dans une chambre, mais dans plusieurs endroits contigus que l'œil puisse apercevoir sans peine.

LE CID,
TRAGÉDIE

ACTE PREMIER.

SCÈNE I

LE COMTE, ELVIRE.

ELVIRE.

Entre tous ces amants dont la jeune ferveur [1]
Adore votre fille, et brigue ma faveur,
Don Rodrigue et don Sanche à l'envi font paroître
Le beau feu qu'en leurs cœurs ses beautés ont fait naître.
Ce n'est pas que Chimène écoute leurs soupirs,
Ou d'un regard propice anime leurs désirs ;
Au contraire, pour tous dedans l'indifférence, [2]
Elle n'ôte à pas un ni donne l'espérance ;
Et, sans les voir d'un œil trop sévère, ou trop doux,
C'est de votre seul choix qu'elle attend un époux.

LE COMTE.

Elle est dans le devoir : tous deux sont dignes d'elle,
Tous deux formés d'un sang noble, vaillant, fidèle,

Jeunes, mais qui font lire aisément dans leurs yeux
L'éclatante vertu de leurs braves aïeux.
Don Rodrigue surtout n'a trait en son visage
Qui d'un homme de cœur ne soit la haute image,
Et sort d'une maison si féconde en guerriers,
Qu'ils y prennent naissance au milieu des lauriers :
La valeur de son père, en son temps sans pareille,
Tant qu'a duré sa force, a passé pour merveille ; 3
Ses rides sur son front ont gravé ses exploits, 4
Et nous disent encor ce qu'il fut autrefois.
Je me promets du fils ce que j'ai vu du père ;
Et ma fille, en un mot, peut l'aimer et me plaire.
Va l'en entretenir ; mais dans cet entretien
Cache mon sentiment, et découvre le sien.
Je veux qu'à mon retour nous en parlions ensemble :
L'heure à présent m'appelle au conseil qui s'assemble ;
Le roi doit à son fils choisir un gouverneur,
Ou plutôt m'élever à ce haut rang d'honneur.
Ce que pour lui mon bras chaque jour exécute
Me défend de penser qu'aucun me le dispute. 5

SCÈNE II.

CHIMÈNE, ELVIRE.

ELVIRE, à part.

QUELLE douce nouvelle à ces jeunes amants !
Et que tout se dispose à leurs contentements !

CHIMÈNE.

Eh bien, Elvire, enfin que faut-il que j'espère ? 1
Que dois-je devenir ? et que t'a dit mon père ?

ACTE I, SCÈNE II.

ELVIRE.

Deux mots, dont tous vos sens doivent être charmés ;
Il estime Rodrigue autant que vous l'aimez.

CHIMÈNE.

L'excès de ce bonheur me met en défiance.
Puis-je à de tels discours donner quelque croyance ?

ELVIRE.

Il passe bien plus outre ; il approuve ses feux,
Et vous doit commander de répondre à ses vœux.
Jugez après cela, puisque tantôt son père
Au sortir du conseil doit proposer l'affaire, [2]
S'il pouvoit avoir lieu de mieux prendre son temps,
Et si tous vos désirs seront bientôt contents.

CHIMÈNE.

Il semble toutefois que mon ame troublée
Refuse cette joie, et s'en trouve accablée.
Un moment donne au sort des visages divers, [3]
Et dans ce grand bonheur je crains un grand revers.

ELVIRE.

Vous verrez votre crainte heureusement déçue.

CHIMÈNE.

Allons, quoi qu'il en soit, en attendre l'issue.

SCÈNE III.

L'INFANTE, LÉONOR, UN PAGE. [1]

L'INFANTE, au page.

VA-T-EN trouver Chimène, et dis-lui de ma part
Qu'aujourd'hui pour me voir elle attend un peu tard,
Et que mon amitié se plaint de sa paresse.

(Le page rentre.)

SCÈNE IV.

L'INFANTE, LÉONOR.

LÉONOR.

Madame, chaque jour même désir vous presse ;
Et je vous vois, pensive et triste chaque jour,
Demander avec soin comme va son amour.

L'INFANTE.

Ce n'est pas sans sujet, je l'ai presque forcée
A recevoir les traits dont son ame est blessée ;
Elle aime don Rodrigue, et le tient de ma main,
Et par moi don Rodrigue a vaincu son dédain :
Ainsi de ces amants ayant formé les chaînes,
Je dois prendre intérêt à voir finir leurs peines.

LÉONOR.

Madame, toutefois parmi leurs bons succès
Vous montrez un chagrin qui va jusqu'à l'excès.
Cet amour qui tous deux les comble d'alégresse
Fait-il de ce grand cœur la profonde tristesse ?
Et ce grand intérêt que vous prenez pour eux
Vous rend-il malheureuse alors qu'ils sont heureux ?
Mais je vais trop avant, et deviens indiscrète.

L'INFANTE.

Ma tristesse redouble à la tenir secrète.
Écoute, écoute enfin comme j'ai combattu,
Et, plaignant ma foiblesse, admire ma vertu.
L'amour est un tyran qui n'épargne personne.
Ce jeune cavalier, cet amant que je donne,
Je l'aime.

ACTE I, SCÈNE IV.

LÉONOR.

Vous l'aimez !

L'INFANTE.

Mets la main sur mon cœur,
Et vois comme il se trouble au nom de son vainqueur,
Comme il le reconnoît.

LÉONOR.

Pardonnez-moi, madame,
Si je sors du respect pour blâmer cette flamme.
Choisir pour votre amant un simple cavalier !
Une grande princesse à ce point s'oublier !
Et que dira le roi ? que dira la Castille ?
Vous souvenez-vous bien de qui vous êtes fille ?

L'INFANTE.

Oui, oui, je m'en souviens, et j'épandrois mon sang
Plutôt que de rien faire indigne de mon rang.
Je te répondrois bien que dans les belles ames
Le seul mérite a droit de produire des flammes ;
Et, si ma passion cherchoit à s'excuser,
Mille exemples fameux pourroient l'autoriser :
Mais je n'en veux point suivre où ma gloire s'engage ;
Si j'ai beaucoup d'amour, j'ai bien plus de courage ;
Un noble orgueil m'apprend qu'étant fille de roi,
Tout autre qu'un monarque est indigne de moi.
Quand je vis que mon cœur ne se pouvoit défendre,
Moi-même je donnai ce que je n'osois prendre ;
Je mis, au lieu de moi, Chimène en ses liens,
Et j'allumai leurs feux pour éteindre les miens.
Ne t'étonne donc plus si mon ame gênée
Avec impatience attend leur hyménée :

Tu vois que mon repos en dépend aujourd'hui.
Si l'amour vit d'espoir, il périt avec lui :
C'est un feu qui s'éteint faute de nourriture ;
Et, malgré la rigueur de ma triste aventure,
Si Chimène a jamais Rodrigue pour mari,
Mon espérance est morte, et mon esprit guéri.
   Je souffre cependant un tourment incroyable.
Jusques à cet hymen Rodrigue m'est aimable :
Je travaille à le perdre, et le perds à regret ;
Et de là prend son cours mon déplaisir secret.
Je vois avec chagrin que l'amour me contraigne
A pousser des soupirs pour ce que je dédaigne ;
Je sens en deux partis mon esprit divisé.
Si mon courage est haut, mon cœur est embrasé.
Cet hymen m'est fatal, je le crains et souhaite :
Je n'ose en espérer qu'une joie imparfaite.
Ma gloire et mon amour ont pour moi tant d'appas,
Que je meurs s'il s'achève, ou ne s'achève pas.

LÉONOR.

Madame, après cela je n'ai rien à vous dire,
Sinon que de vos maux avec vous je soupire :
Je vous blâmois tantôt, je vous plains à présent.
Mais, puisque dans un mal si doux et si cuisant
Votre vertu combat et son charme et sa force,
En repousse l'assaut, en rejette l'amorce,
Elle rendra le calme à vos esprits flottants.
Espérez donc tout d'elle, et du secours du temps :
Espérez tout du ciel ; il a trop de justice
Pour laisser la vertu dans un si long supplice.

L'INFANTE.

Ma plus douce espérance est de perdre l'espoir.

ACTE I, SCÈNE V.

SCÈNE V.

L'INFANTE, LÉONOR, UN PAGE.

LE PAGE.

Par vos commandements Chimène vous vient voir.

L'INFANTE, à Léonor.

Allez l'entretenir en cette galerie.

LÉONOR.

Voulez-vous demeurer dedans la rêverie?

L'INFANTE.

Non, je veux seulement, malgré mon déplaisir,
Remettre mon visage un peu plus à loisir.
Je vous suis.

SCÈNE VI.

L'INFANTE.

Juste ciel, d'où j'attends mon remède,
Mets enfin quelque borne au mal qui me possède;
Assure mon repos, assure mon honneur.
Dans le bonheur d'autrui je cherche mon bonheur.
Cet hyménée à trois également importe;
Rends son effet plus prompt, ou mon ame plus forte.
D'un lien conjugal joindre ces deux amants,
C'est briser tous mes fers, et finir mes tourments.
Mais je tarde un peu trop, allons trouver Chimène,
Et, par son entretien, soulager notre peine.

SCÈNE VII.
LE COMTE, D. DIÈGUE.

LE COMTE.

Enfin vous l'emportez, et la faveur du roi [1]
Vous élève en un rang qui n'étoit dû qu'à moi ;
Il vous fait gouverneur du prince de Castille.

D. DIÈGUE.

Cette marque d'honneur qu'il met dans ma famille
Montre à tous qu'il est juste, et fait connoître assez
Qu'il sait récompenser les services passés.

LE COMTE.

Pour grands que soient les rois, ils sont ce que nous sommes : [2]
Ils peuvent se tromper comme les autres hommes ;
Et ce choix sert de preuve à tous les courtisans
Qu'ils savent mal payer les services présents.

D. DIÈGUE.

Ne parlons plus d'un choix dont votre esprit s'irrite ;
La faveur l'a pu faire autant que le mérite.
Mais on doit ce respect au pouvoir absolu,
De n'examiner rien quand un roi l'a voulu.
A l'honneur qu'il m'a fait ajoutez-en un autre ;
Joignons d'un sacré nœud ma maison à la vôtre :
Rodrigue aime Chimène, et ce digne sujet [3]
De ses affections est le plus cher objet ;
Consentez-y, monsieur, et l'acceptez pour gendre.

LE COMTE.

A de plus hauts partis Rodrigue doit prétendre. [4]
Et le nouvel éclat de votre dignité
Lui doit enfler le cœur d'une autre vanité.

Exercez-la, monsieur, et gouvernez le prince;
Montrez-lui comme il faut régir une province,
Faire trembler partout les peuples sous sa loi,
Remplir les bons d'amour, et les méchants d'effroi:
Joignez à ces vertus celles d'un capitaine;
Montrez-lui comme il faut s'endurcir à la peine,
Dans le métier de Mars se rendre sans égal,
Passer les jours entiers et les nuits à cheval,
Reposer tout armé, forcer une muraille,
Et ne devoir qu'à soi le gain d'une bataille:
Instruisez-le d'exemple, et rendez-le parfait,
Expliquant à ses yeux vos leçons par l'effet.

D. DIÈGUE.

Pour s'instruire d'exemple, en dépit de l'envie,
Il lira seulement l'histoire de ma vie.
Là, dans un long tissu de belles actions
Il verra comme il faut domter des nations,
Attaquer une place, ordonner une armée,
Et sur de grands exploits bâtir sa renommée.

LE COMTE.

Les exemples vivants ont bien plus de pouvoir;
Un prince, dans un livre, apprend mal son devoir.
Et qu'a fait, après tout, ce grand nombre d'années,
Que ne puisse égaler une de mes journées?
Si vous fûtes vaillant, je le suis aujourd'hui;
Et ce bras du royaume est le plus ferme appui.
Grenade et l'Aragon tremblent quand ce fer brille;
Mon nom sert de rempart à toute la Castille:
Sans moi vous passeriez bientôt sous d'autres lois;
Et vous auriez bientôt vos ennemis pour rois.
Chaque jour, chaque instant, pour rehausser ma gloire,
Met lauriers sur lauriers, victoire sur victoire:

Le prince à mes côtés feroit dans les combats
L'essai de son courage à l'ombre de mon bras;
Il apprendroit à vaincre en me regardant faire;
Et, pour répondre en hâte à son grand caractère,
Il verroit....

D. DIÈGUE.

Je le sais, vous servez bien le roi;
Je vous ai vu combattre et commander sous moi :
Quand l'âge dans mes nerfs a fait couler sa glace,
Votre rare valeur a bien rempli ma place :
Enfin, pour épargner les discours superflus,
Vous êtes aujourd'hui ce qu'autrefois je fus.
Vous voyez toutefois qu'en cette concurrence
Un monarque entre nous met quelque différence.

LE COMTE.

Ce que je méritois vous l'avez emporté.

D. DIÈGUE.

Qui l'a gagné sur vous l'avoit mieux mérité.

LE COMTE.

Qui peut mieux l'exercer en est bien le plus digne.

D. DIÈGUE.

En être refusé n'en est pas un bon signe.

LE COMTE.

Vous l'avez eu par brigue, étant vieux courtisan.

D. DIÈGUE.

L'éclat de mes hauts faits fut mon seul partisan.

LE COMTE.

Parlons-en mieux, le roi fait honneur à votre âge.

D. DIÈGUE.

Le roi, quand il en fait, le mesure au courage.

ACTE I, SCÈNE VII.

LE COMTE.

Et par là cet honneur n'étoit dû qu'à mon bras.

D. DIÈGUE.

Qui n'a pu l'obtenir ne le méritoit pas.

LE COMTE.

Ne le méritoit pas ! Moi ?

D. DIÈGUE.

Vous.

LE COMTE.

Ton impudence,
Téméraire vieillard, aura sa récompense.[5]

(Il lui donne un soufflet.)

D. DIÈGUE, mettant l'épée à la main.

Achève, et prends ma vie après un tel affront,
Le premier dont ma race ait vu rougir son front.

LE COMTE.

Eh ! que penses-tu faire avec tant de foiblesse ?

D. DIÈGUE.

O Dieu ! ma force usée en ce besoin me laisse !

LE COMTE.

Ton épée est à moi ; mais tu serois trop vain,
Si ce honteux trophée avoit chargé ma main.
Adieu. Fais lire au prince, en dépit de l'envie,
Pour son instruction l'histoire de ta vie ;
D'un insolent discours ce juste châtiment
Ne lui servira pas d'un petit ornement.

D. DIÈGUE.

Épargnes-tu mon sang ?[6]

LE COMTE.
          Mon ame est satisfaite ;
Et mes yeux à ma main reprochent ta défaite.
                D. DIÈGUE.
Tu dédaignes ma vie !
              LE COMTE.
          En arrêter le cours
Ne seroit que hâter la Parque de trois jours.

SCÈNE VIII.

D. DIÈGUE.

O RAGE ! ô désespoir ! ô vieillesse ennemie !
N'ai-je donc tant vécu que pour cette infamie ?
Et ne suis-je blanchi dans les travaux guerriers,
Que pour voir en un jour flétrir tant de lauriers ?
Mon bras, qu'avec respect toute l'Espagne admire,
Mon bras, qui tant de fois a sauvé cet empire,
Tant de fois affermi le trône de son roi,
Trahit donc ma querelle, et ne fait rien pour moi !
O cruel souvenir de ma gloire passée !
OEuvre de tant de jours en un jour effacée !
Nouvelle dignité fatale à mon bonheur !
Précipice élevé d'où tombe mon honneur !
Faut-il de votre éclat voir triompher le comte,
Et mourir sans vengeance, ou vivre dans la honte ?
Comte, sois de mon prince à présent gouverneur ;
Ce haut rang n'admet point un homme sans honneur;
Et ton jaloux orgueil, par cet affront insigne,
Malgré le choix du roi m'en a su rendre indigne.
Et toi, de mes exploits glorieux instrument,
Mais d'un corps tout de glace inutile ornement,

Fer jadis tant à craindre, et qui, dans cette offense,
M'as servi de parade, et non pas de défense,
Va, quitte désormais le dernier des humains,
Passe, pour me venger, en de meilleures mains.

SCÈNE IX.

D. DIÈGUE, D. RODRIGUE.

D. DIÈGUE.

Rodrigue, as-tu du cœur ? [1]

D. RODRIGUE.

Tout autre que mon père
L'éprouveroit sur l'heure.

D. DIÈGUE.

Agréable colère !
Digne ressentiment à ma douleur bien doux !
Je reconnois mon sang à ce noble courroux ;
Ma jeunesse revit en cette ardeur si prompte.
Viens, mon fils, viens, mon sang, viens réparer ma honte ;
Viens me venger.

D. RODRIGUE.

De quoi ?

D. DIÈGUE.

D'un affront si cruel,
Qu'à l'honneur de tous deux il porte un coup mortel ;
D'un soufflet. L'insolent en eût perdu la vie ;
Mais mon âge a trompé ma généreuse envie ;
Et ce fer, que mon bras ne peut plus soutenir,
Je le remets au tien pour venger et punir.
Va contre un arrogant éprouver ton courage :
Ce n'est que dans le sang qu'on lave un tel outrage ;

Meurs, ou tue. Au surplus, pour ne te point flatter,
Je te donne à combattre un homme à redouter;
Je l'ai vu tout sanglant, au milieu des batailles,
Se faire un beau rempart de mille funérailles : 2
J'ai vu par sa valeur cent escadrons rompus;
Et, pour t'en dire encor quelque chose de plus,
Plus que brave soldat, plus que grand capitaine,
C'est....

D. RODRIGUE.

De grace, achevez.

D. DIÈGUE.

Le père de Chimène.

D. RODRIGUE.

Le...?

D. DIÈGUE.

Ne réplique point, je connois ton amour;
Mais qui peut vivre infâme est indigne du jour;
Plus l'offenseur est cher, et plus grande est l'offense.
Enfin tu sais l'affront, et tu tiens la vengeance.
Je ne te dis plus rien. Venge-moi, venge-toi;
Montre-toi digne fils d'un père tel que moi.
Accablé des malheurs où le destin me range,
Je vais les déplorer. Va, cours, vole, et nous venge.

SCÈNE X.

D. RODRIGUE.

Percé jusques au fond du cœur 5
D'une atteinte imprévue aussi-bien que mortelle,

ACTE I, SCÈNE X.

Misérable vengeur d'une juste querelle,
Et malheureux objet d'une injuste rigueur,
Je demeure immobile, et mon ame abattue
    Cède au coup qui me tue.
  Si près de voir mon feu récompensé,
    O Dieu! l'étrange peine!
  En cet affront mon père est l'offensé,
  Et l'offenseur le père de Chimène!

    Que je sens de rudes combats!
Contre mon propre honneur mon amour s'intéresse :
Il faut venger un père, et perdre une maîtresse ;
L'un m'anime le cœur, l'autre retient mon bras.
Réduit au triste choix ou de trahir ma flamme,
    Ou de vivre en infâme,
  Des deux côtés mon mal est infini.
    O Dieu! l'étrange peine!
  Faut-il laisser un affront impuni?
  Faut-il punir le père de Chimène?

    Père, maîtresse, honneur, amour,
Noble et dure contrainte, aimable tyrannie,
Tous mes plaisirs sont morts, ou ma gloire ternie.
L'un me rend malheureux, l'autre indigne du jour.
Cher et cruel espoir d'une ame généreuse,
    Mais ensemble amoureuse,
  Digne ennemi de mon plus grand bonheur,
    Fer qui causes ma peine,
  M'es-tu donné pour venger mon honneur?
  M'es-tu donné pour perdre ma Chimène?

    Il vaut mieux courir au trépas.
Je dois à ma maîtresse, aussi-bien qu'à mon père.

J'attire en me vengeant sa haine et sa colère ;
J'attire ses mépris en ne me vengeant pas.
A mon plus doux espoir l'un me rend infidèle,
    Et l'autre, indigne d'elle.
Mon mal augmente à le vouloir guérir ;
    Tout redouble ma peine.
Allons, mon ame ; et, puisqu'il faut mourir,
Mourons du moins sans offenser Chimène.

    Mourir sans tirer ma raison !
Rechercher un trépas si mortel à ma gloire !
Endurer que l'Espagne impute à ma mémoire
D'avoir mal soutenu l'honneur de ma maison !
Respecter un amour dont mon ame égarée
    Voit la perte assurée !
N'écoutons plus ce penser suborneur,
    Qui ne sert qu'à ma peine.
Allons, mon bras, sauvons du moins l'honneur, [2]
Puisqu'aussi-bien il faut perdre Chimène.

    Oui, mon esprit s'étoit déçu :
Je dois tout à mon père avant qu'à ma maîtresse :
Que je meure au combat, ou meure de tristesse,
Je rendrai mon sang pur comme je l'ai reçu.
Je m'accuse déjà de trop de négligence ;
    Courons à la vengeance ;
Et, tout honteux d'avoir tant balancé,
    Ne soyons plus en peine,
Puisqu'aujourd'hui mon père est l'offensé,
Si l'offenseur est père de Chimène.

FIN DU PREMIER ACTE.

ACTE SECOND.

SCÈNE I.

D. ARIAS, LE COMTE.

LE COMTE.

Je l'avoue entre nous, quand je lui fis l'affront, [1]
J'eus le sang un peu chaud et le bras un peu prompt :
Mais, puisque c'en est fait, le coup est sans remède.

D. ARIAS.

Qu'aux volontés du roi ce grand courage cède :
Il y prend grande part ; et son cœur irrité
Agira contre vous de pleine autorité.
Aussi vous n'avez point de valable défense.
Le rang de l'offensé, la grandeur de l'offense,
Demandent des devoirs et des soumissions
Qui passent le commun des satisfactions.

LE COMTE.

Le roi peut, à son gré, disposer de ma vie.

D. ARIAS.

De trop d'emportement votre faute est suivie.
Le roi vous aime encore ; apaisez son courroux :
Il a dit, Je le veux. Désobéirez-vous ?

LE COMTE.

Monsieur, pour conserver ma gloire et mon estime,
Désobéir un peu n'est pas un si grand crime ; [2]
Et, quelque grand qu'il fût, mes services présents
Pour le faire abolir sont plus que suffisants.

D. ARIAS.

Quoi qu'on fasse d'illustre et de considérable,
Jamais à son sujet un roi n'est redevable.
Vous vous flattez beaucoup, et vous devez savoir
Que qui sert bien son roi ne fait que son devoir.
Vous vous perdrez, monsieur, sur cette confiance.

LE COMTE.

Je ne vous en croirai qu'après l'expérience.

D. ARIAS.

Vous devez redouter la puissance d'un roi.

LE COMTE.

Un jour seul ne perd pas un homme tel que moi.
Que toute sa grandeur s'arme pour mon supplice,
Tout l'état périra s'il faut que je périsse.

D. ARIAS.

Quoi ! vous craignez si peu le pouvoir souverain....

LE COMTE.

D'un sceptre qui sans moi tomberoit de sa main.
Il a trop d'intérêt lui-même en ma personne,
Et ma tête en tombant feroit choir sa couronne.

D. ARIAS.

Souffrez que la raison remette vos esprits.
Prenez un bon conseil.

LE COMTE.

    Le conseil en est pris.

D. ARIAS.

Que lui dirai-je enfin ? je lui dois rendre compte.

LE COMTE.

Que je ne puis du tout consentir à ma honte.

ACTE II, SCÈNE I.

D. ARIAS.

Mais songez que les rois veulent être absolus.

LE COMTE.

Le sort en est jeté, monsieur; n'en parlons plus.

D. ARIAS.

Adieu donc, puisqu'en vain je tâche à vous résoudre.
Tout couvert de lauriers, craignez encor la foudre.

LE COMTE.

Je l'attendrai sans peur.

D. ARIAS.

Mais non pas sans effet.

LE COMTE.

Nous verrons donc par là don Diègue satisfait.

(D. Arias rentre.)

Qui ne craint point la mort ne craint point les menaces.
J'ai le cœur au-dessus des plus fières disgraces;
Et l'on peut me réduire à vivre sans bonheur,
Mais non pas me résoudre à vivre sans honneur.

SCÈNE II.

LE COMTE, D. RODRIGUE.

D. RODRIGUE.

A moi, comte, deux mots.

LE COMTE.

Parle.

D. RODRIGUE.

Ote-moi d'un doute.

Connois-tu bien don Diègue?

LE COMTE.

Oui.

D. RODRIGUE.

Parlons bas; écoute.
Sais-tu que ce vieillard fut la même vertu,
La vaillance et l'honneur de son temps? le sais-tu?

LE COMTE.

Peut-être.

D. RODRIGUE.

Cette ardeur que dans les yeux je porte,
Sais-tu que c'est son sang? le sais-tu?

LE COMTE.

Que m'importe?

D. RODRIGUE.

A quatre pas d'ici je te le fais savoir.

LE COMTE.

Jeune présomptueux!...

D. RODRIGUE.

Parle sans t'émouvoir.
Je suis jeune, il est vrai; mais aux ames bien nées
La valeur n'attend pas le nombre des années. [1]

LE COMTE.

Te mesurer à moi! Qui t'a rendu si vain,
Toi qu'on n'a jamais vu les armes à la main?

D. RODRIGUE.

Mes pareils à deux fois ne se font pas connoître,
Et pour leurs coups d'essai veulent des coups de maître. [2]

LE COMTE.

Sais-tu bien qui je suis?

D. RODRIGUE.

      Oui : tout autre que moi
Au seul bruit de ton nom pourroit trembler d'effroi.
Les palmes dont je vois ta tête si couverte
Semblent porter écrit le destin de ma perte.
J'attaque en téméraire un bras toujours vainqueur ;
Mais j'aurai trop de force ayant assez de cœur.
A qui venge son père il n'est rien d'impossible.
Ton bras est invaincu, mais non pas invincible. 3

LE COMTE.

Ce grand cœur qui paroît au discours que tu tiens
Par tes yeux chaque jour se découvroit aux miens ;
Et croyant voir en toi l'honneur de la Castille,
Mon ame avec plaisir te destinoit ma fille.
Je sais ta passion, et suis ravi de voir
Que tous ses mouvements cèdent à ton devoir ;
Qu'ils n'ont point affoibli cette ardeur magnanime ;
Que ta haute vertu répond à mon estime ;
Et que, voulant pour gendre un cavalier parfait,
Je ne me trompois point au choix que j'avois fait.
Mais je sens que pour toi ma pitié s'intéresse :
J'admire ton courage, et je plains ta jeunesse.
Ne cherche point à faire un coup d'essai fatal ;
Dispense ma valeur d'un combat inégal ;
Trop peu d'honneur pour moi suivroit cette victoire :
A vaincre sans péril, on triomphe sans gloire.
On te croiroit toujours abattu sans effort ;
Et j'aurois seulement le regret de ta mort.

D. RODRIGUE.

D'une indigne pitié ton audace est suivie :
Qui m'ose ôter l'honneur craint de m'ôter la vie !

LE COMTE.

Retire-toi d'ici.

D. RODRIGUE.

Marchons sans discourir.

LE COMTE.

Es-tu si las de vivre?

D. RODRIGUE.

As-tu peur de mourir?

LE COMTE.

Viens, tu fais ton devoir; et le fils dégénère
Qui survit un moment à l'honneur de son père.

SCÈNE III.

L'INFANTE, CHIMÈNE, LÉONOR.

L'INFANTE.

APAISE, ma Chimène, apaise ta douleur;
Fais agir ta constance en ce coup de malheur:
Tu reverras le calme après ce foible orage;
Ton bonheur n'est couvert que d'un peu de nuage;
Et tu n'as rien perdu pour le voir différer.

CHIMÈNE.

Mon cœur, outré d'ennuis, n'ose rien espérer.
Un orage si prompt qui trouble une bonace,
D'un naufrage certain nous porte la menace;
Je n'en saurois douter, je péris dans le port.
J'aimois, j'étois aimée, et nos pères d'accord;
Et je vous en contois la première nouvelle,
Au malheureux moment que naissoit leur querelle,
Dont le récit fatal, sitôt qu'on vous l'a fait,
D'une si douce attente a ruiné l'effet.

Maudite ambition, détestable manie,
Dont les plus généreux souffrent la tyrannie !
Impitoyable honneur, mortel à mes plaisirs,
Que tu me vas coûter de pleurs et de soupirs !

L'INFANTE.

Tu n'as dans leur querelle aucun sujet de craindre ;
Un moment l'a fait naître, un moment va l'éteindre :
Elle a fait trop de bruit pour ne pas s'accorder,
Puisque déjà le roi les veut accommoder ;
Et tu sais que mon ame, à tes ennuis sensible,
Pour en tarir la source y fera l'impossible.

CHIMÈNE.

Les accommodements ne font rien en ce point :
Les affronts à l'honneur ne se réparent point.
En vain on fait agir la force ou la prudence ;
Si l'on guérit le mal, ce n'est qu'en apparence ;
La haine que les cœurs conservent au dedans
Nourrit des feux cachés, mais d'autant plus ardents.

L'INFANTE.

Le saint nœud qui joindra don Rodrigue et Chimène
Des pères ennemis dissipera la haine ;
Et nous verrons bientôt votre amour le plus fort
Par un heureux hymen étouffer ce discord.

CHIMÈNE.

Je le souhaite ainsi plus que je ne l'espère :
Don Diègue est trop altier, et je connois mon père.
Je sens couler des pleurs que je veux retenir ;
Le passé me tourmente, et je crains l'avenir.

L'INFANTE.

Que crains-tu ? d'un vieillard l'impuissante foiblesse ?

CHIMÈNE.

Rodrigue a du courage.

L'INFANTE.

Il a trop de jeunesse.

CHIMÈNE.

Les hommes valeureux le sont du premier coup.

L'INFANTE.

Tu ne dois pas pourtant le redouter beaucoup :
Il est trop amoureux pour te vouloir déplaire ;
Et deux mots de ta bouche arrêtent sa colère.

CHIMÈNE.

S'il ne m'obéit point, quel comble à mon ennui !
Et, s'il peut m'obéir, que dira-t-on de lui ?
Étant né ce qu'il est, souffrir un tel outrage !
Soit qu'il cède ou résiste au feu qui me l'engage,
Mon esprit ne peut qu'être ou honteux ou confus
De son trop de respect, ou d'un juste refus.

L'INFANTE.

Chimène est généreuse, et, quoiqu'intéressée,
Elle ne peut souffrir une basse pensée :
Mais, si jusques au jour de l'accommodement
Je fais mon prisonnier de ce parfait amant,
Et que j'empêche ainsi l'effet de son courage,
Ton esprit amoureux n'aura-t-il point d'ombrage ?

CHIMÈNE.

Ah ! madame, en ce cas je n'ai plus de souci.

SCÈNE IV.

L'INFANTE, CHIMÈNE, LÉONOR; UN PAGE.

L'INFANTE.

Page, cherchez Rodrigue, et l'amenez ici.

LE PAGE.

Le comte de Gormas et lui....

CHIMÈNE.

Bon dieu ! je tremble.

L'INFANTE.

Parlez.

LE PAGE.

Hors de la ville ils sont sortis ensemble.

CHIMÈNE.

Seuls ?

LE PAGE.

Seuls, et qui sembloient tout bas se quereller.

CHIMÈNE.

Sans doute ils sont aux mains, il n'en faut plus parler.
Madame, pardonnez à cette promptitude.

SCÈNE V.

L'INFANTE, LÉONOR.

L'INFANTE.

Hélas ! que dans l'esprit je sens d'inquiétude !
Je pleure ses malheurs, son amant me ravit ;
Mon repos m'abandonne, et ma flamme revit.
Ce qui va séparer Rodrigue de Chimène

Fait renaître à la fois mon espoir et ma peine ;
Et leur division, que je vois à regret,
Dans mon esprit charmé jette un plaisir secret.

LÉONOR.

Cette haute vertu qui règne dans votre ame
Se rend-elle sitôt à cette lâche flamme ?

L'INFANTE.

Ne la nomme point lâche, à présent que chez moi
Pompeuse et triomphante elle me fait la loi ;
Porte-lui du respect, puisqu'elle m'est si chère.
Ma vertu la combat, mais malgré moi j'espère ;
Et d'un si fol espoir mon cœur mal défendu
Vole après un amant que Chimène a perdu.

LÉONOR.

Vous laissez choir ainsi ce glorieux courage ?
Et la raison chez vous perd ainsi son usage ?

L'INFANTE.

Ah ! qu'avec peu d'effet on entend la raison,
Quand le cœur est atteint d'un si charmant poison !
Et lorsque le malade aime sa maladie,
Qu'il a peine à souffrir que l'on y remédie !

LÉONOR.

Votre espoir vous séduit, votre mal vous est doux :
Mais enfin ce Rodrigue est indigne de vous.

L'INFANTE.

Je ne le sais que trop ; mais si ma vertu cède,
Apprends comme l'amour flatte un cœur qu'il possède.
Si Rodrigue une fois sort vainqueur du combat,
Si dessous sa valeur ce grand guerrier s'abat,
Je puis en faire cas, je puis l'aimer sans honte.
Que ne fera-t-il point s'il peut vaincre le comte ?

J'ose m'imaginer qu'à ses moindres exploits
Les royaumes entiers tomberont sous ses lois ;
Et mon amour flatteur déjà me persuade
Que je le vois assis au trône de Grenade,
Les Maures subjugués trembler en l'adorant,
L'Aragon recevoir ce nouveau conquérant,
Le Portugal se rendre, et ses nobles journées
Porter delà les mers ses hautes destinées,
Du sang des Africains arroser ses lauriers ;
Enfin, tout ce qu'on dit des plus fameux guerriers,
Je l'attends de Rodrigue après cette victoire,
Et fais de son amour un sujet de ma gloire.

LÉONOR.

Mais, madame, voyez où vous portez son bras,
Ensuite d'un combat qui peut-être n'est pas.

L'INFANTE.

Rodrigue est offensé, le comte a fait l'outrage ;
Ils sont sortis ensemble ; en faut-il davantage ?

LÉONOR.

Eh bien, ils se battront, puisque vous le voulez ;
Mais Rodrigue ira-t-il si loin que vous allez ?

L'INFANTE.

Que veux-tu ? je suis folle, et mon esprit s'égare ;
Mais c'est le moindre mal que l'amour me prépare.
Viens dans mon cabinet consoler mes ennuis ;
Et ne me quitte point dans le trouble où je suis.

SCÈNE VI.

LE ROI, D. ARIAS, D. SANCHE,
D. ALONSE.

LE ROI.

Le comte est donc si vain et si peu raisonnable !
Ose-t-il croire encor son crime pardonnable ?

D. ARIAS.

Je l'ai de votre part long-temps entretenu.
J'ai fait mon pouvoir, sire, et n'ai rien obtenu.

LE ROI.

Justes cieux ! ainsi donc un sujet téméraire
A si peu de respect et de soin de me plaire !
Il offense don Diègue et méprise son roi !
Au milieu de ma cour il me donne la loi !
Qu'il soit brave guerrier, qu'il soit grand capitaine,
Je saurai bien rabattre une humeur si hautaine ;
Fût-il la valeur même et le dieu des combats,
Il verra ce que c'est que de n'obéir pas.
Quoi qu'ait pu mériter une telle insolence,
Je l'ai voulu d'abord traiter sans violence ;
Mais puisqu'il en abuse, allez dès aujourd'hui,
Soit qu'il résiste, ou non, vous assurer de lui.

(D. Alonse rentre.)

SCÈNE VII.

LE ROI, D. SANCHE, D. ARIAS.

D. SANCHE.

Peut-être un peu de temps le rendroit moins rebelle ;
On l'a pris tout bouillant encor de sa querelle ;

Sire, dans la chaleur d'un premier mouvement,
Un cœur si généreux se rend malaisément.
Il voit bien qu'il a tort, mais une ame si haute
N'est pas sitôt réduite à confesser sa faute.

LE ROI.

Don Sanche, taisez-vous, et soyez averti
Qu'on se rend criminel à prendre son parti.

D. SANCHE.

J'obéis, et me tais ; mais, de grace encor, sire,
Deux mots en sa défense.

LE ROI.

Et que pourrez-vous dire ?

D. SANCHE.

Qu'une ame accoutumée aux grandes actions
Ne se peut abaisser à des soumissions :
Elle n'en conçoit point qui s'expliquent sans honte ;
Et c'est à ce mot seul qu'a résisté le comte.
Il trouve en son devoir un peu trop de rigueur,
Et vous obéiroit s'il avoit moins de cœur.
Commandez que son bras, nourri dans les alarmes,
Répare cette injure à la pointe des armes ;
Il satisfera, sire ; et vienne qui voudra,
Attendant qu'il l'ait su, voici qui répondra.

LE ROI.

Vous perdez le respect : mais je pardonne à l'âge,
Et j'estime l'ardeur en un jeune courage.
Un roi dont la prudence a de meilleurs objets
Est meilleur ménager du sang de ses sujets ;
Je veille pour les miens, mes soucis les conservent,
Comme le chef a soin des membres qui le servent.

Ainsi votre raison n'est pas raison pour moi ;
Vous parlez en soldat, je dois agir en roi ;
Et, quoi qu'on veuille dire, et quoi qu'il ose croire,
Le comte à m'obéir ne peut perdre sa gloire.
D'ailleurs, l'affront me touche, il a perdu d'honneur
Celui que de mon fils j'ai fait le gouverneur :
S'attaquer à mon choix, c'est se prendre à moi-même,
Et faire un attentat sur le pouvoir suprême.
N'en parlons plus. Au reste, on a vu dix vaisseaux
De nos vieux ennemis arborer les drapeaux ;
Vers la bouche du fleuve ils ont osé paroître.

D. ARIAS.

Les Maures ont appris par force à vous connoître ;
Et, tant de fois vaincus, ils ont perdu le cœur
De se plus hasarder contre un si grand vainqueur.

LE ROI.

Ils ne verront jamais, sans quelque jalousie,
Mon sceptre, en dépit d'eux, régir l'Andalousie ;
Et ce pays si beau, qu'ils ont trop possédé,
Avec un œil d'envie est toujours regardé.
C'est l'unique raison qui m'a fait dans Séville
Placer depuis dix ans le trône de Castille,
Pour les voir de plus près, et d'un ordre plus prompt
Renverser aussitôt ce qu'ils entreprendront.

D. ARIAS.

Sire, ils ont trop appris, aux dépens de leurs têtes,
Combien votre présence assure vos conquêtes ;
Vous n'avez rien à craindre.

LE ROI.

     Et rien à négliger.
Le trop de confiance attire le danger ;

Et vous n'ignorez pas qu'avec fort peu de peine
Un flux de pleine mer jusqu'ici les amène.
Toutefois j'aurois tort de jeter dans les cœurs,
L'avis étant mal sûr, de paniques terreurs.
L'effroi que produiroit cette alarme inutile,
Dans la nuit qui survient, troubleroit trop la ville :
Puisqu'on fait bonne garde aux murs et sur le port,
C'est assez pour ce soir. ³

SCÈNE VIII.

LE ROI, D. ALONSE, D. SANCHE, D. ARIAS.

D. ALONSE.

SIRE, le comte est mort.
Don Diègue par son fils a vengé son offense.

LE ROI.

Dès que j'ai su l'affront j'ai prévu la vengeance,
Et j'ai voulu dès lors prévenir ce malheur.

D. ALONSE.

Chimène à vos genoux apporte sa douleur;
Elle vient tout en pleurs vous demander justice.

LE ROI.

Bien qu'à ses déplaisirs mon ame compatisse,
Ce que le comte a fait semble avoir mérité
Ce juste châtiment de sa témérité.
Quelque juste pourtant que puisse être sa peine,
Je ne puis sans regret perdre un tel capitaine.
Après un long service à mon état rendu,
Après son sang pour moi mille fois répandu,
A quelques sentiments que son orgueil m'oblige,
Sa perte m'affoiblit, et son trépas m'afflige.

SCÈNE IX.

LE ROI, D. DIÈGUE, CHIMÈNE, D. SANCHE,
D. ARIAS, D. ALONSE.

CHIMÈNE.

Sire, sire, justice !

D. DIÈGUE.

Ah ! sire, écoutez-nous.

CHIMÈNE.

Je me jette à vos pieds.

D. DIÈGUE.

J'embrasse vos genoux.

CHIMÈNE.

Je demande justice.

D. DIÈGUE.

Entendez ma défense.

CHIMÈNE.

D'un jeune audacieux punissez l'insolence ;
Il a de votre sceptre abattu le soutien,
Il a tué mon père.

D. DIÈGUE.

Il a vengé le sien.

CHIMÈNE.

Au sang de ses sujets un roi doit la justice.

D. DIÈGUE.

Pour la juste vengeance il n'est point de supplice.

LE ROI.

Levez-vous l'un et l'autre, et parlez à loisir.
Chimène, je prends part à votre déplaisir ;

D'une égale douleur je sens mon ame atteinte.
(à don Diègue.)
Vous parlerez après; ne troublez pas sa plainte.

CHIMÈNE.

Sire, mon père est mort; mes yeux ont vu son sang
Couler à gros bouillons de son généreux flanc :
Ce sang qui tant de fois garantit vos murailles,
Ce sang qui tant de fois vous gagna des batailles,
Ce sang qui tout sorti fume encor de courroux [2]
De se voir répandu pour d'autres que pour vous,
Qu'au milieu des hasards n'osoit verser la guerre,
Rodrigue en votre cour vient d'en couvrir la terre.
J'ai couru sur le lieu sans force et sans couleur;
Je l'ai trouvé sans vie. Excusez ma douleur,
Sire; la voix me manque à ce récit funeste;
Mes pleurs et mes soupirs vous diront mieux le reste.

LE ROI.

Prends courage, ma fille, et sache qu'aujourd'hui
Ton roi te veut servir de père au lieu de lui.

CHIMÈNE.

Sire, de trop d'honneur ma misère est suivie.
Je vous l'ai déjà dit, je l'ai trouvé sans vie;
Son flanc étoit ouvert; et, pour mieux m'émouvoir, [3]
Son sang sur la poussière écrivoit mon devoir; [4]
Ou plutôt sa valeur en cet état réduite
Me parloit par sa plaie, et hâtoit ma poursuite;
Et, pour se faire entendre au plus juste des rois,
Par cette triste bouche elle empruntoit ma voix.
Sire, ne souffrez pas que sous votre puissance
Règne devant vos yeux une telle licence;

Que les plus valeureux, avec impunité,
Soient exposés aux coups de la témérité;
Qu'un jeune audacieux triomphe de leur gloire,
Se baigne dans leur sang, et brave leur mémoire.
Un si vaillant guerrier qu'on vient de vous ravir
Éteint, s'il n'est vengé, l'ardeur de vous servir.
Enfin mon père est mort, j'en demande vengeance,
Plus pour votre intérêt que pour mon allégeance.
Vous perdez en la mort d'un homme de son rang;
Vengez-la par une autre, et le sang par le sang.
Immolez, non à moi, mais à votre couronne,
Mais à votre grandeur, mais à votre personne;
Immolez, dis-je, sire, au bien de tout l'état
Tout ce qu'enorgueillit un si grand attentat.

LE ROI.

Don Diègue, répondez.

D. DIÈGUE.

Qu'on est digne d'envie
Lorsqu'en perdant la force on perd aussi la vie!
Et qu'un long âge apprête aux hommes généreux,
Au bout de leur carrière, un destin malheureux!
Moi, dont les longs travaux ont acquis tant de gloire,
Moi, que jadis partout a suivi la victoire,
Je me vois aujourd'hui, pour avoir trop vécu,
Recevoir un affront, et demeurer vaincu.
Ce que n'a pu jamais combat, siège, embuscade,
Ce que n'a pu jamais Aragon, ni Grenade,
Ni tous vos ennemis, ni tous mes envieux,
Le comte en votre cour l'a fait presque à vos yeux,
Jaloux de votre choix, et fier de l'avantage
Que lui donnoit sur moi l'impuissance de l'âge.

Sire, ainsi ces cheveux blanchis sous le harnois,
Ce sang pour vous servir prodigué tant de fois,
Ce bras jadis l'effroi d'une armée ennemie,
Descendoient au tombeau tout chargés d'infamie,
Si je n'eusse produit un fils digne de moi,
Digne de son pays, et digne de son roi :
Il m'a prêté sa main, il a tué le comte ;
Il m'a rendu l'honneur, il a lavé ma honte.
Si montrer du courage et du ressentiment,
Si venger un soufflet mérite un châtiment,
Sur moi seul doit tomber l'éclat de la tempête :
Quand le bras a failli, l'on en punit la tête.
Du crime glorieux qui cause nos débats, 5
Sire, j'en suis la tête, il n'en est que le bras.
Si Chimène se plaint qu'il a tué son père,
Il ne l'eût jamais fait si je l'eusse pu faire.
Immolez donc ce chef que les ans vont ravir,
Et conservez pour vous le bras qui peut servir.
Aux dépens de mon sang satisfaites Chimène :
Je n'y résiste point, je consens à ma peine ;
Et, loin de murmurer d'un rigoureux décret,
Mourant sans déshonneur je mourrai sans regret.

LE ROI.

L'affaire est d'importance, et, bien considérée,
Mérite en plein conseil d'être délibérée.
Don Sanche, remettez Chimène en sa maison.
Don Diègue aura ma cour et sa foi pour prison.
Qu'on me cherche son fils. Je vous ferai justice.

CHIMÈNE.

Il est juste, grand roi, qu'un meurtrier périsse.

LE ROI.

Prends du repos, ma fille, et calme tes douleurs.

CHIMÈNE.

M'ordonner du repos, c'est croître mes malheurs. 6

FIN DU SECOND ACTE.

ACTE TROISIÈME.

SCÈNE I.

D. RODRIGUE, ELVIRE.

ELVIRE.

Rodrigue, qu'as-tu fait ? où viens-tu, misérable ?

D. RODRIGUE.

Suivre le triste cours de mon sort déplorable.

ELVIRE.

Où prends-tu cette audace et ce nouvel orgueil
De paroître en des lieux que tu remplis de deuil ?
Quoi ! viens-tu jusqu'ici braver l'ombre du comte ?
Ne l'as-tu pas tué ?

D. RODRIGUE.

Sa vie étoit ma honte ;
Mon honneur de ma main a voulu cet effort.

ELVIRE.

Mais chercher ton asile en la maison du mort !
Jamais un meurtrier en fit-il son refuge ?

D. RODRIGUE.

Et je n'y viens aussi que m'offrir à mon juge.
Ne me regarde plus d'un visage étonné ;
Je cherche le trépas après l'avoir donné.
Mon juge est mon amour, mon juge est ma Chimène :
Je mérite la mort de mériter sa haine ;

Et j'en viens recevoir, comme un bien souverain,
Et l'arrêt de sa bouche, et le coup de sa main.

ELVIRE.

Fuis plutôt de ses yeux, fuis de sa violence;
A ses premiers transports dérobe ta présence.
Va, ne t'expose point aux premiers mouvements
Que poussera l'ardeur de ses ressentiments.

D. RODRIGUE.

Non, non, ce cher objet à qui j'ai pu déplaire
Ne peut pour mon supplice avoir trop de colère;
Et j'évite cent morts qui me vont accabler,
Si pour mourir plus tôt je la puis redoubler.

ELVIRE.

Chimène est au palais, de pleurs toute baignée,
Et n'en reviendra point que bien accompagnée.
Rodrigue, fuis, de grace, ôte-moi de souci.
Que ne dira-t-on point si l'on te voit ici?
Veux-tu qu'un médisant, pour comble à sa misère,
L'accuse d'y souffrir l'assassin de son père?
Elle va revenir; elle vient, je la voi:
Du moins, pour son honneur, Rodrigue, cache toi.

(Il se cache.)

SCÈNE II.

D. SANCHE, CHIMÈNE, ELVIRE.

D. SANCHE.

Oui, madame, il vous faut de sanglantes victimes:
Votre colère est juste, et vos pleurs légitimes;
Et je n'entreprends pas, à force de parler,
Ni de vous adoucir, ni de vous consoler.

Mais si de vous servir je puis être capable,
Employez mon épée à punir le coupable ;
Employez mon amour à venger cette mort :
Sous vos commandements mon bras sera trop fort.

CHIMENE.

Malheureuse !

D. SANCHE.

Madame, acceptez mon service.

CHIMÈNE.

J'offenserois le roi, qui m'a promis justice.

D. SANCHE.

Vous savez qu'elle marche avec tant de langueur,
Que bien souvent le crime échappe à sa longueur ;
Son cours lent et douteux fait trop perdre de larmes.
Souffrez qu'un cavalier vous venge par les armes :
La voie en est plus sûre, et plus prompte à punir.

CHIMÈNE.

C'est le dernier remède ; et s'il y faut venir,
Et que de mes malheurs cette pitié vous dure,
Vous serez libre alors de venger mon injure.

D. SANCHE.

C'est l'unique bonheur où mon ame prétend ;
Et, pouvant l'espérer, je m'en vais trop content!

SCÈNE III.

CHIMÈNE, ELVIRE.

CHIMÈNE.

Enfin je me vois libre, et je puis, sans contrainte,
De mes vives douleurs te faire voir l'atteinte ;

Je puis donner passage à mes tristes soupirs ;
Je puis t'ouvrir mon ame et tous mes déplaisirs.
Mon père est mort, Elvire ; et la première épée
Dont s'est armé Rodrigue a sa trame coupée.
Pleurez, pleurez, mes yeux, et fondez-vous en eau ;
La moitié de ma vie a mis l'autre au tombeau,
Et m'oblige à venger, après ce coup funeste,
Celle que je n'ai plus sur celle qui me reste.

ELVIRE.

Reposez-vous, madame. ²

CHIMÈNE.

Ah ! que mal-à-propos
Dans un malheur si grand tu parles de repos !
Par où sera jamais ma douleur apaisée,
Si je ne puis haïr la main qui l'a causée ?
Et que dois-je espérer qu'un tourment éternel,
Si je poursuis un crime, aimant le criminel ?

ELVIRE.

Il vous prive d'un père, et vous l'aimez encore !

CHIMÈNE.

C'est peu de dire aimer, Elvire, je l'adore ;
Ma passion s'oppose à mon ressentiment ;
Dedans mon ennemi je trouve mon amant ;
Et je sens qu'en dépit de toute ma colère
Rodrigue dans mon cœur combat encor mon père :
Il l'attaque, il le presse, il cède, il se défend,
Tantôt fort, tantôt foible, et tantôt triomphant :
Mais, en ce dur combat de colère et de flamme,
Il déchire mon cœur sans partager mon ame ;
Et, quoi que mon amour ait sur moi de pouvoir,
Je ne consulte point pour suivre mon devoir ;

Je cours, sans balancer, où mon honneur m'oblige.
Rodrigue m'est bien cher, son intérêt m'afflige ;
Mon cœur prend son parti : mais, contre leur effort,
Je sais que je suis fille, et que mon père est mort.

ELVIRE.

Pensez-vous le poursuivre ?

CHIMÈNE.

Ah ! cruelle pensée !
Et cruelle poursuite où je me vois forcée !
Je demande sa tête, et crains de l'obtenir :
Ma mort suivra la sienne, et je le veux punir !

ELVIRE.

Quittez, quittez, madame, un dessein si tragique ;
Ne vous imposez point de loi si tyrannique.

CHIMÈNE.

Quoi ! j'aurai vu mourir mon père entre mes bras,
Son sang crîra vengeance, et je ne l'orrai pas !
Mon cœur, honteusement surpris par d'autres charmes,
Croira ne lui devoir que d'impuissantes larmes !
Et je pourrai souffrir qu'un amour suborneur
Dans un lâche silence étouffe mon honneur ! [3]

ELVIRE.

Madame, croyez-moi, vous serez excusable
D'avoir moins de chaleur contre un objet aimable,
Contre un amant si cher : vous avez assez fait ;
Vous avez vu le roi, n'en pressez point d'effet ;
Ne vous obstinez point en cette humeur étrange.

CHIMÈNE.

Il y va de ma gloire, il faut que je me venge ;
Et de quoi que nous flatte un désir amoureux,
Toute excuse est honteuse aux esprits généreux.

4.

ELVIRE.

Mais vous aimez Rodrigue, il ne vous peut déplaire.

CHIMÈNE.

Je l'avoue.

ELVIRE.

Après tout, que pensez-vous donc faire ?

CHIMÈNE.

Pour conserver ma gloire et finir mon ennui,
Le poursuivre, le perdre, et mourir après lui.

SCÈNE IV.

D. RODRIGUE, CHIMÈNE, ELVIRE.

D. RODRIGUE.

Eh bien, sans vous donner la peine de poursuivre,
Assurez-vous l'honneur de m'empêcher de vivre.

CHIMÈNE.

Elvire, où sommes-nous ? et qu'est-ce que je voi ?
Rodrigue en ma maison ! Rodrigue devant moi !

D. RODRIGUE.

N'épargnez point mon sang ; goûtez, sans résistance,
La douceur de ma perte et de votre vengeance.

CHIMÈNE.

Hélas !

D. RODRIGUE.

Écoute-moi.

CHIMÈNE.

Je me meurs.

D. RODRIGUE.

Un moment.

CHIMÈNE.

Va, laisse-moi mourir.

D. RODRIGUE.

Quatre mots seulement;
Après, ne me réponds qu'avecque cette épée.

CHIMÈNE.

Quoi! du sang de mon père encor toute trempée!

D. RODRIGUE.

Ma Chimène....

CHIMÈNE.

Ote-moi cet objet odieux,
Qui reproche ton crime et ta vie à mes yeux.

D. RODRIGUE.

Regarde-le plutôt pour exciter ta haine,
Pour croître ta colère, et pour hâter ma peine.

CHIMÈNE.

Il est teint de mon sang.

D. RODRIGUE.

Plonge-le dans le mien;
Et fais-lui perdre ainsi la teinture du tien.

CHIMÈNE.

Ah! quelle cruauté, qui tout en un jour tue
Le père par le fer, la fille par la vue!
Ote-moi cet objet, je ne le puis souffrir:
Tu veux que je t'écoute, et tu me fais mourir!

D. RODRIGUE.

Je fais ce que tu veux, mais sans quitter l'envie
De finir par tes mains ma déplorable vie;
Car enfin n'attends pas de mon affection
Un lâche repentir d'une bonne action.

De la main de ton père un coup irréparable
Déshonoroit du mien la vieillesse honorable :
Tu sais comme un soufflet touche un homme de cœur.
J'avois part à l'affront, j'en ai cherché l'auteur ;
Je l'ai vu, j'ai vengé mon honneur et mon père :
Je le ferois encor, si j'avois à le faire.
Ce n'est pas qu'en effet, contre mon père et moi,
Ma flamme assez long-temps n'ait combattu pour toi :
Juge de son pouvoir ; dans une telle offense,
J'ai pu délibérer si j'en prendrois vengeance.
Réduit à te déplaire, ou souffrir un affront,
J'ai retenu ma main, j'ai cru mon bras trop prompt, 3
Je me suis accusé de trop de violence ;
Et ta beauté, sans doute, emportoit la balance,
Si je n'eusse opposé contre tous tes appas
Qu'un homme sans honneur ne te méritoit pas ;
Qu'après m'avoir chéri quand je vivois sans blâme,
Qui m'aima généreux me haïroit infâme ;
Qu'écouter ton amour, obéir à sa voix,
C'étoit m'en rendre indigne et diffamer ton choix.
Je te le dis encore, et, quoique j'en soupire, 4
Jusqu'au dernier soupir je veux bien le redire :
Je t'ai fait une offense, et j'ai dû m'y porter
Pour effacer ma honte et pour te mériter ;
Mais, quitte envers l'honneur, et quitte envers mon père,
C'est maintenant à toi que je viens satisfaire ;
C'est pour t'offrir mon sang qu'en ce lieu tu me vois.
J'ai fait ce que j'ai dû, je fais ce que je dois.
Je sais qu'un père mort t'arme contre mon crime ;
Je ne t'ai pas voulu dérober ta victime :
Immole avec courage au sang qu'il a perdu
Celui qui met sa gloire à l'avoir répandu.

CHIMÈNE.

Ah ! Rodrigue, il est vrai, quoique ton ennemie,
Je ne te puis blâmer d'avoir fui l'infamie ;
Et de quelque façon qu'éclatent mes douleurs,
Je ne t'accuse point, je pleure mes malheurs.
Je sais ce que l'honneur, après un tel outrage,
Demandoit à l'ardeur d'un généreux courage :
Tu n'as fait le devoir que d'un homme de bien ;
Mais aussi, le faisant, tu m'as appris le mien.
Ta funeste valeur m'instruit par ta victoire ;
Elle a vengé ton père et soutenu ta gloire :
Même soin me regarde ; et j'ai, pour m'affliger,
Ma gloire à soutenir, et mon père à venger.
Hélas ! ton intérêt ici me désespère.
Si quelque autre malheur m'avoit ravi mon père,
Mon ame auroit trouvé dans le bien de te voir
L'unique allègement qu'elle eût pu recevoir ;
Et contre ma douleur j'aurois senti des charmes,
Quand une main si chère eût essuyé mes larmes.
Mais il me faut te perdre après l'avoir perdu ;
Cet effort sur ma flamme à mon honneur est dû ;
Et cet affreux devoir, dont l'ordre m'assassine,
Me force à travailler moi-même à ta ruine.
Car, enfin, n'attends pas de mon affection
De lâches sentiments pour ta punition.
De quoi qu'en ta faveur notre amour m'entretienne,
Ma générosité doit répondre à la tienne :
Tu t'es, en m'offensant, montré digne de moi ;
Je me dois, par ta mort, montrer digne de toi.

D. RODRIGUE.

Ne diffère donc plus ce que l'honneur t'ordonne ;
Il demande ma tête, et je te l'abandonne ;

Fais-en un sacrifice à ce noble intérêt ;
Le coup m'en sera doux aussi bien que l'arrêt.
Attendre après mon crime une lente justice,
C'est reculer ta gloire autant que mon supplice.
Je mourrai trop heureux mourant d'un coup si beau.

CHIMÈNE.

Va, je suis ta partie, et non pas ton bourreau.
Si tu m'offres ta tête, est-ce à moi de la prendre ?
Je la dois attaquer, mais tu dois la défendre ;
C'est d'un autre que toi que je dois l'obtenir ;
Et je dois te poursuivre, et non pas te punir.

D. RODRIGUE.

De quoi qu'en ma faveur notre amour t'entretienne,
Ta générosité doit répondre à la mienne ;
Et pour venger un père emprunter d'autres bras,
Ma Chimène, crois-moi, c'est n'y répondre pas :
Ma main seule du mien a su venger l'offense,
Ta main seule du tien doit prendre la vengeance.

CHIMÈNE.

Cruel, à quel propos sur ce point t'obstiner ?
Tu t'es vengé sans aide, et tu m'en veux donner !
Je suivrai ton exemple, et j'ai trop de courage
Pour souffrir qu'avec toi ma gloire se partage.
Mon père et mon honneur ne veulent rien devoir
Aux traits de ton amour ni de ton désespoir.

D. RODRIGUE.

Rigoureux point d'honneur ! hélas ! quoi que je fasse,
Ne pourrai-je à la fin obtenir cette grace ?
Au nom d'un père mort, ou de notre amitié,
Punis-moi par vengeance, ou du moins par pitié.

Ton malheureux amant aura bien moins de peine
A mourir par ta main, qu'à vivre avec ta haine.

CHIMÈNE.

Va, je ne te hais point.

D. RODRIGUE.

Tu le dois.

CHIMÈNE.

Je ne puis.

D. RODRIGUE.

Crains-tu si peu le blâme, et si peu les faux bruits ?
Quand on saura mon crime, et que ta flamme dure,
Que ne publiront point l'envie et l'imposture ?
Force-les au silence, et, sans plus discourir,
Sauve ta renommée en me faisant mourir.

CHIMÈNE.

Elle éclate bien mieux en te laissant la vie ;
Et je veux que la voix de la plus noire envie
Élève au ciel ma gloire et plaigne mes ennuis,
Sachant que je t'adore et que je te poursuis.
Va-t-en, ne montre plus à ma douleur extrême
Ce qu'il faut que je perde encore que je l'aime.
Dans l'ombre de la nuit cache bien ton départ ;
Si l'on te voit sortir, mon honneur court hasard.
La seule occasion qu'aura la médisance,
C'est de savoir qu'ici j'ai souffert ta présence.
Ne lui donne point lieu d'attaquer ma vertu.

D. RODRIGUE.

Que je meure !

CHIMÈNE.

Va-t-en.

D. RODRIGUE.

A quoi te résous-tu ?

CHIMÈNE.

Malgré des feux si beaux qui troublent ma colère,
Je ferai mon possible à bien venger mon père ;
Mais, malgré la rigueur d'un si cruel devoir,
Mon unique souhait est de ne rien pouvoir.

D. RODRIGUE.

O miracle d'amour ! 5

CHIMÈNE.

O comble de misères !

D. RODRIGUE.

Que de maux et de pleurs nous coûteront nos pères !

CHIMÈNE.

Rodrigue, qui l'eût cru....

D. RODRIGUE.

Chimène, qui l'eût dit....

CHIMÈNE.

Que notre heur fût si proche, et sitôt se perdît ?

D. RODRIGUE.

Et que si près du port, contre toute apparence,
Un orage si prompt brisât notre espérance ?

CHIMÈNE.

Ah ! mortelles douleurs !

D. RODRIGUE.

Ah ! regrets superflus !

CHIMÈNE.

Va-t-en, encore un coup, je ne t'écoute plus.

ACTE III, SCÈNE IV.

D. RODRIGUE.

Adieu ; je vais traîner une mourante vie,
Tant que par ta poursuite elle me soit ravie.

CHIMÈNE.

Si j'en obtiens l'effet, je t'engage ma foi
De ne respirer pas un moment après toi.
Adieu ; sors, et surtout garde bien qu'on te voie.

ELVIRE.

Madame, quelques maux que le ciel nous envoie....

CHIMÈNE.

Ne m'importune plus, laisse-moi soupirer.
Je cherche le silence et la nuit pour pleurer.

SCÈNE V.*

D. DIÈGUE.

JAMAIS nous ne goûtons de parfaite alégresse :
Nos plus heureux succès sont mêlés de tristesse ;

---

*Quoique chez les étrangers, pour qui principalement ces remarques sont faites, on ne soit pas encore parvenu à l'art de lier toutes les scènes, cependant y a-t-il un lecteur qui ne soit choqué de voir Chimène s'en aller d'un côté, Rodrigue de l'autre, et don Diègue arriver sans les voir ?

Observez que quand le cœur a été ému par les passions des deux premiers personnages, et qu'un troisième vient parler de lui-même, il touche peu, surtout quand il rompt le fil du discours.

Nous venons d'entendre Chimène dans sa maison : mais où est maintenant don Diègue ? Ce n'est pas assurément dans cette maison. Le spectateur ne peut se

Toujours quelques soucis en ces évènements
Troublent la pureté de nos contentements.
Au milieu du bonheur mon ame en sent l'atteinte ;
Je nage dans la joie, et je tremble de crainte.
J'ai vu mort l'ennemi qui m'avoit outragé ;
Et je ne saurois voir la main qui m'a vengé.
En vain je m'y travaille, et d'un soin inutile,
Tout cassé que je suis, je cours toute la ville :
Ce peu que mes vieux ans m'ont laissé de vigueur
Se consume sans fruit à chercher ce vainqueur.
A toute heure, en tous lieux, dans une nuit si sombre,
Je pense l'embrasser, et n'embrasse qu'une ombre ;
Et mon amour, déçu par cet objet trompeur,
Se forme des soupçons qui redoublent ma peur.
Je ne découvre point de marques de sa fuite ;
Je crains du comte mort les amis et la suite ;
Leur nombre m'épouvante et confond ma raison.
Rodrigue ne vit plus, ou respire en prison.
Justes cieux ! me trompé-je encore à l'apparence,
Ou si je vois enfin mon unique espérance ?
C'est lui, n'en doutons plus ; mes vœux sont exaucés ;
Ma crainte est dissipée, et mes ennuis cessés.

---

figurer ce qu'il voit ; et c'est là un très grand défaut pour notre nation, qui veut partout de la vraisemblance, de la suite, de la liaison, qui exige que toutes les scènes soient naturellement amenées les unes par les autres ; mérite inconnu sur tous les autres théâtres, et mérite absolument nécessaire pour la perfection de l'art.

SCÈNE VI.

D. DIÈGUE, D. RODRIGUE.

D. DIÈGUE.

Rodrigue, enfin le ciel permet que je te voie!

D. RODRIGUE.

Hélas!

D. DIÈGUE.

Ne mêle point de soupirs à ma joie;
Laisse-moi prendre haleine afin de te louer.
Ma valeur n'a point lieu de te désavouer;
Tu l'as bien imitée, et ton illustre audace
Fait bien revivre en toi les héros de ma race;
C'est d'eux que tu descends, c'est de moi que tu viens:
Ton premier coup d'épée égale tous les miens;
Et d'une belle ardeur ta jeunesse animée
Par cette grande épreuve atteint ma renommée.
Appui de ma vieillesse, et comble de mon heur,
Touche ces cheveux blancs à qui tu rends l'honneur:
Viens baiser cette joue, et reconnois la place
Où fut jadis l'affront que ton courage efface.

D. RODRIGUE.

L'honneur vous en est dû, les cieux me sont témoins
Qu'étant sorti de vous je ne pouvois pas moins.
Je me tiens trop heureux, et mon ame est ravie
Que mon coup d'essai plaise à qui je dois la vie;
Mais parmi vos plaisirs ne soyez point jaloux
Si je m'ose, à mon tour, satisfaire après vous;
Souffrez qu'en liberté mon désespoir éclate;
Assez et trop long-temps votre discours le flatte.

Je ne me repens point de vous avoir servi ;
Mais rendez-moi le bien que ce coup m'a ravi.
Mon bras, pour vous venger armé contre ma flamme,
Par ce coup glorieux m'a privé de mon ame.
Ne me dites plus rien : pour vous j'ai tout perdu ;
Ce que je vous devois, je vous l'ai bien rendu.

D. DIÈGUE.

Porte encore plus haut le fruit de ta victoire.
Je t'ai donné la vie, et tu me rends ma gloire ;
Et d'autant que l'honneur m'est plus cher que le jour,
D'autant plus maintenant je te dois de retour.
Mais d'un cœur magnanime éloigne ces foiblesses ;
Nous n'avons qu'un honneur, il est tant de maîtresses !
L'amour n'est qu'un plaisir, l'honneur est un devoir.

D. RODRIGUE.

Ah ! que me dites-vous ?

D. DIÈGUE.

Ce que tu dois savoir.

D. RODRIGUE.

Mon honneur offensé sur moi-même se venge ;
Et vous m'osez pousser à la honte du change !
L'infamie est pareille, et suit également
Le guerrier sans courage, et le perfide amant.
A ma fidélité ne faites point d'injure ;
Souffrez-moi généreux sans me rendre parjure ;
Mes liens sont trop forts pour être ainsi rompus ;
Ma foi m'engage encor si je n'espère plus ;
Et, ne pouvant quitter ni posséder Chimène,
Le trépas que je cherche est ma plus douce peine.

D. DIÈGUE.

Il n'est pas temps encor de chercher le trépas ;
Ton prince et ton pays ont besoin de ton bras.

ACTE III, SCÈNE VI.

La flotte qu'on craignoit, dans le grand fleuve entrée,
Vient surprendre la ville, et piller la contrée.
Les Maures vont descendre, et le flux et la nuit
Dans une heure à nos murs les amènent sans bruit.
La cour est en désordre, et le peuple en alarmes;
On n'entend que des cris, on ne voit que des larmes.
Dans ce malheur public mon bonheur a permis
Que j'ai trouvé chez moi cinq cents de mes amis,
Qui, sachant mon affront, poussés d'un même zèle,
Se venoient tous offrir à venger ma querelle.
Tu les as prévenus; mais leurs vaillantes mains
Se tremperont bien mieux au sang des Africains.
Va marcher à leur tête où l'honneur te demande;
C'est toi que veut pour chef leur généreuse bande.
De ces vieux ennemis va soutenir l'abord;
Là, si tu veux mourir, trouve une belle mort;
Prends-en l'occasion, puisqu'elle t'est offerte;
Fais devoir à ton roi son salut à ta perte.
Mais reviens-en plutôt les palmes sur le front;
Ne borne pas ta gloire à venger un affront,
Porte-la plus avant; force par ta vaillance
Ce monarque au pardon, et Chimène au silence;
Si tu l'aimes, apprends que revenir vainqueur
C'est l'unique moyen de regagner son cœur.
Mais le temps est trop cher pour le perdre en paroles;
Je t'arrête en discours, et je veux que tu voles.
Viens, suis-moi; va combattre, et montrer à ton roi
Que ce qu'il perd au comte il le recouvre en toi.

FIN DU TROISIÈME ACTE.

ACTE QUATRIÈME.

SCÈNE I.

CHIMÈNE, ELVIRE.

CHIMÈNE.

N'est-ce point un faux bruit? le sais-tu bien, Elvire? [1]

ELVIRE.
Vous ne croiriez jamais comme chacun l'admire,
Et porte jusqu'au ciel, d'une commune voix,
De ce jeune héros les glorieux exploits.
Les Maures devant lui n'ont paru qu'à leur honte ;
Leur abord fut bien prompt, leur fuite encor plus prompte ;
Trois heures de combat laissent à nos guerriers
Une victoire entière, et deux rois prisonniers.
La valeur de leur chef ne trouvoit point d'obstacles.

CHIMÈNE.
Et la main de Rodrigue a fait tous ces miracles !

ELVIRE.
De ses nobles efforts ces deux rois sont le prix ;
Sa main les a vaincus, et sa main les a pris.

CHIMÈNE.
De qui peux-tu savoir ces nouvelles étranges ?

ELVIRE.
Du peuple, qui partout fait sonner ses louanges,
Le nomme de sa joie et l'objet et l'auteur,
Son ange tutélaire, et son libérateur.

LE CID. ACTE IV, SCÈNE I.

CHIMÈNE.

Et le roi, de quel œil voit-il tant de vaillance?

ELVIRE.

Rodrigue n'ose encor paroître en sa présence;
Mais don Diègue ravi lui présente enchaînés,
Au nom de ce vainqueur, ces captifs couronnés;
Et demande pour grace à ce généreux prince
Qu'il daigne voir la main qui sauve la province.

CHIMÈNE.

Mais n'est-il point blessé?

ELVIRE.

                      Je n'en ai rien appris.
Vous changez de couleur! reprenez vos esprits.

CHIMÈNE.

Reprenons donc aussi ma colère affoiblie:
Pour avoir soin de lui faut-il que je m'oublie?
On le vante, on le loue; et mon cœur y consent!
Mon honneur est muet, mon devoir impuissant!
Silence, mon amour, laisse agir ma colère;
S'il a vaincu deux rois, il a tué mon père;
Ces tristes vêtements où je lis mon malheur
Sont les premiers effets qu'ait produits sa valeur;
Et quoi qu'on dise ailleurs d'un cœur si magnanime,
Ici tous les objets me parlent de son crime.
    Vous qui rendez la force à mes ressentiments,
Voile, crêpes, habits, lugubres ornements,
Pompe où m'ensevelit sa première victoire,
Contre ma passion soutenez bien ma gloire;
Et lorsque mon amour prendra trop de pouvoir,
Parlez à mon esprit de mon triste devoir,

Attaquez sans rien craindre une main triomphante.

ELVIRE.

Modérez ces transports, voici venir l'infante.

SCÈNE II.

L'INFANTE, CHIMÈNE, LÉONOR, ELVIRE.

L'INFANTE.

Je ne viens pas ici consoler tes douleurs ;
Je viens plutôt mêler mes soupirs à tes pleurs.

CHIMÈNE.

Prenez bien plutôt part à la commune joie,
Et goûtez le bonheur que le ciel vous envoie,
Madame : autre que moi n'a droit de soupirer.
Le péril dont Rodrigue a su vous retirer,
Et le salut public que vous rendent ses armes,
A moi seule aujourd'hui permet encor les larmes ;
Il a sauvé la ville, il a servi son roi ;
Et son bras valeureux n'est funeste qu'à moi.

L'INFANTE.

Ma Chimène, il est vrai qu'il a fait des merveilles.

CHIMÈNE.

Déjà ce bruit fâcheux a frappé mes oreilles ;
Et je l'entends partout publier hautement
Aussi brave guerrier que malheureux amant.

L'INFANTE.

Qu'a de fâcheux pour toi ce discours populaire ?
Ce jeune Mars qu'il loue a su jadis te plaire ;
Il possédoit ton ame, il vivoit sous tes lois :
Et vanter sa valeur, c'est honorer ton choix.

CHIMÈNE.

Chacun peut la vanter avec quelque justice;
Mais pour moi sa louange est un nouveau supplice.
On aigrit ma douleur en l'élevant si haut:
Je vois ce que je perds quand je vois ce qu'il vaut.
Ah! cruels déplaisirs à l'esprit d'une amante!
Plus j'apprends son mérite, et plus mon feu s'augmente:
Cependant mon devoir est toujours le plus fort,
Et, malgré mon amour, va poursuivre sa mort.

L'INFANTE.

Hier, ce devoir te mit en une haute estime;
L'effort que tu te fis parut si magnanime,
Si digne d'un grand cœur, que chacun à la cour
Admiroit ton courage et plaignoit ton amour.
Mais croirois-tu l'avis d'une amitié fidèle?

CHIMÈNE.

Ne vous obéir pas me rendroit criminelle.

L'INFANTE.

Ce qui fut juste alors ne l'est plus aujourd'hui.
Rodrigue maintenant est notre unique appui,
L'espérance et l'amour d'un peuple qui l'adore,
Le soutien de Castille, et la terreur du Maure.
Le roi même est d'accord de cette vérité,
Que ton père en lui seul se voit ressuscité;
Et si tu veux enfin qu'en deux mots je m'explique,
Tu poursuis en sa mort la ruine publique.
Quoi! pour venger un père est-il jamais permis
De livrer sa patrie aux mains des ennemis?
Contre nous ta poursuite est-elle légitime?
Et pour être punis avons-nous part au crime?

Ce n'est pas qu'après tout tu doives épouser
Celui qu'un père mort t'obligeoit d'accuser;
Je te voudrois moi-même en arracher l'envie:
Ote-lui ton amour, mais laisse-nous sa vie.

CHIMÈNE.

Ah! ce n'est pas à moi d'avoir tant de bonté;
Le devoir qui m'aigrit n'a rien de limité.
Quoique pour ce vainqueur mon amour s'intéresse,
Quoiqu'un peuple l'adore, et qu'un roi le caresse,
Qu'il soit environné des plus vaillants guerriers,
J'irai sous mes cyprès accabler ses lauriers.

L'INFANTE.

C'est générosité quand, pour venger un père,
Notre devoir attaque une tête si chère;
Mais c'en est une encor d'un plus illustre rang,
Quand on donne au public les intérêts du sang.
Non, crois-moi, c'est assez que d'éteindre ta flamme;
Il sera trop puni s'il n'est plus dans ton ame.
Que le bien du pays t'impose cette loi.
Aussi bien que crois-tu que t'accorde le roi?

CHIMÈNE.

Il peut me refuser, mais je ne puis me taire.

L'INFANTE.

Pense bien, ma Chimène, à ce que tu veux faire.
Adieu: tu pourras seule y songer à loisir.

CHIMÈNE.

Après mon père mort, je n'ai point à choisir.

SCÈNE III.[1]

LE ROI, D. DIÈGUE, D. ARIAS,
D. RODRIGUE, D. SANCHE.

LE ROI.

GÉNÉREUX héritier d'une illustre famille
Qui fut toujours la gloire et l'appui de Castille,
Race de tant d'aïeux en valeur signalés,
Que l'essai de la tienne a sitôt égalés,
Pour te récompenser ma force est trop petite;
Et j'ai moins de pouvoir que tu n'as de mérite.
Le pays délivré d'un si rude ennemi,
Mon sceptre dans ma main par la tienne affermi,
Et les Maures défaits avant qu'en ces alarmes
J'eusse pu donner ordre à repousser leurs armes, [2]
Ne sont point des exploits qui laissent à ton roi
Le moyen ni l'espoir de s'acquitter vers toi.
Mais deux rois tes captifs feront ta récompense :
Ils t'ont nommé tous deux leur Cid en ma présence.[3]
Puisque Cid en leur langue est autant que seigneur,
Je ne t'envîrai pas ce beau titre d'honneur.
Sois désormais le Cid; qu'à ce grand nom tout cède;
Qu'il comble d'épouvante et Grenade et Tolède;
Et qu'il marque à tous ceux qui vivent sous mes lois
Et ce que tu me vaux et ce que je te dois.

D. RODRIGUE.

Que votre majesté, sire, épargne ma honte. [4]
D'un si foible service elle fait trop de compte,
Et me force à rougir devant un si grand roi
De mériter si peu l'honneur que j'en reçoi.

Je sais trop que je dois au bien de votre empire
Et le sang qui m'anime et l'air que je respire ;
Et, quand je les perdrai pour un si digne objet,
Je ferai seulement le devoir d'un sujet.

LE ROI.

Tous ceux que ce devoir à mon service engage
Ne s'en acquittent pas avec même courage ;
Et lorsque la valeur ne va point dans l'excès,
Elle ne produit point de si rares succès
Souffre donc qu'on te loue, et de cette victoire
Apprends-moi plus au long la véritable histoire.

D. RODRIGUE.

Sire, vous avez su qu'en ce danger pressant,
Qui jeta dans la ville un effroi si puissant,
Une troupe d'amis chez mon père assemblée
Sollicita mon ame encor toute troublée....
Mais, sire, pardonnez à ma témérité
Si j'osai l'employer sans votre autorité ;
Le péril approchoit, leur brigade étoit prête ;
Me montrant à la cour je hasardois ma tête ;
Et s'il la falloit perdre, il m'étoit bien plus doux
De sortir de la vie en combattant pour vous.

LE ROI.

J'excuse ta chaleur à venger ton offense ;
Et l'état défendu me parle en ta défense :
Crois que dorénavant Chimène a beau parler,
Je ne l'écoute plus que pour la consoler.
Mais poursuis.

D. RODRIGUE.

   Sous moi donc cette troupe s'avance,
Et porte sur le front une mâle assurance :

ACTE IV, SCÈNE III.

Nous partîmes cinq cents; mais, par un prompt renfort,
Nous nous vîmes trois mille en arrivant au port,
Tant à nous voir marcher avec un tel visage
Les plus épouvantés reprenoient de courage !
J'en cache les deux tiers aussitôt qu'arrivés
Dans le fond des vaisseaux qui lors furent trouvés :
Le reste, dont le nombre augmentoit à toute heure,
Brûlant d'impatience autour de moi demeure,
Se couche contre terre, et, sans faire aucun bruit,
Passe une bonne part d'une si belle nuit.
Par mon commandement la garde en fait de même,
Et, se tenant cachée, aide à mon stratagème :
Et je feins hardiment d'avoir reçu de vous
L'ordre qu'on me voit suivre et que je donne à tous.
Cette obscure clarté qui tombe des étoiles
Enfin avec le flux nous fit voir trente voiles ;
L'onde s'enfle dessous, et d'un commun effort
Les Maures et la mer montent jusques au port.
On les laisse passer; tout leur paroît tranquille ;
Point de soldats au port, point aux murs de la ville.
Notre profond silence abusant leurs esprits,
Ils n'osent plus douter de nous avoir surpris ;
Ils abordent sans peur, ils ancrent, ils descendent,
Et courent se livrer aux mains qui les attendent.
Nous nous levons alors, et tous en même temps
Poussons jusques au ciel mille cris éclatants.
Les nôtres au signal de nos vaisseaux répondent ;
Ils paroissent armés : les Maures se confondent ;
L'épouvante les prend à demi descendus ;
Avant que de combattre ils s'estiment perdus.
Ils couroient au pillage, et rencontrent la guerre ;
Nous les pressons sur l'eau, nous les pressons sur terre ;

Et nous faisons courir des ruisseaux de leur sang,
Avant qu'aucun résiste, ou reprenne son rang.
Mais bientôt, malgré nous, leurs princes les rallient;
Leur courage renaît, et leurs terreurs s'oublient :
La honte de mourir sans avoir combattu
Arrête leur désordre, et leur rend leur vertu.
Contre nous de pied ferme ils tirent leurs épées;
Des plus braves soldats les trames sont coupées;
Et la terre, et le fleuve, et leur flotte, et le port,
Sont des champs de carnage où triomphe la mort.
O combien d'actions, combien d'exploits célèbres,
Furent ensevelis dans l'horreur des ténèbres,
Où chacun, seul témoin des grands coups qu'il donnoit,
Ne pouvoit discerner où le sort inclinoit !
J'allois de tous côtés encourager les nôtres,
Faire avancer les uns, et soutenir les autres,
Ranger ceux qui venoient, les pousser à leur tour;
Et ne l'ai pu savoir jusques au point du jour.
Mais enfin sa clarté montre notre avantage :
Le Maure voit sa perte, et soudain perd courage;
Et voyant un renfort qui nous vient secourir,
L'ardeur de vaincre cède à la peur de mourir.
Ils gagnent leurs vaisseaux, ils en coupent les cables,
Nous laissent pour adieux des cris épouvantables,
Font retraite en tumulte, et sans considérer
Si leurs rois avec eux peuvent se retirer :
Pour souffrir ce devoir leur frayeur est trop forte.
Le flux les apporta, le reflux les remporte ;
Cependant que leurs rois, engagés parmi nous,
Et quelque peu des leurs, tous percés de nos coups,
Disputent vaillamment et vendent bien leur vie.
A se rendre moi-même en vain je les convie;

Le cimeterre au poing ils ne m'écoutent pas :
Mais voyant à leurs pieds tomber tous leurs soldats,
Et que seuls désormais en vain ils se défendent,
Ils demandent le chef ; je me nomme, ils se rendent.
Je vous les envoyai tous deux en même temps ;
Et le combat cessa faute de combattants.
C'est de cette façon que, pour votre service....

SCÈNE IV.

LE ROI, D. DIÈGUE, D. RODRIGUE, D. ARIAS, D. ALONSE, D. SANCHE.

D. ALONSE.

Sire, Chimène vient vous demander justice.

LE ROI.

La fâcheuse nouvelle ! et l'importun devoir ! [1]
Va, je ne la veux pas obliger à te voir.
Pour tout remercîment il faut que je te chasse :
Mais, avant que sortir, viens, que ton roi t'embrasse.
(D. Rodrigue rentre.)

D. DIÈGUE.

Chimène le poursuit, et voudroit le sauver.

LE ROI.

On m'a dit qu'elle l'aime, et je vais l'éprouver.
Montrez un œil plus triste.

SCÈNE V.

LE ROI, D. DIÈGUE, D. ARIAS, D. SANCHE,
D. ALONSE, CHIMÈNE, ELVIRE.

LE ROI.

Enfin soyez contente,
Chimène, le succès répond à votre attente.
Si de nos ennemis Rodrigue a le dessus,
Il est mort à nos yeux des coups qu'il a reçus ;
Rendez graces au ciel qui vous en a vengée.

(à D. Diègue.)

Voyez comme déjà sa couleur est changée.

D. DIÈGUE.

Mais voyez qu'elle pâme, et d'un amour parfait,
Dans cette pâmoison, sire, admirez l'effet.
Sa douleur a trahi les secrets de son ame,
Et ne vous permet plus de douter de sa flamme.

CHIMÈNE.

Quoi ! Rodrigue est donc mort ?

LE ROI.

Non, non, il voit le jour,
Et te conserve encore un immuable amour :
Calme cette douleur qui pour lui s'intéresse.

CHIMÈNE.

Sire, on pâme de joie, ainsi que de tristesse :
Un excès de plaisir nous rend tout languissants ;
Et, quand il surprend l'ame, il accable les sens.

LE ROI.

Tu veux qu'en ta faveur nous croyions l'impossible ;
Chimène, ta douleur a paru trop visible.

CHIMÈNE.

Eh bien, sire, ajoutez ce comble à mes malheurs,
Nommez ma pâmoison l'effet de mes douleurs :
Un juste déplaisir à ce point m'a réduite ;
Son trépas déroboit sa tête à ma poursuite ;
S'il meurt des coups reçus pour le bien du pays,
Ma vengeance est perdue et mes desseins trahis :
Une si belle fin m'est trop injurieuse.
Je demande sa mort, mais non pas glorieuse,
Non pas dans un éclat qui l'élève si haut,
Non pas au lit d'honneur, mais sur un échafaud ;
Qu'il meure pour mon père, et non pour la patrie ;
Que son nom soit taché, sa mémoire flétrie.
Mourir pour le pays n'est pas un triste sort,
C'est s'immortaliser par une belle mort.
J'aime donc sa victoire, et je le puis sans crime,
Elle assure l'état, et me rend ma victime,
Mais noble, mais fameuse entre tous les guerriers ;
Le chef, au lieu de fleurs, couronné de lauriers,
Et, pour dire en un mot ce que j'en considère,
Digne d'être immolée aux mânes de mon père....
Hélas! à quel espoir me laissé-je emporter!
Rodrigue de ma part n'a rien à redouter :
Que pourroient contre lui des larmes qu'on méprise ?
Pour lui tout votre empire est un lieu de franchise ;
Là, sous votre pouvoir, tout lui devient permis ;
Il triomphe de moi comme des ennemis.
Dans leur sang répandu la justice étouffée
Au crime du vainqueur sert d'un nouveau trophée ;
Nous en croissons la pompe; et le mépris des lois
Nous fait suivre son char au milieu de deux rois.

6.

LE ROI.

Ma fille, ces transports ont trop de violence.
Quand on rend la justice, on met tout en balance.
On a tué ton père, il étoit l'agresseur ;
Et la même équité m'ordonne la douceur.
Avant que d'accuser ce que j'en fais paroître,
Consulte bien ton cœur : Rodrigue en est le maître ;
Et ta flamme en secret rend graces à ton roi,
Dont la faveur conserve un tel amant pour toi.

CHIMÈNE.

Pour moi, mon ennemi ! l'objet de ma colère !
L'auteur de mes malheurs ! l'assassin de mon père ! [3]
De ma juste poursuite on fait si peu de cas,
Qu'on me croit obliger en ne m'écoutant pas.
Puisque vous refusez la justice à mes larmes,
Sire, permettez-moi de recourir aux armes ;
C'est par là seulement qu'il a su m'outrager,
Et c'est aussi par là que je me dois venger.
A tous vos cavaliers je demande sa tête ;
Oui, qu'un d'eux me l'apporte, et je suis sa conquête ;
Qu'ils le combattent, sire ; et, le combat fini,
J'épouse le vainqueur, si Rodrigue est puni :
Sous votre autorité souffrez qu'on le publie.

LE ROI.

Cette vieille coutume en ces lieux établie,
Sous couleur de punir un injuste attentat,
Des meilleurs combattants affoiblit un état ;
Souvent de cet abus le succès déplorable
Opprime l'innocent, et soutient le coupable.
J'en dispense Rodrigue ; il m'est trop précieux
Pour l'exposer aux coups d'un sort capricieux ;

ACTE IV, SCÈNE V.

Et quoi qu'ait pu commettre un cœur si magnanime,
Les Maures en fuyant ont emporté son crime.

D. DIÈGUE.

Quoi ! sire, pour lui seul vous renversez des lois
Qu'a vu toute la cour observer tant de fois !
Que croira votre peuple, et que dira l'envie
Si sous votre défense il ménage sa vie,
Et s'en fait un prétexte à ne paroître pas
Où tous les gens d'honneur cherchent un beau trépas ?
De pareilles faveurs terniroient trop sa gloire.
Qu'il goûte sans rougir les fruits de sa victoire.
Le comte eut de l'audace, il l'en a su punir :
Il l'a fait en brave homme, et le doit soutenir.

LE ROI.

Puisque vous le voulez, j'accorde qu'il le fasse :
Mais d'un guerrier vaincu mille prendroient la place ;
Et le prix que Chimène au vainqueur a promis
De tous mes cavaliers feroit ses ennemis :
L'opposer seul à tous seroit trop d'injustice ;
Il suffit qu'une fois il entre dans la lice.
Choisis qui tu voudras, Chimène, et choisis bien ;
Mais après ce combat ne demande plus rien.

D. DIÈGUE.

N'excusez point par là ceux que son bras étonne ;
Laissez un champ ouvert où n'entrera personne.
Après ce que Rodrigue a fait voir aujourd'hui,
Quel courage assez vain s'oseroit prendre à lui ?
Qui se hasarderoit contre un tel adversaire ?
Qui seroit ce vaillant, ou bien ce téméraire ?

D. SANCHE.

Faites ouvrir le champ : vous voyez l'assaillant ;
Je suis ce téméraire, ou plutôt ce vaillant.

(à Chimène.)

Accordez cette grâce à l'ardeur qui me presse.
Madame, vous savez quelle est votre promesse.

LE ROI.

Chimène, remets-tu ta querelle en sa main ?

CHIMÈNE.

Sire, je l'ai promis.

LE ROI.

Soyez prêt à demain.

D. DIÈGUE.

Non, sire, il ne faut pas différer davantage ;
On est toujours tout prêt quand on a du courage.

LE ROI.

Sortir d'une bataille, et combattre à l'instant !

D. DIÈGUE.

Rodrigue a pris haleine en vous la racontant.

LE ROI.

Du moins une heure ou deux je veux qu'il se délasse.
Mais de peur qu'en exemple un tel combat ne passe,
Pour témoigner à tous qu'à regret je permets
Un sanglant procédé qui ne me plut jamais,
De moi ni de ma cour il n'aura la présence. 4

(à D. Arias.)

Vous seul des combattants jugerez la vaillance.
Ayez soin que tous deux fassent en gens de cœur,

ACTE IV, SCENE V.

Et, le combat fini, m'amenez le vainqueur.
Quel qu'il soit, même prix est acquis à sa peine ;
Je le veux de ma main présenter à Chimène,
Et que, pour récompense, il reçoive sa foi.

CHIMÈNE.

Quoi ! sire, m'imposer une si dure loi !

LE ROI.

Tu t'en plains ; mais ton feu, loin d'avouer ta plainte,
Si Rodrigue est vainqueur, l'accepte sans contrainte.
Cesse de murmurer contre un arrêt si doux ;
Qui que ce soit des deux, j'en ferai ton époux.

FIN DU QUATRIÈME ACTE.

ACTE CINQUIÈME.

SCÈNE I.

D. RODRIGUE, CHIMÈNE.

CHIMÈNE.

Quoi ! Rodrigue, en plein jour ! d'où te vient cette audace ?
Va, tu me perds d'honneur; retire-toi, de grace.

D. RODRIGUE.

Je vais mourir, madame, et vous viens en ce lieu,
Avant le coup mortel, dire un dernier adieu;
Mon amour vous le doit, et mon cœur qui soupire
N'ose sans votre aveu sortir de votre empire.

CHIMÈNE.

Tu vas mourir !

D. RODRIGUE.

Je cours à ces heureux moments
Qui vont livrer ma vie à vos ressentiments.

CHIMÈNE.

Tu vas mourir ! Don Sanche est-il si redoutable
Qu'il donne l'épouvante à ce cœur indomtable ?
Qui t'a rendu si foible ? ou qui le rend si fort ?
Rodrigue va combattre, et se croit déjà mort !
Celui qui n'a pas craint les Maures, ni mon père,
Va combattre don Sanche, et déjà désespère !

Ainsi donc au besoin ton courage s'abat !

D. RODRIGUE.

Je cours à mon supplice, et non pas au combat ;
Et ma fidèle ardeur sait bien m'ôter l'envie,
Quand vous cherchez ma mort, de défendre ma vie.
J'ai toujours même cœur ; mais je n'ai point de bras
Quand il faut conserver ce qui ne vous plaît pas :
Et déjà cette nuit m'auroit été mortelle
Si j'eusse combattu pour ma seule querelle ;
Mais défendant mon roi, son peuple, et le pays,
A me défendre mal je les aurois trahis.
Mon esprit généreux ne hait pas tant la vie,
Qu'il en veuille sortir par une perfidie :
Maintenant qu'il s'agit de mon seul intérêt,
Vous demandez ma mort, j'en accepte l'arrêt.
Votre ressentiment choisit la main d'un autre :
Je ne méritois pas de mourir de la vôtre.
On ne me verra point en repousser les coups ;
Je dois plus de respect à qui combat pour vous ;
Et, ravi de penser que c'est de vous qu'ils viennent,
Puisque c'est votre honneur que ses armes soutiennent,
Je lui vais présenter mon estomac ouvert,
Adorant en sa main la vôtre qui me perd. 2.

CHIMÈNE.

Si d'un triste devoir la juste violence,
Qui me fait malgré moi poursuivre ta vaillance,
Prescrit à ton amour une si forte loi
Qu'il te rend sans défense à qui combat pour moi ;
En cet aveuglement ne perds pas la mémoire
Qu'ainsi que de ta vie il y va de ta gloire,
Et que, dans quelque éclat que Rodrigue ait vécu,
Quand on le saura mort, on le croira vaincu.

L'honneur te fut plus cher que je ne te suis chère,
Puisqu'il trempa tes mains dans le sang de mon père,
Et te fit renoncer, malgré ta passion,
A l'espoir le plus doux de ma possession ;
Je t'en vois cependant faire si peu de compte,
Que sans rendre combat tu veux qu'on te surmonte.
Quelle inégalité ravale ta vertu !
Pourquoi ne l'as-tu plus ? ou pourquoi l'avois-tu ?
Quoi ! n'es-tu généreux que pour me faire outrage ?
S'il ne faut m'offenser, n'as-tu point de courage ?
Et traites-tu mon père avec tant de rigueur,
Qu'après l'avoir vaincu tu souffres un vainqueur ?
Non, sans vouloir mourir, laisse-moi te poursuivre,
Et défends ton honneur, si tu ne veux plus vivre.

D. RODRIGUE.

Après la mort du comte, et les Maures défaits,
Faudroit-il à ma gloire encor d'autres effets ?
Elle peut dédaigner le soin de me défendre :
On sait que mon courage ose tout entreprendre,
Que ma valeur peut tout, et que dessous les cieux,
Auprès de mon honneur, rien ne m'est précieux.
Non, non, en ce combat, quoi que vous veuilliez croire,
Rodrigue peut mourir sans hasarder sa gloire,
Sans qu'on l'ose accuser d'avoir manqué de cœur,
Sans passer pour vaincu, sans souffrir un vainqueur.
On dira seulement : « Il adoroit Chimène ;
Il n'a pas voulu vivre, et mériter sa haine ;
Il a cédé lui-même à la rigueur du sort
Qui forçoit sa maîtresse à poursuivre sa mort :
Elle vouloit sa tête ; et son cœur magnanime,
S'il l'en eût refusée, eût pensé faire un crime :

ACTE V, SCÈNE I.

Pour venger son honneur il perdit son amour;
Pour venger sa maîtresse il a quitté le jour,
Préférant, quelque espoir qu'eût son ame asservie,
Son honneur à Chimène, et Chimène à sa vie. »
Ainsi donc vous verrez ma mort en ce combat,
Loin d'obscurcir ma gloire, en rehausser l'éclat;
Et cet honneur suivra mon trépas volontaire, 4
Que tout autre que moi n'eût pu vous satisfaire.

CHIMÈNE.

Puisque pour t'empêcher de courir au trépas
Ta vie et ton honneur sont de foibles appas,
Si jamais je t'aimai, cher Rodrigue, en revanche
Défends-toi maintenant pour m'ôter à don Sanche.
Combats pour m'affranchir d'une condition
Qui me livre à l'objet de mon aversion.
Te dirai-je encor plus? va, songe à ta défense,
Pour forcer mon devoir, pour m'imposer silence;
Et, si tu sens pour moi ton cœur encore épris,
Sors vainqueur d'un combat dont Chimène est le prix. 5
Adieu : ce mot lâché me fait rougir de honte.

SCÈNE II.

D. RODRIGUE.

Est-il quelque ennemi qu'à présent je ne dompte?
Paroissez, Navarrois, Maures, et Castillans, 1
Et tout ce que l'Espagne a nourri de vaillants;
Unissez-vous ensemble, et faites une armée,
Pour combattre une main de la sorte animée :
Joignez tous vos efforts contre un espoir si doux;
Pour en venir à bout c'est trop peu que de vous.

SCÈNE III.

L'INFANTE.

T'ÉCOUTERAI-JE encor, respect de ma naissance,
    Qui fais un crime de mes feux?
T'écouterai-je, amour, dont la douce puissance
Contre ce fier tyran fait révolter mes vœux?
        Pauvre princesse, auquel des deux
        Dois-tu prêter obéissance?
Rodrigue, ta valeur te rend digne de moi;
Mais pour être vaillant tu n'es pas fils de roi.

Impitoyable sort, dont la rigueur sépare
    Ma gloire d'avec mes désirs,
Est-il dit que le choix d'une vertu si rare
Coûte à ma passion de si grands déplaisirs?
        O cieux! à combien de soupirs
        Faut-il que mon cœur se prépare,
Si jamais il n'obtient sur un si long tourment
Ni d'éteindre l'amour, ni d'accepter l'amant!

Mais c'est trop de scrupule, et ma raison s'étonne
    Du mépris d'un si digne choix:
Bien qu'aux monarques seuls ma naissance me donne,
Rodrigue, avec honneur je vivrai sous tes lois.
        Après avoir vaincu deux rois
        Pourrois-tu manquer de couronne?
Et ce grand nom de Cid que tu viens de gagner
Ne fait-il pas trop voir sur qui tu dois régner?

Il est digne de moi, mais il est à Chimène;
Le don que j'en ai fait me nuit.
Entre eux un père mort sème si peu de haine,
Que le devoir du sang à regret le poursuit:
Ainsi n'espérons aucun fruit
De son crime, ni de ma peine,
Puisque pour me punir le destin a permis
Que l'amour dure même entre deux ennemis.

SCÈNE IV.

L'INFANTE, LÉONOR.

L'INFANTE.

Où viens-tu, Léonor?

LÉONOR.

Vous applaudir, madame,
Sur le repos qu'enfin a retrouvé votre ame.

L'INFANTE.

D'où viendroit ce repos dans un comble d'ennui?

LÉONOR.

Si l'amour vit d'espoir, et s'il meurt avec lui,
Rodrigue ne peut plus charmer votre courage.
Vous savez le combat où Chimène l'engage;
Puisqu'il faut qu'il y meure, ou qu'il soit son mari,
Votre espérance est morte, et votre esprit guéri.

L'INFANTE.

Ah! qu'il s'en faut encor!

LÉONOR.

Que pouvez-vous prétendre?

L'INFANTE.

Mais plutôt quel espoir me pourrois-tu défendre?

Si Rodrigue combat sous ces conditions,
Pour en rompre l'effet j'ai trop d'inventions.
L'amour, ce doux auteur de mes cruels supplices,
Aux esprits des amants apprend trop d'artifices.

LÉONOR.

Pourrez-vous quelque chose, après qu'un père mort
N'a pu dans leurs esprits allumer de discord?
Car Chimène aisément montre, par sa conduite,
Que la haine aujourd'hui ne fait pas sa poursuite.
Elle obtient un combat, et pour son combattant
C'est le premier offert qu'elle accepte à l'instant :
Elle n'a point recours à ces mains généreuses
Que tant d'exploits fameux rendent si glorieuses ;
Don Sanche lui suffit et mérite son choix,
Parcequ'il va s'armer pour la première fois ;
Elle aime en ce duel son peu d'expérience ;
Comme il est sans renom, elle est sans défiance ;
Et sa facilité vous doit bien faire voir
Qu'elle cherche un combat qui force son devoir,
Qui livre à son Rodrigue une victoire aisée,
Et l'autorise enfin à paroître apaisée.

L'INFANTE.

Je le remarque assez, et toutefois mon cœur
A l'envi de Chimène adore ce vainqueur.
A quoi me résoudrai-je, amante infortunée?

LÉONOR.

A vous ressouvenir de qui vous êtes née :
Le ciel vous doit un roi, vous aimez un sujet !

L'INFANTE.

Mon inclination a bien changé d'objet.

ACTE V, SCÈNE IV.

Je n'aime plus Rodrigue, un simple gentilhomme;
Non, ce n'est plus ainsi que mon amour le nomme :
Si j'aime, c'est l'auteur de tant de beaux exploits,
C'est le valeureux Cid, le maître de deux rois.
Je me vaincrai pourtant, non de peur d'aucun blâme,
Mais pour ne troubler pas une si belle flamme;
Et, quand pour m'obliger on l'auroit couronné,
Je ne veux point reprendre un bien que j'ai donné.
Puisqu'en un tel combat sa victoire est certaine,
Allons encore un coup le donner à Chimène.
Et toi, qui vois les traits dont mon cœur est percé,
Viens me voir achever comme j'ai commencé.

SCÈNE V.[1]

CHIMÈNE ELVIRE.

CHIMÈNE.

ELVIRE, que je souffre ! et que je suis à plaindre !
Je ne sais qu'espérer, et je vois tout à craindre;
Aucun vœu ne m'échappe où j'ose consentir;
Je ne souhaite rien sans un prompt repentir.
A deux rivaux pour moi je fais prendre les armes :
Le plus heureux succès me coûtera des larmes;
Et quoi qu'en ma faveur en ordonne le sort,
Mon père est sans vengeance, ou mon amant est mort.

ELVIRE.

D'un et d'autre côté je vous vois soulagée :[2]
Ou vous avez Rodrigue, ou vous êtes vengée;
Et quoi que le destin puisse ordonner de vous,
Il soutient votre gloire, et vous donne un époux.

7.

CHIMÈNE.

Quoi! l'objet de ma haine, ou bien de ma colère!
L'assassin de Rodrigue, ou celui de mon père!
De tous les deux côtés on me donne un mari
Encor tout teint du sang que j'ai le plus chéri.
De tous les deux côtés mon ame se rebelle :
Je crains plus que la mort la fin de ma querelle.
Allez, vengeance, amour, qui troublez mes esprits,
Vous n'avez point pour moi de douceurs à ce prix.
Et toi, puissant moteur du destin qui m'outrage,
Termine ce combat sans aucun avantage,
Sans faire aucun des deux ni vaincu, ni vainqueur!

ELVIRE.

Ce seroit vous traiter avec trop de rigueur.
Ce combat pour votre ame est un nouveau supplice,
S'il vous laisse obligée à demander justice,
A témoigner toujours ce haut ressentiment,
Et poursuivre toujours la mort de votre amant.
Madame, il vaut bien mieux que sa rare vaillance,
Lui couronnant le front, vous impose silence ;
Que la loi du combat étouffe vos soupirs,
Et que le roi vous force à suivre vos désirs.

CHIMÈNE.

Quand il sera vainqueur, crois-tu que je me rende?
Mon devoir est trop fort, et ma perte trop grande;
Et ce n'est pas assez pour leur faire la loi,
Que celle du combat et le vouloir du roi.
Il peut vaincre don Sanche avec fort peu de peine,
Mais non pas avec lui la gloire de Chimène;
Et quoi qu'à sa victoire un monarque ait promis,
Mon honneur lui fera mille autres ennemis.

ACTE V, SCÈNE V.

ELVIRE.

Gardez, pour vous punir de cet orgueil étrange,
Que le ciel à la fin ne souffre qu'on vous venge.
Quoi! vous voulez encor refuser le bonheur
De pouvoir maintenant vous taire avec honneur?
Que prétend ce devoir, et qu'est-ce qu'il espère?
La mort de votre amant vous rendra-t-elle un père?
Est-ce trop peu pour vous que d'un coup de malheur?
Faut-il perte sur perte, et douleur sur douleur?
Allez, dans le caprice où votre humeur s'obstine,
Vous ne méritez pas l'amant qu'on vous destine;
Et nous verrons du ciel l'équitable courroux
Vous laisser, par sa mort, don Sanche pour époux.

CHIMÈNE.

Elvire, c'est assez des peines que j'endure,
Ne les redouble point par ce funeste augure.
Je veux, si je le puis, les éviter tous deux;
Sinon, en ce combat Rodrigue a tous mes vœux:
Non qu'une folle ardeur de son côté me penche;
Mais, s'il étoit vaincu, je serois à don Sanche:
Cette appréhension fait naître mon souhait....
Que vois-je, malheureuse! Elvire, c'en est fait.

SCÈNE VI.

D. SANCHE, CHIMÈNE, ELVIRE.

D. SANCHE.

Madame, à vos genoux j'apporte cette épée....

CHIMÈNE.

Quoi! du sang de Rodrigue encor toute trempée!

Perfide, oses-tu bien te montrer à mes yeux,
Après m'avoir ôté ce que j'aimois le mieux ?
Éclate, mon amour, tu n'as plus rien à craindre ;
Mon père est satisfait, cesse de te contraindre ;
Un même coup a mis ma gloire en sûreté,
Mon ame au désespoir, ma flamme en liberté.

D. SANCHE.

D'un esprit plus rassis....

CHIMÈNE.

Tu me parles encore,
Exécrable assassin d'un héros que j'adore !
Va, tu l'as pris en traître ; un guerrier si vaillant
N'eût jamais succombé sous un tel assaillant.
N'espère rien de moi, tu ne m'as point servie ;
Et, croyant me venger, tu m'as ôté la vie.

D. SANCHE.

Étrange impression qui, loin de m'écouter....

CHIMÈNE.

Veux-tu que de sa mort je t'écoute vanter,
Que j'entende à loisir avec quelle insolence
Tu peindras son malheur, mon crime, et ta vaillance ?

SCÈNE VII.

LE ROI, D. DIÈGUE, D. ARIAS, D. SANCHE,
D. ALONSE, CHIMÈNE, ELVIRE.

CHIMÈNE.

SIRE, il n'est plus besoin de vous dissimuler
Ce que tous mes efforts ne vous ont pu celer.

J'aimois, vous l'avez su; mais, pour venger mon père,
J'ai bien voulu proscrire une tête si chère:
Votre majesté, sire, elle-même a pu voir
Comme j'ai fait céder mon amour au devoir.
Enfin Rodrigue est mort, et sa mort m'a changée
D'implacable ennemie en amante affligée.
J'ai dû cette vengeance à qui m'a mise au jour,
Et je dois maintenant ces pleurs à mon amour.
Don Sanche m'a perdue en prenant ma défense;
Et du bras qui me perd je suis la récompense !
Sire, si la pitié peut émouvoir un roi,
De grace, révoquez une si dure loi;
Pour prix d'une victoire où je perds ce que j'aime,
Je lui laisse mon bien; qu'il me laisse à moi-même;
Qu'en un cloître sacré je pleure incessamment,
Jusqu'au dernier soupir, mon père et mon amant.

D. DIÈGUE.

Enfin elle aime, sire, et ne croit plus un crime
D'avouer par sa bouche un amour légitime.

LE ROI.

Chimène, sors d'erreur, ton amant n'est pas mort;
Et don Sanche vaincu t'a fait un faux rapport.

D. SANCHE.

Sire, un peu trop d'ardeur malgré moi l'a déçue:
Je venois du combat lui raconter l'issue.
Ce généreux guerrier dont son cœur est charmé,
« Ne crains rien, m'a-t-il dit quand il m'a désarmé,
Je laisserois plutôt la victoire incertaine
Que de répandre un sang hasardé pour Chimène;
Mais puisque mon devoir m'appelle auprès du roi, [1]
Va de notre combat l'entretenir pour moi,

De la part du vainqueur lui porter ton épée. »
Sire, j'y suis venu : cet objet l'a trompée ;
Elle m'a cru vainqueur, me voyant de retour ;
Et soudain sa colère a trahi son amour
Avec tant de transport et tant d'impatience,
Que je n'ai pu gagner un moment d'audience.
Pour moi, bien que vaincu, je me répute heureux ;
Et, malgré l'intérêt de mon cœur amoureux,
Perdant infiniment, j'aime encor ma défaite,
Qui fait le beau succès d'une amour si parfaite.

LE ROI.

Ma fille, il ne faut point rougir d'un si beau feu,
Ni chercher les moyens d'en faire un désaveu :
Une louable honte en vain t'en sollicite ;
Ta gloire est dégagée et ton devoir est quitte ;
Ton père est satisfait, et c'étoit le venger
Que mettre tant de fois ton Rodrigue en danger.
Tu vois comme le ciel autrement en dispose.
Ayant tant fait pour lui, fais pour toi quelque chose ;
Et ne sois point rebelle à mon commandement,
Qui te donne un époux aimé si chèrement.

SCÈNE VIII.

LE ROI, D. DIÈGUE, D. ARIAS, D. RODRIGUE, D. ALONSE, D. SANCHE, L'INFANTE, CHIMÈNE, LÉONOR, ELVIRE.

L'INFANTE.

Sèche tes pleurs, Chimène, et reçois sans tristesse
Ce généreux vainqueur des mains de ta princesse.

D. RODRIGUE.

Ne vous offensez point, sire, si, devant vous,
Un respect amoureux me jette à ses genoux.
 Je ne viens point ici demander ma conquête;
Je viens tout de nouveau vous apporter ma tête, [1]
Madame; mon amour n'emploîra point pour moi,
Ni la loi du combat, ni le vouloir du roi.
Si tout ce qui s'est fait est trop peu pour un père,
Dites par quels moyens il vous faut satisfaire:
Faut-il combattre encor mille et mille rivaux,
Aux deux bouts de la terre étendre mes travaux,
Forcer moi seul un camp, mettre en fuite une armée,
Des héros fabuleux passer la renommée?
Si mon crime par là se peut enfin laver,
J'ose tout entreprendre, et puis tout achever:
Mais si ce fier honneur, toujours inexorable,
Ne se peut apaiser sans la mort du coupable,
N'armez plus contre moi le pouvoir des humains;
Ma tête est à vos pieds, vengez-vous par vos mains;
Vos mains seules ont droit de vaincre un invincible;
Prenez une vengeance à tout autre impossible.
Mais du moins que ma mort suffise à me punir:
Ne me bannissez point de votre souvenir;
Et, puisque mon trépas conserve votre gloire,
Pour vous en revancher conservez ma mémoire, [2]
Et dites quelquefois, en songeant à mon sort:
S'il ne m'avoit aimée, il ne seroit pas mort.

CHIMÈNE.

Relève-toi, Rodrigue. Il faut l'avouer, sire,
Mon amour a paru, je ne m'en puis dédire.

Rodrigue a des vertus que je ne puis haïr ;
Et vous êtes mon roi, je vous dois obéir.
Mais, à quoi que déjà vous m'ayez condamnée,
Pourrez-vous à vos yeux souffrir cet hyménée ?
Et quand de mon devoir vous voulez cet effort,
Toute votre justice en est-elle d'accord ?
Si Rodrigue à l'état devient si nécessaire, 3.
De ce qu'il fait pour vous dois-je être le salaire,
Et me livrer moi-même au reproche éternel
D'avoir trempé mes mains dans le sang paternel ?

LE ROI.

Le temps assez souvent a rendu légitime
Ce qui sembloit d'abord ne se pouvoir sans crime.
Rodrigue t'a gagnée, et tu dois être à lui.
Mais, quoique sa valeur t'ait conquise aujourd'hui,
Il faudroit que je fusse ennemi de ta gloire
Pour lui donner sitôt le prix de sa victoire.
Cet hymen différé ne rompt point une loi
Qui, sans marquer de temps, lui destine ta foi.
Prends un an, si tu veux, pour essuyer tes larmes.
Rodrigue, cependant, il faut prendre les armes.
Après avoir vaincu les Maures sur nos bords,
Renversé leurs desseins, repoussé leurs efforts,
Va jusqu'en leur pays leur reporter la guerre,
Commander mon armée, et ravager leur terre.
A ce seul nom de Cid ils tomberont d'effroi ;
Ils t'ont nommé seigneur, et te voudront pour roi.
Mais, parmi tes hauts faits, sois-lui toujours fidèle :
Reviens-en, s'il se peut, encor plus digne d'elle ;
Et par tes grands exploits fais-toi si bien priser,
Qu'il lui soit glorieux alors de t'épouser.

ACTE V, SCÈNE VIII.

D. RODRIGUE.

Pour posséder Chimène, et pour votre service,
Que peut-on m'ordonner que mon bras n'accomplisse?
Quoi qu'absent de ses yeux il me faille endurer,
Sire, ce m'est trop d'heur de pouvoir espérer.

LE ROI.

Espère en ton courage, espère en ma promesse;
Et possédant déjà le cœur de ta maîtresse,
Pour vaincre un point d'honneur qui combat contre toi,
Laisse faire le temps, ta vaillance, et ton roi. 4

FIN DU CID.

HORACE,

TRAGÉDIE EN CINQ ACTES.

1639.

ÉPÎTRE DÉDICATOIRE

A MONSEIGNEUR LE CARDINAL

DUC DE RICHELIEU.

Monseigneur,

Je n'aurois jamais eu la témérité de présenter à votre éminence ce mauvais portrait d'Horace, si je n'eusse considéré qu'après tant de bienfaits * que

---

* Ce mot BIENFAITS fait voir que le cardinal de Richelieu savait récompenser en premier ministre ce même talent qu'il avait persécuté dans l'auteur du Cid.

j'ai reçus d'elle, le silence où mon respect m'a retenu jusqu'à présent passeroit pour ingratitude, et que, quelque juste défiance que j'aie de mon travail, je dois avoir encore plus de confiance en votre bonté. C'est d'elle que je tiens tout ce que je suis; et ce n'est pas sans rougir que, pour toute reconnoissance, je vous fais un présent si peu digne de vous, et si peu proportionné à ce que je vous dois. Mais dans cette confusion, qui m'est commune avec tous ceux qui écrivent, j'ai cet avantage, qu'on ne peut sans quelque injustice condamner mon choix, et que ce généreux Romain, que je mets aux pieds de votre éminence, eût pu paroître devant elle avec moins de honte si les forces de l'artisan eussent répondu à la dignité de la matière: j'en ai pour garant l'auteur dont je l'ai tirée, qui commence à décrire cette fameuse histoire par ce glorieux éloge, « qu'il n'y a presque aucune chose plus noble dans toute l'antiquité ». Je voudrois que ce qu'il a dit de l'action se pût dire de la peinture que j'en ai faite; non pour en tirer plus de vanité, mais seulement pour vous offrir quelque chose un peu moins indigne de vous être offert. Le sujet étoit capable de plus de graces s'il eût été traité d'une main plus savante; mais du moins il a

reçu de la mienne toutes celles qu'elle étoit capable
de lui donner, et qu'on pouvoit raisonnablement
attendre d'une muse de province *, qui, n'étant pas
assez heureuse pour jouir souvent des regards de
votre éminence, n'a pas les mêmes lumières à se
conduire qu'ont celles qui en sont continuellement
éclairées. Et certes, MONSEIGNEUR, ce changement
visible qu'on remarque en mes ouvrages depuis que
j'ai l'honneur d'être ** à votre éminence, qu'est-ce

---

* Corneille demeurait à Rouen, et ne venait à Paris
que pour y faire jouer ses pièces, dont il tirait un profit qui ne répondait point du tout à leur gloire, et à
l'utilité dont elles étaient aux comediens.

** Je ne sais ce qu'on doit entendre par ces mots,
ÊTRE A VOTRE ÉMINENCE. Le cardinal de Richelieu
faisait au grand Corneille une pension de cinq cents
écus, non pas au nom du roi, mais de ses propres deniers. Cela ne se pratiquerait pas aujourd'hui : peu de
gens de lettres voudraient accepter une pension d'un
autre que de sa majesté, ou d'un prince. Mais il faut
considérer que le cardinal de Richelieu était roi en quelque façon; il en avait la puissance et l'appareil.

Cependant une pension de cinq cents écus, que le
grand Corneille fut réduit à recevoir, ne paraît pas un

autre chose qu'un effet des grandes idées qu'elle
m'inspire quand elle daigne souffrir que je lui
rende mes devoirs? et à quoi peut-on attribuer ce
qui s'y mêle de mauvais qu'aux teintures grossières
que je reprends quand je demeure abandonné à
ma propre foiblesse? Il faut, MONSEIGNEUR, que tous
ceux qui donnent leurs veilles au théâtre publient
hautement avec moi que nous vous avons deux
obligations très signalées : l'une, d'avoir ennobli *
le but de l'art; l'autre, de nous en avoir facilité

---

titre suffisant pour qu'il dît, J'AI L'HONNEUR D'ÊTRE
A VOTRE ÉMINENCE.

* Cette phrase est assez remarquable : ou elle est
une ironie, ou elle est une flatterie qui semble contredire le caractère qu'on attribue à Corneille. Il est évident qu'il ne croyait pas que l'ennemi du Cid et le
protecteur de ses ennemis eût un goût si sûr. Il était
mécontent du cardinal, et il le loue. Jugeons de ses
vrais sentiments par le sonnet fameux qu'il fit après la
mort de Louis XIII.

> Sous ce marbre repose un monarque sans vice,
> Dont la seule bonté déplut aux bons François;
> Ses erreurs, ses écarts, vinrent d'un mauvais choix,
> Dont il fut trop long-temps innocemment complice.

les connoissances. Vous avez ennobli le but de
l'art, puisqu'au lieu de celui de plaire au peuple
que nous prescrivent nos maîtres, et dont les deux
plus honnêtes gens de leur siècle, Scipion et Lélie,
ont autrefois protesté de se contenter, vous nous
avez donné celui de vous plaire et de vous divertir,
et qu'ainsi nous ne rendons pas un petit service à
l'état, puisque, contribuant à vos divertissements,
nous contribuons à l'entretien d'une santé qui lui
est si précieuse et si nécessaire. Vous nous en avez

>L'ambition, l'orgueil, la haine, l'avarice,
>Armés de son pouvoir, nous donnèrent des lois ;
>Et, bien qu'il fût en soi le plus juste des rois,
>Son règne fut toujours celui de l'injustice.
>
>Fier vainqueur au dehors, vil esclave en sa cour,
>Son tyran et le nôtre à peine perd le jour,
>Que jusque dans sa tombe il le force à le suivre :
>
>Et, par cet ascendant ses projets confondus,
>Après trente-trois ans sur le trône perdus,
>Commençant à régner, il a cessé de vivre.

Le sonnet a des beautés. Mais avouons que ce n'était
pas à un pensionnaire du cardinal à le faire, et qu'il
ne fallait ni lui prodiguer tant de louanges pendant sa
vie, ni l'outrager après sa mort.

facilité les connoissances; puisque nous n'avons plus besoin d'autre étude pour les acquérir que d'attacher nos yeux sur votre éminence quand elle honore de sa présence et de son attention le récit de nos poëmes. C'est là que, lisant sur son visage ce qui lui plaît et ce qui ne lui plaît pas, nous nous instruisons avec certitude de ce qui est bon et de ce qui est mauvais, et tirons des règles infaillibles de ce qu'il faut suivre et de ce qu'il faut éviter : c'est là que j'ai souvent appris en deux heures ce que mes livres n'eussent pu m'apprendre en dix ans: c'est là que j'ai puisé ce qui m'a valu l'applaudissement du public : et c'est là qu'avec votre faveur j'espère puiser assez pour être un jour une œuvre digne de vos mains. Ne trouvez donc pas mauvais, MONSEIGNEUR, que pour vous remercier de ce que j'ai de réputation, dont je vous suis entièrement redevable, j'emprunte quatre vers d'un autre Horace que celui que je vous présente, et que je vous exprime par eux les plus véritables sentiments de mon ame.

>Totum muneris hoc tui est,
>Quòd monstror digito prætereuntium
>Scenæ non levis artifex :
>Quòd spiro et placeo, si placeo, tuum est.

DÉDICATOIRE.

Je n'ajouterai qu'une vérité à celle-ci, en vous suppliant de croire que je suis et serai toute ma vie très passionnément *,

MONSEIGNEUR,

de votre éminence

le très humble, très obéissant, et très fidèle serviteur,

P. CORNEILLE.

---

* Cette expression PASSIONNÉMENT montre combien tout dépend des usages. JE SUIS PASSIONNÉMENT est aujourd'hui la formule dont les supérieurs se servent avec les inférieurs. Les Romains ni les Grecs ne connurent jamais ce protocole de la vanité : il a toujours changé parmi nous. Celui qui fait cette remarque est le premier qui ait supprimé les formules dans les épîtres dédicatoires de ce genre ; et on commence à s'en abstenir. Ces épîtres, en effet, étant souvent des ouvrages raisonnés, ne doivent point finir comme une lettre ordinaire.

PERSONNAGES.

TULLE, roi de Rome.
LE VIEIL HORACE, chevalier romain.
HORACE, son fils.
CURIACE, gentilhomme d'Albe, amant de Camille.
VALÈRE, chevalier romain, amoureux de Camille.
SABINE, femme d'Horace, et sœur de Curiace.
CAMILLE, amante de Curiace, et sœur d'Horace.
JULIE, dame romaine, confidente de Sabine et de Camille.
FLAVIAN, soldat de l'armée d'Albe.
PROCULE, soldat de l'armée de Rome.

La scène est à Rome, dans une salle de la maison d'Horace.

HORACE,
TRAGÉDIE.

ACTE PREMIER.

SCÈNE I.

SABINE, JULIE.

SABINE.

Approuvez ma foiblesse, et souffrez ma douleur ;
Elle n'est que trop juste en un si grand malheur :
Si près de voir sur soi fondre de tels orages, [2]
L'ébranlement sied bien aux plus fermes courages ;
Et l'esprit le plus mâle et le moins abattu
Ne sauroit sans désordre exercer sa vertu.
Quoique le mien s'étonne à ces rudes alarmes,
Le trouble de mon cœur ne peut rien sur mes larmes, [3]
Et, parmi les soupirs qu'il pousse vers les cieux,
Ma constance du moins règne encor sur mes yeux :
Quand on arrête là les déplaisirs d'une ame, [4]
Si l'on fait moins qu'un homme, on fait plus qu'une femme ; [5]
Commander à ses pleurs en cette extrémité,
C'est montrer, pour le sexe, assez de fermeté.

JULIE.

C'en est peut-être assez pour une ame commune,
Qui du moindre péril se fait une infortune :
Mais de cette foiblesse un grand cœur est honteux;
Il ose espérer tout dans un succès douteux.
Les deux camps sont rangés au pied de nos murailles;
Mais Rome ignore encor comme on perd des batailles.
Loin de trembler pour elle, il lui faut applaudir :
Puisqu'elle va combattre, elle va s'agrandir.
Bannissez, bannissez une frayeur si vaine,
Et concevez des vœux dignes d'une Romaine.

SABINE.

Je suis Romaine, hélas ! puisqu'Horace est Romain ; 6
J'en ai reçu le titre en recevant sa main :
Mais ce nœud me tiendroit en esclave enchaînée,
S'il m'empêchoit de voir en quels lieux je suis née.
Albe, où j'ai commencé de respirer le jour,
Albe, mon cher pays, et mon premier amour, 7
Lorsqu'entre nous et toi je vois la guerre ouverte,
Je crains notre victoire autant que notre perte.

Rome, si tu te plains que c'est là te trahir,
Fais-toi des ennemis que je puisse haïr : 8
Quand je vois de tes murs leur armée et la nôtre,
Mes trois frères dans l'une, et mon mari dans l'autre,
Puis-je former des vœux et sans impiété
Importuner le ciel pour ta félicité ?
Je sais que ton état, encore en sa naissance,
Ne sauroit, sans la guerre, affermir sa puissance;
Je sais qu'il doit s'accroître, et que tes grands destins
Ne le borneront pas chez les peuples latins ;
Que les dieux t'ont promis l'empire de la terre,
Et que tu n'en peux voir l'effet que par la guerre :

ACTE I, SCÈNE I.

Bien loin de m'opposer à cette noble ardeur
Qui suit l'arrêt des dieux et court à ta grandeur,
Je voudrois déjà voir tes troupes couronnées
D'un pas victorieux franchir les Pyrénées.
Va jusqu'en l'orient pousser tes bataillons ;
Va sur les bords du Rhin planter tes pavillons ;
Fais trembler sous tes pas les colonnes d'Hercule :
Mais respecte une ville à qui tu dois Romule.
Ingrate, souviens-toi que du sang de ses rois
Tu tiens ton nom, tes murs, et tes premières lois.
Albe est ton origine ; arrête, et considère
Que tu portes le fer dans le sein de ta mère.
Tourne ailleurs les efforts de tes bras triomphants ;
Sa joie éclatera dans l'heur de ses enfants ; 9
Et, se laissant ravir à l'amour maternelle, 10
Ses vœux seront pour toi, si tu n'es plus contre elle.

JULIE.

Ce discours me surprend, vu que, depuis le temps 11
Qu'on a contre son peuple armé nos combattants,
Je vous ai vu pour elle autant d'indifférence,
Que si d'un sang romain vous aviez pris naissance.
J'admirois la vertu qui réduisoit en vous
Vos plus chers intérêts à ceux de votre époux ;
Et je vous consolois au milieu de vos plaintes,
Comme si notre Rome eût fait toutes vos craintes. 12

SABINE.

Tant qu'on ne s'est choqué qu'en de légers combats,
Trop foibles pour jeter un des partis à bas, 13
Tant qu'un espoir de paix a pu flatter ma peine,
Oui, j'ai fait vanité d'être toute Romaine.
Si j'ai vu Rome heureuse avec quelque regret,
Soudain j'ai condamné ce mouvement secret ;

Et si j'ai ressenti, dans ses destins contraires, [14]
Quelque maligne joie en faveur de mes frères,
Soudain, pour l'étouffer rappelant ma raison,
J'ai pleuré quand la gloire entroit dans leur maison:
Mais aujourd'hui qu'il faut que l'une ou l'autre tombe,
Qu'Albe devienne esclave, ou que Rome succombe,
Et qu'après la bataille il ne demeure plus
Ni d'obstacle aux vainqueurs, ni d'espoir aux vaincus,
J'aurois pour mon pays une cruelle haine, [15]
Si je pouvois encore être toute Romaine,
Et si je demandois votre triomphe aux dieux,
Au prix de tant de sang qui m'est si précieux.
Je m'attache un peu moins aux intérêts d'un homme;
Je ne suis point pour Albe, et ne suis plus pour Rome;
Je crains pour l'une et l'autre en ce dernier effort,
Et serai du parti qu'affligera le sort.
Égale à tous les deux jusques à la victoire, [16]
Je prendrai part aux maux sans en prendre à la gloire;
Et je garde, au milieu de tant d'âpres rigueurs, [17]
Mes larmes aux vaincus, et ma haine aux vainqueurs.

JULIE.

Qu'on voit naître souvent, de pareilles traverses, [18]
En des esprits divers, des passions diverses!
Et qu'à nos yeux Camille agit bien autrement!
Son frère est votre époux, le vôtre est son amant:
Mais elle voit d'un œil bien différent du vôtre
Son sang dans une armée et son amour dans l'autre.
Lorsque vous conserviez un esprit tout romain, [19]
Le sien irrésolu, le sien tout incertain,
De la moindre mêlée appréhendoit l'orage,
De tous les deux partis détestoit l'avantage,

ACTE I, SCÈNE I.

Au malheur des vaincus donnoit toujours ses pleurs,
Et nourrissoit ainsi d'éternelles douleurs.
Mais hier, quand elle sut qu'on avoit pris journée, [20]
Et qu'enfin la bataille alloit être donnée,
Une soudaine joie éclatant sur son front....

SABINE.

Ah! que je crains, Julie, un changement si prompt!
Hier dans sa belle humeur elle entretint Valère; [21]
Pour ce rival, sans doute, elle quitte mon frère; [22]
Son esprit, ébranlé par les objets présents, [23]
Ne trouve point d'absent aimable après deux ans.
Mais excusez l'ardeur d'une amour fraternelle;
Le soin que j'ai de lui me fait craindre tout d'elle :
Je forme des soupçons d'un trop léger sujet. [24]
Près d'un jour si funeste on change peu d'objet,
Les ames rarement sont de nouveau blessées;
Et dans un si grand trouble on a d'autres pensées :
Mais on n'a pas aussi de si doux entretiens, [25]
Ni de contentements qui soient pareils aux siens.

JULIE.

Les causes, comme à vous, m'en semblent fort obscures;
Je ne me satisfais d'aucunes conjectures.
C'est assez de constance en un si grand danger
Que de le voir, l'attendre, et ne point s'affliger;
Mais certes c'en est trop d'aller jusqu'à la joie.

SABINE.

Voyez qu'un bon génie à propos nous l'envoie. [26]
Essayez sur ce point à la faire parler; [27]
Elle vous aime assez pour ne vous rien celer.
Je vous laisse.

SCÈNE II.

CAMILLE, SABINE, JULIE.

SABINE.

MA sœur, entretenez Julie : [1]
J'ai honte de montrer tant de mélancolie ;
Et mon cœur, accablé de mille déplaisirs, [2]
Cherche la solitude à cacher ses soupirs.

SCÈNE III.

CAMILLE, JULIE.

CAMILLE.

Qu'elle a tort de vouloir que je vous entretienne ! [1]
Croit-elle ma douleur moins vive que la sienne,
Et que, plus insensible à de si grands malheurs,
A mes tristes discours je mêle moins de pleurs ?
De pareilles frayeurs mon ame est alarmée ;
Comme elle je perdrai dans l'une et l'autre armée.
Je verrai mon amant, mon plus unique bien, [2]
Mourir pour son pays, ou détruire le mien,
Et cet objet d'amour devenir, pour ma peine,
Digne de mes soupirs, ou digne de ma haine.
Hélas !

JULIE.

Elle est pourtant plus à plaindre que vous.
On peut changer d'amant, mais non changer d'époux. [3]
Oubliez Curiace, et recevez Valère :
Vous ne tremblerez plus pour le parti contraire,

Vous serez toute nôtre; et votre esprit remis 4
N'aura plus rien à perdre au camp des ennemis.

CAMILLE.

Donnez-moi des conseils qui soient plus légitimes,
Et plaignez mes malheurs sans m'ordonner des crimes.
Quoiqu'à peine à mes maux je puisse résister,
J'aime mieux les souffrir que de les mériter.

JULIE.

Quoi! vous appelez crime un change raisonnable?

CAMILLE.

Quoi! le manque de foi vous semble pardonnable?

JULIE.

Envers un ennemi qui peut nous obliger?

CAMILLE.

D'un serment solennel qui peut nous dégager?

JULIE.

Vous déguisez en vain une chose trop claire.
Je vous vis encore hier entretenir Valère;
Et l'accueil gracieux qu'il recevoit de vous
Lui permet de nourrir un espoir assez doux.

CAMILLE.

Si je l'entretins hier et lui fis bon visage, 5
N'en imaginez rien qu'à son désavantage; 6
De mon contentement un autre étoit l'objet.
Mais pour sortir d'erreur sachez-en le sujet;
Je garde à Curiace une amitié trop pure
Pour souffrir plus long-temps qu'on m'estime parjure.
Il vous souvient qu'à peine on voyoit de sa sœur 7
Par un heureux hymen mon frère possesseur,
Quand, pour comble de joie, il obtint de mon père
Que de ses chastes feux je serois le salaire.

Ce jour nous fut propice et funeste à la fois ;
Unissant nos maisons, il désunit nos rois ;
Un même instant conclut notre hymen et la guerre,
Fit naître notre espoir, et le jeta par terre, 8
Nous ôta tout sitôt qu'il nous eut tout promis ;
Et, nous faisant amants, il nous fit ennemis.
Combien nos déplaisirs parurent lors extrêmes !
Combien contre le ciel il vomit de blasphèmes !
Et combien de ruisseaux coulèrent de mes yeux !
Je ne vous le dis point, vous vîtes nos adieux ;
Vous avez vu depuis les troubles de mon ame :
Vous savez pour la paix quels vœux a faits ma flamme,
Et quels pleurs j'ai versés à chaque évènement,
Tantôt pour mon pays, tantôt pour mon amant.
Enfin mon désespoir, parmi ces longs obstacles,
M'a fait avoir recours à la voix des oracles.
Écoutez si celui qui me fut hier rendu
Eut droit de rassurer mon esprit éperdu.
Ce Grec si renommé qui depuis tant d'années
Au pied de l'Aventin prédit nos destinées,
Lui qu'Apollon jamais n'a fait parler à faux, 9
Me promit par ces vers la fin de mes travaux :
« Albe et Rome demain prendront une autre face ; 10
Tes vœux sont exaucés, elles auront la paix ;
Et tu seras unie avec ton Curiace,
Sans qu'aucun mauvais sort t'en sépare jamais. »
Je pris sur cet oracle une entière assurance ;
Et, comme le succès passoit mon espérance,
J'abandonnai mon ame à des ravissements
Qui passoient les transports des plus heureux amants.
Jugez de leur excès : je rencontrai Valère,
Et, contre sa coutume, il ne put me déplaire ;

Il me parla d'amour sans me donner d'ennui : [11]
Je ne m'aperçus pas que je parlois à lui ;
Je ne lui pus montrer de mépris ni de glace :
Tout ce que je voyois me sembloit Curiace ;
Tout ce qu'on me disoit me parloit de ses feux ;
Tout ce que je disois l'assuroit de mes vœux.
Le combat général aujourd'hui se hasarde ;
J'en sus hier la nouvelle, et je n'y pris pas garde : [12]
Mon esprit rejetoit ces funestes objets,
Charmé des doux pensers d'hymen et de la paix.
La nuit a dissipé des erreurs si charmantes :
Mille songes affreux, mille images sanglantes,
Ou plutôt mille amas de carnage et d'horreur,
M'ont arraché ma joie, et rendu ma terreur :
J'ai vu du sang, des morts, et n'ai rien vu de suite ; [13]
Un spectre en paroissant prenoit soudain la fuite ;
Ils s'effaçoient l'un l'autre ; et chaque illusion
Redoubloit mon effroi par sa confusion.

JULIE.

C'est en contraire sens qu'un songe s'interprète. [14]

CAMILLE.

Je le dois croire ainsi, puisque je le souhaite ;
Mais je me trouve enfin, malgré tous mes souhaits,
Au jour d'une bataille, et non pas d'une paix.

JULIE.

Par là finit la guerre, et la paix lui succède.

CAMILLE.

Dure à jamais le mal s'il y faut ce remède !
Soit que Rome y succombe, ou qu'Albe ait le dessous, [15]
Cher amant, n'attends plus d'être un jour mon époux ;

Jamais, jamais ce nom ne sera pour un homme
Qui soit ou le vainqueur ou l'esclave de Rome.

Mais quel objet nouveau se présente en ces lieux?
Est-ce toi, Curiace? en croirai-je mes yeux?

SCÈNE IV.

CURIACE, CAMILLE, JULIE.

CURIACE.

N'en doutez point, Camille; et revoyez un homme [1]
Qui n'est ni le vainqueur ni l'esclave de Rome :
Cessez d'appréhender de voir rougir mes mains [2]
Du poids honteux des fers, ou du sang des Romains.
J'ai cru que vous aimiez assez Rome et la gloire
Pour mépriser ma chaîne et haïr ma victoire;
Et comme également en cette extrémité
Je craignois la victoire et la captivité....

CAMILLE.

Curiace, il suffit, je devine le reste :
Tu fuis une bataille à tes vœux si funeste; [3]
Et ton cœur, tout à moi, pour ne me perdre pas,
Dérobe à ton pays le secours de ton bras.
Qu'un autre considère ici ta renommée, [4]
Et te blâme, s'il veut, de m'avoir trop aimée,
Ce n'est point à Camille à t'en mésestimer;
Plus ton amour paroît, plus elle doit t'aimer;
Et, si tu dois beaucoup aux lieux qui t'ont vu naître,
Plus tu quittes pour moi, plus tu le fais paroître.
Mais as-tu vu mon père? et peut-il endurer [5]
Qu'ainsi dans sa maison tu t'oses retirer?

Ne préfère-t-il point l'état à sa famille ?
Ne regarde-t-il point Rome plus que sa fille ?
Enfin notre bonheur est-il bien affermi ?
T'a-t-il vu comme gendre, ou bien comme ennemi ?

CURIACE.

Il m'a vu comme gendre, avec une tendresse
Qui témoignoit assez une entière alégresse ;
Mais il ne m'a point vu, par une trahison,
Indigne de l'honneur d'entrer dans sa maison.
Je n'abandonne point l'intérêt de ma ville ;
J'aime encor mon honneur en adorant Camille.
Tant qu'a duré la guerre, on m'a vu constamment
Aussi bon citoyen que véritable amant.
D'Albe avec mon amour j'accordois la querelle ;
Je soupirois pour vous en combattant pour elle ;
Et, s'il falloit encor que l'on en vînt aux coups,
Je combattrois pour elle en soupirant pour vous.
Oui, malgré les désirs de mon ame charmée,
Si la guerre duroit je serois dans l'armée :
C'est la paix qui chez vous me donne un libre accès,
La paix à qui nos feux doivent ce beau succès.

CAMILLE.

La paix ! Et le moyen de croire un tel miracle ?

JULIE.

Camille, pour le moins croyez-en votre oracle ; 6
Et sachons pleinement par quels heureux effets
L'heure d'une bataille a produit cette paix.

CURIACE.

L'auroit-on jamais cru ? Déjà les deux armées,
D'une égale chaleur au combat animées,

Se menaçoient des yeux, et, marchant fièrement,
N'attendoient, pour donner, que le commandement,
Quand notre dictateur devant les rangs s'avance,
Demande à votre prince un moment de silence;
Et l'ayant obtenu : « Que faisons-nous, Romains ?
Dit-il ; et quel démon nous fait venir aux mains ? 7
Souffrons que la raison éclaire enfin nos ames :
Nous sommes vos voisins, nos filles sont vos femmes,
Et l'hymen nous a joints par tant et tant de nœuds,
Qu'il est peu de nos fils qui ne soient vos neveux.
Nous ne sommes qu'un sang et qu'un peuple en deux villes:
Pourquoi nous déchirer par des guerres civiles,
Où la mort des vaincus affoiblit les vainqueurs,
Et le plus beau triomphe est arrosé de pleurs?
Nos ennemis communs attendent avec joie
Qu'un des partis défait leur donne l'autre en proie,
Lassé, demi-rompu, vainqueur, mais, pour tout fruit
Dénué d'un secours par lui-même détruit.
Ils ont assez long-temps joui de nos divorces : 8
Contre eux dorénavant joignons toutes nos forces,
Et noyons dans l'oubli ces petits différents
Qui de si bons guerriers font de mauvais parents.
Que si l'ambition de commander aux autres
Fait marcher aujourd'hui vos troupes et les nôtres,
Pourvu qu'à moins de sang nous voulions l'apaiser,
Elle nous unira, loin de nous diviser.
Nommons des combattants pour la cause commune;
Que chaque peuple aux siens attache sa fortune;
Et, suivant ce que d'eux ordonnera le sort,
Que le parti plus foible obéisse au plus fort: 9
Mais, sans indignité pour des guerriers si braves,
Qu'ils deviennent sujets sans devenir esclaves,

ACTE I, SCÈNE IV.

Sans honte, sans tribut, et sans autre rigueur
Que de suivre en tous lieux les drapeaux du vainqueur.
Ainsi nos deux états ne feront qu'un empire. »
Il semble qu'à ces mots notre discorde expire :
Chacun, jetant les yeux dans un rang ennemi,
Reconnoît un beau-frère, un cousin, un ami ;
Ils s'étonnent comment leurs mains, de sang avides,
Voloient, sans y penser, à tant de parricides,
Et font paroître un front couvert tout à la fois
D'horreur pour la bataille, et d'ardeur pour ce choix.
Enfin l'offre s'accepte, et la paix désirée
Sous ces conditions est aussitôt jurée :
Trois combattrons pour tous; mais, pour les mieux choisir,
Nos chefs ont voulu prendre un peu plus de loisir :
Le vôtre est au sénat, le nôtre dans sa tente.

CAMILLE.

O dieux ! que ce discours rend mon ame contente !

CURIACE.

Dans deux heures au plus, par un commun accord,
Le sort de nos guerriers règlera notre sort.
Cependant tout est libre, attendant qu'on les nomme.
Rome est dans notre camp, et notre camp dans Rome ;
D'un et d'autre côté l'accès étant permis,
Chacun va renouer avec ses vieux-amis. 10
Pour moi, ma passion m'a fait suivre vos frères ;
Et mes désirs ont eu des succès si prospères,
Que l'auteur de vos jours m'a promis à demain 11
Le bonheur sans pareil de vous donner la main. 12
Vous ne deviendrez pas rebelle à sa puissance ?

CAMILLE.

Le devoir d'une fille est dans l'obéissance. 13

CURIACE.
Venez donc recevoir ce doux commandement,
Qui doit mettre le comble à mon contentement.
CAMILLE.
Je vais suivre vos pas, mais pour revoir mes frères,
Et savoir d'eux encor la fin de nos misères.
JULIE.
Allez ; et cependant au pied de nos autels
J'irai rendre pour vous graces aux immortels.

FIN DU PREMIER ACTE.

ACTE SECOND.

SCÈNE I.

HORACE, CURIACE.

CURIACE.

Ainsi Rome n'a point séparé son estime ; [1]
Elle eût cru faire ailleurs un choix illégitime :
Cette superbe ville en vos frères et vous
Trouve les trois guerriers qu'elle préfère à tous ;
Et son illustre ardeur d'oser plus que les autres [2]
D'une seule maison brave toutes les nôtres :
Nous croirons, à la voir tout entière en vos mains,
Que hors les fils d'Horace il n'est point de Romains.
Ce choix pouvoit combler trois familles de gloire, [3]
Consacrer hautement leurs noms à la mémoire :
Oui, l'honneur que reçoit la vôtre par ce choix [4]
En pouvoit à bon titre immortaliser trois ;
Et puisque c'est chez vous que mon heur et ma flamme
M'ont fait placer ma sœur et choisir une femme,
Ce que je vais vous être et ce que je vous suis
Me font y prendre part autant que je le puis.
Mais un autre intérêt tient ma joie en contrainte,
Et parmi ses douceurs mêle beaucoup de crainte :
La guerre en tel éclat a mis votre valeur,
Que je tremble pour Albe et prévois son malheur :
Puisque vous combattez, sa perte est assurée ;
En vous faisant nommer, le destin l'a jurée.

Je vois trop dans ce choix ses funestes projets,
Et me compte déjà pour un de vos sujets.

HORACE.

Loin de trembler pour Albe, il vous faut plaindre Rome,
Voyant ceux qu'elle oublie, et les trois qu'elle nomme :
C'est un aveuglement pour elle bien fatal
D'avoir tant à choisir, et de choisir si mal.
Mille de ses enfants, beaucoup plus dignes d'elle,
Pouvoient bien mieux que nous soutenir sa querelle.
Mais quoique ce combat me promette un cercueil,
La gloire de ce choix m'enfle d'un juste orgueil ;
Mon esprit en conçoit une mâle assurance ;
J'ose espérer beaucoup de mon peu de vaillance ;
Et du sort envieux quels que soient les projets,
Je ne me compte point pour un de vos sujets.
Rome a trop cru de moi ; mais mon ame ravie
Remplira son attente, ou quittera la vie.
Qui veut mourir, ou vaincre, est vaincu rarement ;
Ce noble désespoir périt malaisément.
Rome, quoi qu'il en soit, ne sera point sujette,
Que mes derniers soupirs n'assurent ma défaite.

CURIACE.

Hélas ! c'est bien ici que je dois être plaint.
Ce que veut mon pays, mon amitié le craint.
Dures extrémités, de voir Albe asservie,
Ou sa victoire au prix d'une si chère vie,
Et que l'unique bien où tendent ses désirs
S'achète seulement par vos derniers soupirs !
Quels vœux puis-je former ? et quel bonheur attendre ?
De tous les deux côtés j'ai des pleurs à répandre ;
De tous les deux côtés mes désirs sont trahis.

HORACE.

Quoi ! vous me pleureriez mourant pour mon pays !
Pour un cœur généreux ce trépas a des charmes ;
La gloire qui le suit ne souffre point de larmes ;
Et je le recevrois en bénissant mon sort,
Si Rome et tout l'état perdoient moins en ma mort.

CURIACE.

A vos amis pourtant permettez de le craindre ;
Dans un si beau trépas ils sont les seuls à plaindre.
La gloire en est pour vous, et la perte pour eux ; 6
Il vous fait immortel, et les rend malheureux :
On perd tout quand on perd un ami si fidèle.
Mais Flavian m'apporte ici quelque nouvelle.

SCÈNE II.

HORACE, CURIACE, FLAVIAN.

CURIACE.

Albe de trois guerriers a-t-elle fait le choix ?

FLAVIAN.

Je viens pour vous l'apprendre.

CURIACE.

      Eh bien, qui sont les trois ?

FLAVIAN.

Vos deux frères et vous. [1]

CURIACE.

 Qui ?

FLAVIAN.

      Vous et vos deux frères.
Mais pourquoi ce front triste et ces regards sévères ?

Ce choix vous déplaît-il ?

CURIACE.

Non, mais il me surprend ;
Je m'estimois trop peu pour un honneur si grand.

FLAVIAN.

Dirai-je au dictateur, dont l'ordre ici m'envoie,
Que vous le recevez avec si peu de joie ?
Ce morne et froid accueil me surprend à mon tour.

CURIACE.

Dis-lui que l'amitié, l'alliance, et l'amour,
Ne pourront empêcher que les trois Curiaces
Ne servent leur pays contre les trois Horaces.

FLAVIAN.

Contre eux ! Ah ! c'est beaucoup me dire en peu de mots.

CURIACE.

Porte-lui ma réponse, et nous laisse en repos.

SCÈNE III.

HORACE, CURIACE.

CURIACE.

Que désormais le ciel, les enfers, et la terre,
Unissent leurs fureurs à nous faire la guerre,
Que les hommes, les dieux, les démons, et le sort, [1]
Préparent contre nous un général effort ;
Je mets à faire pis, en l'état où nous sommes,
Le sort, et les démons, et les dieux, et les hommes ;
Ce qu'ils ont de cruel, et d'horrible, et d'affreux,
L'est bien moins que l'honneur qu'on nous fait à tous deux.

ACTE II, SCÈNE III.

HORACE.

Le sort, qui de l'honneur nous ouvre la barrière,
Offre à notre constance une illustre matière ;
Il épuise sa force à former un malheur ²
Pour mieux se mesurer avec notre valeur ;
Et comme il voit en nous des ames peu communes,
Hors de l'ordre commun il nous fait des fortunes. ³
Combattre un ennemi pour le salut de tous,
Et contre un inconnu s'exposer seul aux coups,
D'une simple vertu c'est l'effet ordinaire ;
Mille déjà l'ont fait, mille pourroient le faire ; 4
Mourir pour le pays est un si digne sort,
Qu'on brigueroit en foule une si belle mort.
Mais vouloir au public immoler ce qu'on aime,
S'attacher au combat contre un autre soi-même,
Attaquer un parti qui prend pour défenseur
Le frère d'une femme, et l'amant d'une sœur,
Et, rompant tous ces nœuds, s'armer pour la patrie
Contre un sang qu'on voudroit racheter de sa vie ;
Une telle vertu n'appartenoit qu'à nous.
L'éclat de son grand nom lui fait peu de jaloux,
Et peu d'hommes au cœur l'ont assez imprimée
Pour oser aspirer à tant de renommée.

CURIACE.

Il est vrai que nos noms ne sauroient plus périr ;
L'occasion est belle, il nous la faut chérir :
Nous serons les miroirs d'une vertu bien rare.
Mais votre fermeté tient un peu du barbare ;
Peu, même des grands cœurs, tireroient vanité
D'aller par ce chemin à l'immortalité :
A quelque prix qu'on mette une telle fumée,
L'obscurité vaut mieux que tant de renommée.

Pour moi, je l'ose dire, et vous l'avez pu voir,
Je n'ai point consulté pour suivre mon devoir ;
Notre longue amitié, l'amour ni l'alliance,
N'ont pu mettre un moment mon esprit en balance ;
Et puisque par ce choix Albe montre en effet
Qu'elle m'estime autant que Rome vous a fait, 5
Je crois faire pour elle autant que vous pour Rome ;
J'ai le cœur aussi bon, mais enfin je suis homme :
Je vois que votre honneur demande tout mon sang ;
Que tout le mien consiste à vous percer le flanc ;
Près d'épouser la sœur, qu'il faut tuer le frère ;
Et que pour mon pays j'ai le sort si contraire.
Encor qu'à mon devoir je coure sans terreur,
Mon cœur s'en effarouche, et j'en frémis d'horreur ;
J'ai pitié de moi-même, et jette un œil d'envie
Sur ceux dont notre guerre a consumé la vie,
Sans souhait toutefois de pouvoir reculer.
Ce triste et fier honneur m'émeut sans m'ébranler :
J'aime ce qu'il me donne, et je plains ce qu'il m'ôte ;
Et si Rome demande une vertu plus haute,
Je rends graces aux dieux de n'être pas Romain, 6
Pour conserver encor quelque chose d'humain.

HORACE.

Si vous n'êtes Romain, soyez digne de l'être ;
Et si vous m'égalez, faites-le mieux paroître.
  La solide vertu dont je fais vanité
N'admet point de foiblesse avec sa fermeté ;
Et c'est mal de l'honneur entrer dans la carrière
Que dès le premier pas regarder en arrière.
Notre malheur est grand, il est au plus haut point ;
Je l'envisage entier, mais je n'en frémis point.

ACTE II, SCÈNE III.

Contre qui que ce soit que mon pays m'emploie,
J'accepte aveuglément cette gloire avec joie :
Celle de recevoir de tels commandements
Doit étouffer en nous tous autres sentiments.
Qui, près de le servir, considère autre chose
A faire ce qu'il doit lâchement se dispose ;
Ce droit saint et sacré rompt tout autre lien.
Rome a choisi mon bras, je n'examine rien.
Avec une alégresse aussi pleine et sincère
Que j'épousai la sœur, je combattrai le frère ;
Et pour trancher enfin ces discours superflus,
Albe vous a nommé, je ne vous connois plus. 7

CURIACE.

Je vous connois encore, et c'est ce qui me tue ;
Mais cette âpre vertu ne m'étoit pas connue ;
Comme notre malheur elle est au plus haut point :
Souffrez que je l'admire et ne l'imite point.

HORACE.

Non, non, n'embrassez pas de vertu par contrainte ; 8
Et puisque vous trouvez plus de charme à la plainte,
En toute liberté goûtez un bien si doux.
Voici venir ma sœur pour se plaindre avec vous. 9
Je vais revoir la vôtre, et résoudre son ame
A se bien souvenir qu'elle est toujours ma femme,
A vous aimer encor si je meurs par vos mains,
Et prendre en son malheur des sentiments romains.

SCÈNE IV.

CAMILLE, HORACE, CURIACE.

HORACE.

Avez-vous su l'état qu'on fait de Curiace,
Ma sœur ?

CAMILLE.

Hélas ! mon sort a bien changé de face.

HORACE.

Armez-vous de constance, et montrez-vous ma sœur ;
Et si par mon trépas il retourne vainqueur,
Ne le recevez point en meurtrier d'un frère,
Mais en homme d'honneur qui fait ce qu'il doit faire,
Qui sert bien son pays, et sait montrer à tous,
Par sa haute vertu, qu'il est digne de vous :
Comme si je vivois, achevez l'hyménée.
Mais si ce fer aussi tranche sa destinée,
Faites à ma victoire un pareil traitement ;
Ne me reprochez point la mort de votre amant.
Vos larmes vont couler, et votre cœur se presse :
Consumez avec lui toute cette foiblesse,
Querellez ciel et terre, et maudissez le sort ;
Mais après le combat ne pensez plus au mort.

(à Curiace.)

Je ne vous laisserai qu'un moment avec elle,
Puis nous irons ensemble où l'honneur nous appelle.

SCÈNE V.

CURIACE, CAMILLE.

CAMILLE.

In as-tu, Curiace ? et ce funeste honneur [1]
Te plaît-il aux dépens de tout notre bonheur ?

CURIACE.

Hélas ! je vois trop bien qu'il faut, quoi que je fasse,
Mourir ou de douleur, ou de la main d'Horace.
Je vais comme au supplice à cet illustre emploi ;
Je maudis mille fois l'état qu'on fait de moi :
Je hais cette valeur qui fait qu'Albe m'estime :
Ma flamme au désespoir passe jusques au crime,
Elle se prend au ciel, et l'ose quereller.
Je vous plains, je me plains ; mais il y faut aller.

CAMILLE.

Non, je te connois mieux : tu veux que je te prie,
Et qu'ainsi mon pouvoir t'excuse à ta patrie. [2]
Tu n'es que trop fameux par tes autres exploits :
Albe a reçu par eux tout ce que tu lui dois.
Autre n'a mieux que toi soutenu cette guerre ;
Autre de plus de morts n'a couvert notre terre : [3]
Ton nom ne peut plus croître, il ne lui manque rien ;
Souffre qu'un autre ici puisse ennoblir le sien.

CURIACE.

Que je souffre à mes yeux qu'on ceigne une autre tête
Des lauriers immortels que la gloire m'apprête,
Ou que tout mon pays reproche à ma vertu
Qu'il auroit triomphé si j'avois combattu,

Et que sous mon amour ma valeur endormie
Couronne tant d'exploits d'une telle infamie !
Non, Albe, après l'honneur que j'ai reçu de toi,
Tu ne succomberas ni vaincras que par moi ;
Tu m'as commis ton sort, je t'en rendrai bon compte ;
Je vivrai sans reproche, ou périrai sans honte.

CAMILLE.

Quoi ! tu ne veux pas voir qu'ainsi tu me trahis !

CURIACE.

Avant que d'être à vous, je suis à mon pays.

CAMILLE.

Mais te priver pour lui toi-même d'un beau-frère,
Ta sœur de son mari !

CURIACE.

Telle est notre misère ;
Le choix d'Albe et de Rome ôte toute douceur
Aux noms jadis si doux de beau-frère et de sœur.

CAMILLE.

Tu pourras donc, cruel, me présenter sa tête,
Et demander ma main pour prix de ta conquête !

CURIACE.

Il n'y faut plus penser en l'état où je suis ;
Vous aimer sans espoir, c'est tout ce que je puis.
Vous en pleurez, Camille !

CAMILLE.

Il faut bien que je pleure :
Mon insensible amant ordonne que je meure ;
Et quand l'hymen pour nous allume son flambeau,
Il l'éteint de sa main pour m'ouvrir le tombeau.
Ce cœur impitoyable à ma perte s'obstine,
Et dit qu'il m'aime encore alors qu'il m'assassine.

CURIACE.

Que les pleurs d'une amante ont de puissants discours ! 4
Et qu'un bel œil est fort avec un tel secours ! 5
Que mon cœur s'attendrit à cette triste vue !
Ma constance contre elle à regret s'évertue.
N'attaquez plus ma gloire avec tant de douleurs, 6
Et laissez-moi sauver ma vertu de vos pleurs ;
Je sens qu'elle chancelle et défend mal la place.
Plus je suis votre amant, moins je suis Curiace.
Foible d'avoir déjà combattu l'amitié,
Vaincroit-elle à la fois l'amour et la pitié ?
Allez, ne m'aimez plus, ne versez plus de larmes,
Ou j'oppose l'offense à de si fortes armes ;
Je me défendrai mieux contre votre courroux,
Et, pour le mériter.... je n'ai plus d'yeux pour vous.
Vengez-vous d'un ingrat, punissez un volage.... 7
Vous ne vous montrez point sensible à cet outrage !
Je n'ai plus d'yeux pour vous, vous en avez pour moi !
En faut-il plus encor ? je renonce à ma foi.
  Rigoureuse vertu dont je suis la victime,
Ne peux-tu résister sans le secours d'un crime ?

CAMILLE.

Ne fais point d'autre crime, et j'atteste les dieux
Qu'au lieu de t'en haïr, je t'en aimerai mieux ;
Oui, je te chérirai, tout ingrat et perfide,
Et cesse d'aspirer au nom de fratricide.
Pourquoi suis-je Romaine ? ou que n'es-tu Romain !
Je te préparerois des lauriers de ma main,
Je t'encouragerois au lieu de te distraire,
Et je te traiterois comme j'ai fait mon frère.
Hélas ! j'étois aveugle en mes vœux aujourd'hui,
J'en ai fait contre toi quand j'en ai fait pour lui.

Il revient : quel malheur, si l'amour de sa femme
Ne peut non plus sur lui que le mien sur ton ame !

SCÈNE VI.

HORACE, SABINE, CURIACE, CAMILLE.

CURIACE.

Dieux ! Sabine le suit ! Pour ébranler mon cœur,
Est-ce peu de Camille ? y joignez-vous ma sœur ?
Et, laissant à ses pleurs vaincre ce grand courage,
L'amenez-vous ici chercher même avantage ?

SABINE.

Non, non, mon frère, non, je ne viens en ce lieu
Que pour vous embrasser et pour vous dire adieu.
Votre sang est trop bon, n'en craignez rien de lâche,
Rien dont la fermeté de ces grands cœurs se fâche :
Si ce malheur illustre ébranloit l'un de vous,
Je le désavoûrois pour frère ou pour époux.
Pourrai-je toutefois vous faire une prière
Digne d'un tel époux, et digne d'un tel frère ?
Je veux d'un coup si noble ôter l'impiété,
A l'honneur qui l'attend rendre sa pureté,
La mettre en son éclat sans mélange de crimes ;
Enfin, je vous veux faire ennemis légitimes.
Du saint nœud qui vous joint je suis le seul lien :
Quand je ne serai plus, vous ne vous serez rien.
Brisez votre alliance, et rompez-en la chaîne ;
Et, puisque votre honneur veut des effets de haine,
Achetez par ma mort le droit de vous haïr :
Albe le veut, et Rome ; il faut leur obéir.

ACTE II, SCÈNE VI.

Qu'un de vous deux me tue, et que l'autre me venge :
Alors votre combat n'aura plus rien d'étrange ;
Et du moins l'un des deux sera juste agresseur,
Ou pour venger sa femme, ou pour venger sa sœur.
Mais quoi ! vous souilleriez une gloire si belle,
Si vous vous animiez par quelque autre querelle :
Le zèle du pays vous défend de tels soins ;
Vous feriez peu pour lui si vous vous étiez moins : 3
Il lui faut, et sans haine, immoler un beau-frère.
Ne différez donc plus ce que vous devez faire ;
Commencez par sa sœur à répandre son sang,
Commencez par sa femme à lui percer le flanc,
Commencez par Sabine à faire de vos vies
Un digne sacrifice à vos chères patries :
Vous êtes ennemis en ce combat fameux,
Vous d'Albe, vous de Rome, et moi de toutes deux.
Quoi ! me réservez-vous à voir une victoire 4
Où, pour haut appareil d'une pompeuse gloire,
Je verrai les lauriers d'un frère ou d'un mari
Fumer encor d'un sang que j'aurai tant chéri ?
Pourrai-je entre vous deux régler alors mon ame,
Satisfaire aux devoirs et de sœur et de femme,
Embrasser le vainqueur en pleurant le vaincu ?
Non, non, avant ce coup Sabine aura vécu :
Ma mort le préviendra, de qui que je l'obtienne ;
Le refus de vos mains y condamne la mienne.
Sus donc, qui vous retient ? Allez, cœurs inhumains,
J'aurai trop de moyens pour y forcer vos mains ;
Vous ne les aurez point au combat occupées,
Que ce corps au milieu n'arrête vos épées ;
Et, malgré vos refus, il faudra que leurs coups
Se fassent jour ici pour aller jusqu'à vous.

HORACE.

O ma femme !

CURIACE.

O ma sœur !

CAMILLE.

Courage ! ils s'amollissent.

SABINE.

Vous poussez des soupirs ! vos visages pâlissent !
Quelle peur vous saisit ? Sont-ce là ces grands cœurs,
Ces héros qu'Albe et Rome ont pris pour défenseurs ?

HORACE.

Que t'ai-je fait, Sabine ? et quelle est mon offense
Qui t'oblige à chercher une telle vengeance ?
Que t'a fait mon honneur ? et par quel droit viens-tu
Avec toute ta force attaquer ma vertu ?
Du moins contente-toi de l'avoir étonnée,
Et me laisse achever cette grande journée.
Tu me viens de réduire en un étrange point :
Aime assez ton mari pour n'en triompher point.
Va-t-en, et ne rends plus la victoire douteuse ;
La dispute déjà m'en est assez honteuse :
Souffre qu'avec honneur je termine mes jours.

SABINE.

Va, cesse de me craindre ; on vient à ton secours.

SCÈNE VII.

LE VIEIL HORACE, HORACE, CURIACE,
SABINE, CAMILLE.

LE VIEIL HORACE.

Qu'est-ce ci, mes enfants ? écoutez-vous vos flammes ?
Et perdez-vous encor le temps avec des femmes ?
Prêts à verser du sang, regardez-vous des pleurs ?
Fuyez, et laissez-les déplorer leurs malheurs.
Leurs plaintes ont pour vous trop d'art et de tendresse :
Elles vous feroient part enfin de leur foiblesse ;
Et ce n'est qu'en fuyant qu'on pare de tels coups.

SABINE.

N'appréhendez rien d'eux, ils sont dignes de vous.
Malgré tous nos efforts, vous en devez attendre
Ce que vous souhaitez et d'un fils et d'un gendre :
Et si notre foiblesse ébranloit leur honneur,
Nous vous laissons ici pour leur rendre du cœur.

Allons, ma sœur, allons, ne perdons plus de larmes ;
Contre tant de vertu ce sont de foibles armes :
Ce n'est qu'au désespoir qu'il nous faut recourir.
Tigres, allez combattre ; et nous, allons mourir.

SCÈNE VIII.

LE VIEIL HORACE, HORACE, CURIACE.

HORACE.

Mon père, retenez des femmes qui s'emportent,
Et, de grace, empêchez surtout qu'elles ne sortent :

Leur amour importun viendroit avec éclat
Par des cris et des pleurs troubler notre combat;
Et ce qu'elles nous sont feroit qu'avec justice
On nous imputeroit ce mauvais artifice.
L'honneur d'un si beau choix seroit trop acheté,
Si l'on nous soupçonnoit de quelque lâcheté.

LE VIEIL HORACE.

J'en aurai soin. Allez : vos frères vous attendent;
Ne pensez qu'aux devoirs que vos pays demandent. 1

CURIACE.

Quel adieu vous dirai-je? et par quels compliments....

LE VIEIL HORACE.

Ah ! n'attendrissez point ici mes sentiments :
Pour vous encourager ma voix manque de termes;
Mon cœur ne forme point de pensers assez fermes;
Moi-même en cet adieu j'ai les larmes aux yeux.
Faites votre devoir, et laissez faire aux dieux. 2

FIN DU SECOND ACTE.

ACTE TROISIÈME.

SCÈNE I.[1]

SABINE.

Prenons parti, mon ame, en de telles disgraces;
Soyons femme d'Horace, ou sœur des Curiaces;
Cessons de partager nos inutiles soins;
Souhaitons quelque chose, et craignons un peu moins.
Mais, las ! quel parti prendre en un sort si contraire ?
Quel ennemi choisir, d'un époux, ou d'un frère ?
La nature ou l'amour parle pour chacun d'eux,
Et la loi du devoir m'attache à tous les deux.
Sur leurs hauts sentiments réglons plutôt les nôtres;
Soyons femme de l'un ensemble et sœur des autres;
Regardons leur honneur comme un souverain bien;
Imitons leur constance, et ne craignons plus rien :
La mort qui les menace est une mort si belle,
Qu'il en faut sans frayeur attendre la nouvelle.
N'appelons point alors les destins inhumains;
Songeons pour quelle cause, et non par quelles mains;
Revoyons les vainqueurs, sans penser qu'à la gloire
Que toute leur maison reçoit de leur victoire;
Et, sans considérer aux dépens de quel sang
Leur vertu les élève en cet illustre rang,[2]
Faisons nos intérêts de ceux de leur famille :
En l'une je suis femme, en l'autre je suis fille;

Et tiens à toutes deux par de si forts liens,
Qu'on ne peut triompher que par les bras des miens.
Fortune, quelques maux que ta rigueur m'envoie,
J'ai trouvé les moyens d'en tirer de la joie,
Et puis voir aujourd'hui le combat sans terreur,
Les morts sans désespoir, les vainqueurs sans horreur.
   Flatteuse illusion, erreur douce et grossière,
Vain effort de mon ame, impuissante lumière,
De qui le faux brillant prend droit de m'éblouir,
Que tu sais peu durer, et tôt t'évanouir !
Pareille à ces éclairs qui dans le fort des ombres [3]
Poussent un jour qui fuit et rend les nuits plus sombres,
Tu n'as frappé mes yeux d'un moment de clarté
Que pour les abîmer dans plus d'obscurité.
Tu charmois trop ma peine; et le ciel, qui s'en fâche,
Me vend déjà bien cher ce moment de relâche.
Je sens mon triste cœur percé de tous les coups
Qui m'ôtent maintenant un frère, ou mon époux.
Quand je songe à leur mort, quoi que je me propose,
Je songe par quels bras, et non pour quelle cause,
Et ne vois les vainqueurs en leur illustre rang,
Que pour considérer aux dépens de quel sang.
La maison des vaincus touche seule mon ame;
En l'une je suis fille, en l'autre je suis femme;
Et tiens à toutes deux par de si forts liens,
Qu'on ne peut triompher que par la mort des miens.
C'est donc là cette paix que j'ai tant souhaitée !
Trop favorables dieux, vous m'avez écoutée !
Quels foudres lancez-vous quand vous vous irritez, [4]
Si même vos faveurs ont tant de cruautés ?
Et de quelle façon punissez-vous l'offense,
Si vous traitez ainsi les vœux de l'innocence ?

SCÈNE II.

SABINE, JULIE.

SABINE.

EN est-ce fait, Julie ? et que m'apportez-vous ? [1]
Est-ce la mort d'un frère, ou celle d'un époux ?
Le funeste succès de leurs armes impies
De tous les combattants a-t-il fait des hosties ? [2]
Et, m'enviant l'horreur que j'aurois des vainqueurs,
Pour tous tant qu'ils étoient demande-t-il mes pleurs ?

JULIE.

Quoi ! ce qui s'est passé, vous l'ignorez encore ?

SABINE.

Vous faut-il étonner de ce que je l'ignore ?
Et ne savez-vous point que de cette maison
Pour Camille et pour moi l'on fait une prison ?
Julie, on nous renferme, on a peur de nos larmes ;
Sans cela nous serions au milieu de leurs armes,
Et, par les désespoirs d'une chaste amitié, [3]
Nous aurions des deux camps tiré quelque pitié.

JULIE.

Il n'étoit pas besoin d'un si tendre spectacle ;
Leur vue à leur combat apporte assez d'obstacle.
Sitôt qu'ils ont paru prêts à se mesurer,
On a dans les deux camps entendu murmurer :
A voir de tels amis, des personnes si proches,
Venir pour leur patrie aux mortelles approches,
L'un s'émeut de pitié, l'autre est saisi d'horreur,
L'autre d'un si grand zèle admire la fureur ;

Tel porte jusqu'aux cieux leur vertu sans égale,
Et tel l'ose nommer sacrilège et brutale.
Ces divers sentiments n'ont pourtant qu'une voix;
Tous accusent leurs chefs, tous détestent leurs choix;
Et ne pouvant souffrir un combat si barbare,
On s'écrie, on s'avance, enfin on les sépare.

SABINE.

Que je vous dois d'encens, grands dieux, qui m'exaucez!

JULIE.

Vous n'êtes pas, Sabine, encore où vous pensez:
Vous pouvez espérer, vous avez moins à craindre;
Mais il vous reste encore assez de quoi vous plaindre.
En vain d'un sort si triste on les veut garantir;
Ces cruels généreux n'y peuvent consentir:
La gloire de ce choix leur est si précieuse,
Et charme tellement leur ame ambitieuse,
Qu'alors qu'on les déplore ils s'estiment heureux,
Et prennent pour affront la pitié qu'on a d'eux.
Le trouble des deux camps souille leur renommée.
Ils combattront plutôt et l'une et l'autre armée,
Et mourront par les mains qui leur font d'autres lois,
Que pas un d'eux renonce aux honneurs d'un tel choix.

SABINE.

Quoi! dans leur dureté ces cœurs d'acier s'obstinent?

JULIE.

Oui; mais d'autre côté les deux camps se mutinent;
Et leurs cris des deux parts poussés en même temps
Demandent la bataille, ou d'autres combattants.
La présence des chefs à peine est respectée;
Leur pouvoir est douteux, leur voix mal écoutée:

ACTE III, SCÈNE II.

Le roi même s'étonne; et, pour dernier effort,
« Puisque chacun, dit-il, s'échauffe en ce discord, 5
Consultons des grands dieux la majesté sacrée,
Et voyons si ce change à leurs bontés agrée.
Quel impie osera se prendre à leur vouloir,
Lorsqu'en un sacrifice ils nous l'auront fait voir? »
Il se tait, et ces mots semblent être des charmes;
Même aux six combattants ils arrachent les armes;
Et ce désir d'honneur qui leur ferme les yeux,
Tout aveugle qu'il est, respecte encor les dieux.
Leur plus bouillante ardeur cède à l'avis de Tulle;
Et, soit par déférence, ou par un prompt scrupule,
Dans l'une et l'autre armée on s'en fait une loi,
Comme si toutes deux le connoissoient pour roi. 6
Le reste s'apprendra par la mort des victimes.

SABINE.

Les dieux n'avoûront point un combat plein de crimes;
J'en espère beaucoup, puisqu'il est différé,
Et je commence à voir ce que j'ai désiré.

SCÈNE III.

CAMILLE, SABINE, JULIE.

SABINE.

MA sœur, que je vous dise une bonne nouvelle. 1

CAMILLE.

Je pense la savoir, s'il faut la nommer telle;
On l'a dite à mon père, et j'étois avec lui;
Mais je n'en conçois rien qui flatte mon ennui.
Ce délai de nos maux rendra leurs coups plus rudes;
Ce n'est qu'un plus long terme à nos inquiétudes;

Et tout l'allégement qu'il en faut espérer,
C'est de pleurer plus tard ceux qu'il faudra pleurer.

SABINE.

Les dieux n'ont pas en vain inspiré ce tumulte.

CAMILLE.

Disons plutôt, ma sœur, qu'en vain on les consulte.
Ces mêmes dieux à Tulle ont inspiré ce choix ;
Et la voix du public n'est pas toujours leur voix ;
Ils descendent bien moins dans de si bas étages, 2
Que dans l'ame des rois, leurs vivantes images,
De qui l'indépendante et sainte autorité
Est un rayon secret de leur divinité.

JULIE.

C'est vouloir sans raison vous former des obstacles,
Que de chercher leur voix ailleurs qu'en leurs oracles ;
Et vous ne vous pouvez figurer tout perdu,
Sans démentir celui qui vous fut hier rendu.

CAMILLE.

Un oracle jamais ne se laisse comprendre ;
On l'entend d'autant moins, que plus on croit l'entendre ;
Et, loin de s'assurer sur un pareil arrêt,
Qui n'y voit rien d'obscur doit croire que tout l'est.

SABINE.

Sur ce qu'il fait pour nous prenons plus d'assurance,
Et souffrons les douceurs d'une juste espérance.
Quand la faveur du ciel ouvre à demi ses bras,
Qui ne s'en promet rien ne la mérite pas ;
Il empêche souvent qu'elle ne se déploie ;
Et lorsqu'elle descend, son refus la renvoie.

ACTE III, SCÈNE III.

CAMILLE.

Le ciel agit sans nous en ces évènements,
Et ne les règle point dessus nos sentiments.

JULIE.

Il ne vous a fait peur que pour vous faire grace.
Adieu : je vais savoir comme enfin tout se passe.
Modérez vos frayeurs ; j'espère, à mon retour,
Ne vous entretenir que de propos d'amour,
Et que nous n'emploîrons la fin de la journée
Qu'aux doux préparatifs d'un heureux hyménée.

SABINE.

J'ose encor l'espérer.

CAMILLE.

Moi, je n'espère rien.

JULIE.

L'effet vous fera voir que nous en jugeons bien.

SCÈNE IV.

SABINE, CAMILLE.

SABINE.

PARMI nos déplaisirs souffrez que je vous blâme ;
Je ne puis approuver tant de trouble en votre ame :
Que feriez-vous, ma sœur, au point où je me vois,
Si vous aviez à craindre autant que je le dois,
Et si vous attendiez de leurs armes fatales
Des maux pareils aux miens, et des pertes égales ?

CAMILLE.

Parlez plus sainement de vos maux et des miens :
Chacun voit ceux d'autrui d'un autre œil que les siens.

Mais, à bien regarder ceux où le ciel me plonge,
Les vôtres auprès d'eux vous sembleront un songe.
La seule mort d'Horace est à craindre pour vous.
Des frères ne sont rien à l'égal d'un époux;
L'hymen qui nous attache en une autre famille 2
Nous détache de celle où l'on a vécu fille;
On voit d'un œil divers des nœuds si différents,
Et pour suivre un mari l'on quitte ses parents :
Mais, si près d'un hymen, l'amant que donne un père
Nous est moins qu'un époux, et non pas moins qu'un frère;
Nos sentiments entre eux demeurent suspendus,
Notre choix impossible, et nos vœux confondus.
Ainsi, ma sœur, du moins vous avez dans vos plaintes
Où porter vos souhaits, et terminer vos craintes;
Mais si le ciel s'obstine à nous persécuter,
Pour moi j'ai tout à craindre, et rien à souhaiter.

SABINE.

Quand il faut que l'un meure, et par les mains de l'autre,
C'est un raisonnement bien mauvais que le vôtre. 3
Quoique ce soient, ma sœur, des nœuds bien différents,
C'est sans les oublier qu'on quitte ses parents :
L'hymen n'efface point ces profonds caractères;
Pour aimer un mari l'on ne hait pas ses frères;
La nature en tout temps garde ses premiers droits;
Aux dépens de leur vie on ne fait point de choix :
Aussi-bien qu'un époux ils sont d'autres nous-mêmes;
Et tous maux sont pareils alors qu'ils sont extrêmes. 4
Mais l'amant qui vous charme et pour qui vous brûlez 5
Ne vous est, après tout, que ce que vous voulez;
Une mauvaise humeur, un peu de jalousie,
En fait assez souvent passer la fantaisie.

Ce que peut le caprice, osez-le par raison,
Et laissez votre sang hors de comparaison :
C'est crime qu'opposer des liens volontaires
A ceux que la naissance a rendus nécessaires.
Si donc le ciel s'obstine à nous persécuter,
Seule j'ai tout à craindre, et rien à souhaiter;
Mais pour vous, le devoir vous donne dans vos plaintes
Où porter vos souhaits, et terminer vos craintes.

CAMILLE.

Je le vois bien, ma sœur, vous n'aimâtes jamais;
Vous ne connoissez point ni l'amour ni ses traits : 6
On peut lui résister quand il commence à naître,
Mais non pas le bannir quand il s'est rendu maître,
Et que l'aveu d'un père, engageant notre foi,
A fait de ce tyran un légitime roi.
Il entre avec douceur, mais il règne par force ; 7
Et quand l'ame une fois a goûté son amorce,
Vouloir ne plus aimer, c'est ce qu'elle ne peut, 8
Puisqu'elle ne peut plus vouloir que ce qu'il veut :
Ses chaînes sont pour nous aussi fortes que belles. 9

SCÈNE V.

LE VIEIL HORACE, SABINE, CAMILLE.

LE VIEIL HORACE.

Je viens vous apporter de fâcheuses nouvelles, 1
Mes filles; mais en vain je voudrois vous celer
Ce qu'on ne vous sauroit long-temps dissimuler:
Vos frères sont aux mains, les dieux ainsi l'ordonnent.

SABINE.

Je veux bien l'avouer, ces nouvelles m'étonnent;

Et je m'imaginois dans la divinité
Beaucoup moins d'injustice, et bien plus de bonté.
Ne nous consolez point contre tant d'infortune ; 2
La pitié parle en vain, la raison importune.
Nous avons en nos mains la fin de nos douleurs ;
Et qui veut bien mourir peut braver les malheurs.
Nous pourrions aisément faire en votre présence 3
De notre désespoir une fausse constance ;
Mais quand on peut sans honte être sans fermeté, 4
L'affecter au dehors, c'est une lâcheté ;
L'usage d'un tel art, nous le laissons aux hommes,
Et ne voulons passer que pour ce que nous sommes.
Nous ne demandons point qu'un courage si fort
S'abaisse, à notre exemple, à se plaindre du sort.
Recevez sans frémir ces mortelles alarmes ;
Voyez couler nos pleurs sans y mêler vos larmes ;
Enfin, pour toute grace, en de tels déplaisirs,
Gardez votre constance, et souffrez nos soupirs.

LE VIEIL HORACE.

Loin de blâmer les pleurs que je vous vois répandre,
Je crois faire beaucoup de m'en pouvoir défendre,
Et cèderois peut-être à de si rudes coups
Si je prenois ici même intérêt que vous :
Non qu'Albe par son choix m'ait fait haïr vos frères,
Tous trois me sont encor des personnes bien chères ;
Mais enfin l'amitié n'est pas de même rang,
Et n'a point les effets de l'amour ni du sang ;
Je ne sens point pour eux la douleur qui tourmente
Sabine comme sœur, Camille comme amante :
Je puis les regarder comme nos ennemis,
Et donne sans regret mes souhaits à mes fils.

ACTE III, SCÈNE V.

Ils sont, graces aux dieux, dignes de leur patrie;
Aucun étonnement n'a leur gloire flétrie;
Et j'ai vu leur honneur croître de la moitié
Quand ils ont des deux camps refusé la pitié.
Si par quelque foiblesse ils l'avoient mendiée,
Si leur haute vertu ne l'eût répudiée,
Ma main bientôt sur eux m'eût vengé hautement 5
De l'affront que m'eût fait ce mol consentement.
Mais lorsqu'en dépit d'eux on en a voulu d'autres,
Je ne le cèle point, j'ai joint mes vœux aux vôtres.
Si le ciel pitoyable eût écouté ma voix,
Albe seroit réduite à faire un autre choix;
Nous pourrions voir tantôt triompher les Horaces
Sans voir leurs bras souillés du sang des Curiaces,
Et de l'évènement d'un combat plus humain
Dépendroit maintenant l'honneur du nom romain.
La prudence des dieux autrement en dispose;
Sur leur ordre éternel mon esprit se repose :
Il s'arme, en ce besoin, de générosité,
Et du bonheur public fait sa félicité.
Tâchez d'en faire autant pour soulager vos peines,
Et songez toutes deux que vous êtes Romaines :
Vous l'êtes devenue, et vous l'êtes encor;
Un si glorieux titre est un digne trésor. 6
Un jour, un jour viendra que par toute la terre
Rome se fera craindre à l'égal du tonnerre,
Et que, tout l'univers tremblant dessous ses lois,
Ce grand nom deviendra l'ambition des rois :
Les dieux à notre Énée ont promis cette gloire.

SCÈNE VI.

LE VIEIL HORACE, SABINE, CAMILLE, JULIE.

LE VIEIL HORACE.

Nous venez-vous, Julie, apprendre la victoire ?

JULIE.

Mais plutôt du combat les funestes effets.
Rome est sujette d'Albe, et vos fils sont défaits ;
Des trois les deux sont morts, son époux seul vous reste.

LE VIEIL HORACE.

O d'un triste combat effet vraiment funeste !
Rome est sujette d'Albe ! et pour l'en garantir
Il n'a pas employé jusqu'au dernier soupir !
Non, non, cela n'est point ; on vous trompe, Julie ;
Rome n'est point sujette, ou mon fils est sans vie :
Je connois mieux mon sang, il sait mieux son devoir.

JULIE.

Mille de nos remparts comme moi l'ont pu voir.
Il s'est fait admirer tant qu'ont duré ses frères ;
Mais comme il s'est vu seul contre trois adversaires,
Près d'être enfermé d'eux, sa fuite l'a sauvé.

LE VIEIL HORACE.

Et nos soldats trahis ne l'ont point achevé !
Dans leurs rangs à ce lâche ils ont donné retraite !

JULIE.

Je n'ai rien voulu voir après cette défaite.

ACTE III, SCÈNE VI.

CAMILLE.

O mes frères!

LE VIEIL HORACE.

    Tout beau, ne les pleurez pas tous :
Deux jouissent d'un sort dont leur père est jaloux.
Que des plus nobles fleurs leur tombe soit couverte;
La gloire de leur mort m'a payé de leur perte :
Ce bonheur a suivi leur courage invaincu,[2]
Qu'ils ont vu Rome libre autant qu'ils ont vécu,[3]
Et ne l'auront point vue obéir qu'à son prince,
Ni d'un état voisin devenir la province.
Pleurez l'autre, pleurez l'irréparable affront
Que sa fuite honteuse imprime à notre front;
Pleurez le déshonneur de toute notre race,
Et l'opprobre éternel qu'il laisse au nom d'Horace.

JULIE.

Que vouliez-vous qu'il fît contre trois?[4]

LE VIEIL HORACE.

        Qu'il mourût,
Ou qu'un beau désespoir alors le secourût.
N'eût-il que d'un moment reculé sa défaite,
Rome eût été du moins un peu plus tard sujette;
Il eût avec honneur laissé mes cheveux gris,
Et c'étoit de sa vie un assez digne prix.
Il est de tout son sang comptable à sa patrie;[5]
Chaque goutte épargnée a sa gloire flétric;
Chaque instant de sa vie, après ce lâche tour,[6]
Met d'autant plus ma honte avec la sienne au jour.[7]
J'en romprai bien le cours; et ma juste colère,
Contre un indigne fils usant des droits d'un père,
Saura bien faire voir, dans sa punition,
L'éclatant désaveu d'une telle action.

SABINE.

Écoutez un peu moins ces ardeurs généreuses,
Et ne nous rendez point tout-à-fait malheureuses.

LE VIEIL HORACE.

Sabine, votre cœur se console aisément ;
Nos malheurs jusqu'ici vous touchent foiblement :
Vous n'avez point encor de part à nos misères ;
Le ciel vous a sauvé votre époux et vos frères :
Si nous sommes sujets, c'est de votre pays :
Vos frères sont vainqueurs quand nous sommes trahis ;
Et voyant le haut point où leur gloire se monte,
Vous regardez fort peu ce qui nous vient de honte.
Mais votre trop d'amour pour cet infâme époux
Vous donnera bientôt à plaindre comme à nous :
Vos pleurs en sa faveur sont de foibles défenses ;
J'atteste des grands dieux les suprêmes puissances
Qu'avant ce jour fini, ces mains, ces propres mains
Laveront dans son sang la honte des Romains.

(Le vieil Horace sort.)

SABINE.

Suivons-le promptement, la colère l'emporte.
Dieux ! verrons-nous toujours des malheurs de la sorte ?
Nous faudra-t-il toujours en craindre de plus grands,
Et toujours redouter la main de nos parents ?

FIN DU TROISIÈME ACTE.

ACTE QUATRIÈME.

SCÈNE I.

LE VIEIL HORACE, CAMILLE.

LE VIEIL HORACE.

Ne me parlez jamais en faveur d'un infâme ; [1]
Qu'il me fuie à l'égal des frères de sa femme :
Pour conserver un sang qu'il tient si précieux,
Il n'a rien fait encor s'il n'évite mes yeux.
Sabine y peut mettre ordre, ou derechef j'atteste [2]
Le souverain pouvoir de la troupe céleste....

CAMILLE.

Ah ! mon père, prenez un plus doux sentiment ;
Vous verrez Rome même en user autrement,
Et, de quelque malheur que le ciel l'ait comblée,
Excuser la vertu sous le nombre accablée.

LE VIEIL HORACE.

Le jugement de Rome est peu pour mon regard. [3]
Camille, je suis père, et j'ai mes droits à part.
Je sais trop comme agit la vertu véritable :
C'est sans en triompher que le nombre l'accable ;
Et sa mâle vigueur, toujours en même point,
Succombe sous la force, et ne lui cède point.
Taisez-vous, et sachons ce que nous veut Valère.

SCÈNE II.

LE VIEIL HORACE, VALÈRE, CAMILLE.

VALÈRE.

Envoyé par le roi pour consoler un père,
Et pour lui témoigner....

LE VIEIL HORACE.

N'en prenez aucun soin :
C'est un soulagement dont je n'ai pas besoin ;
Et j'aime mieux voir morts que couverts d'infamie
Ceux que vient de m'ôter une main ennemie.
Tous deux pour leur pays sont morts en gens d'honneur;
Il me suffit.

VALÈRE.

Mais l'autre est un rare bonheur ;
De tous les trois chez vous il doit tenir la place.

LE VIEIL HORACE.

Que n'a-t-on vu périr en lui le nom d'Horace !

VALÈRE.

Seul vous le maltraitez après ce qu'il a fait !

LE VIEIL HORACE.

C'est à moi seul aussi de punir son forfait.

VALÈRE.

Quel forfait trouvez-vous en sa bonne conduite?

LE VIEIL HORACE.

Quel éclat de vertu trouvez-vous en sa fuite?

VALÈRE.

La fuite est glorieuse en cette occasion.

LE VIEIL HORACE.

Vous redoublez ma honte et ma confusion. [2]
Certes l'exemple est rare et digne de mémoire
De trouver dans la fuite un chemin à la gloire !

VALÈRE.

Quelle confusion et quelle honte à vous
D'avoir produit un fils qui nous conserve tous,
Qui fait triompher Rome, et lui gagne un empire ?
A quels plus grands honneurs faut-il qu'un père aspire ?

LE VIEIL HORACE.

Quels honneurs, quel triomphe, et quel empire enfin, [3]
Lorsqu'Albe sous ses lois range notre destin ?

VALÈRE.

Que parlez-vous ici d'Albe et de sa victoire ?
Ignorez-vous encor la moitié de l'histoire ?

LE VIEIL HORACE.

Je sais que par sa fuite il a trahi l'état.

VALÈRE.

Oui, s'il eût en fuyant terminé le combat ;
Mais on a bientôt vu qu'il ne fuyoit qu'en homme
Qui savoit ménager l'avantage de Rome.

LE VIEIL HORACE.

Quoi ! Rome donc triomphe ! [4]

VALÈRE.

      Apprenez, apprenez
La valeur de ce fils qu'à tort vous condamnez.
 Resté seul contre trois, mais en cette aventure
Tous trois étant blessés, et lui seul sans blessure,

Trop foible pour eux tous, trop fort pour chacun d'eux,
Il sait bien se tirer d'un pas si hasardeux ;
Il fuit pour mieux combattre, et cette prompte ruse
Divise adroitement trois frères qu'elle abuse.
Chacun le suit d'un pas ou plus ou moins pressé,
Selon qu'il se rencontre ou plus ou moins blessé ;
Leur ardeur est égale à poursuivre sa fuite,
Mais leurs coups inégaux séparent leur poursuite.
Horace, les voyant l'un de l'autre écartés,
Se retourne, et déjà les croit demi-domtés :
Il attend le premier, et c'étoit votre gendre.
L'autre, tout indigné qu'il ait osé l'attendre,
En vain en l'attaquant fait paroître un grand cœur,
Le sang qu'il a perdu ralentit sa vigueur.
Albe à son tour commence à craindre un sort contraire :
Elle crie au second qu'il secoure son frère ;
Il se hâte, et s'épuise en efforts superflus ;
Il trouve en les joignant que son frère n'est plus.

CAMILLE.

Hélas !

VALÈRE.

Tout hors d'haleine il prend pourtant sa place,
Et redouble bientôt la victoire d'Horace :
Son courage sans force est un débile appui ;
Voulant venger son frère, il tombe auprès de lui.
L'air résonne des cris qu'au ciel chacun envoie ; 5
Albe en jette d'angoisse, et les Romains de joie.
Comme notre héros se voit près d'achever,
C'est peu pour lui de vaincre, il veut encor braver : 6
« J'en viens d'immoler deux aux mânes de mes frères,
Rome aura le dernier de mes trois adversaires,

C'est à ses intérêts que je vais l'immoler, »
Dit-il ; et tout d'un temps on le voit y voler.
La victoire entre eux deux n'étoit pas incertaine ;
L'Albain percé de coups ne se traînoit qu'à peine,
Et, comme une victime aux marches de l'autel,
Il sembloit présenter sa gorge au coup mortel :
Aussi le reçoit-il, peu s'en faut, sans défense ;
Et son trépas de Rome établit la puissance.

LE VIEIL HORACE.

O mon fils ! ô ma joie ! ô l'honneur de nos jours !
O d'un état penchant l'inespéré secours !
Vertu digne de Rome, et sang digne d'Horace !
Appui de ton pays, et gloire de ta race !
Quand pourrai-je étouffer dans tes embrassements
L'erreur dont j'ai formé de si faux sentiments ?
Quand pourra mon amour baigner avec tendresse
Ton front victorieux de larmes d'alégresse ?

VALÈRE.

Vos caresses bientôt pourront se déployer ;
Le roi, dans un moment, vous le va renvoyer,
Et remet à demain la pompe qu'il prépare
D'un sacrifice aux dieux pour un bonheur si rare.
Aujourd'hui seulement on s'acquitte vers eux
Par des chants de victoire et par de simples vœux :
C'est où le roi le mène ; et tandis il m'envoie
Faire office vers vous de douleur et de joie.
Mais cet office encor n'est pas assez pour lui ;
Il y viendra lui-même, et peut-être aujourd'hui ;
Il croit mal reconnoître une vertu si pure,
Si de sa propre bouche il ne vous en assure,

S'il ne vous dit chez vous combien vous doit l'état.

LE VIEIL HORACE.

De tels remerciments ont pour moi trop d'éclat;
Et je me tiens déjà trop payé par les vôtres
Du service d'un fils, et du sang des deux autres.

VALÈRE.

Le roi ne sait que c'est d'honorer à demi; 8
Et son sceptre arraché des mains de l'ennemi
Fait qu'il tient cet honneur qu'il lui plaît de vous faire
Au-dessous du mérite et du fils et du père.
Je vais lui témoigner quels nobles sentiments
La vertu vous inspire en tous vos mouvements,
Et combien vous montrez d'ardeur pour son service.

LE VIEIL HORACE.

Je vous devrai beaucoup pour un si bon office. 9

SCÈNE III.

LE VIEIL HORACE, CAMILLE.

LE VIEIL HORACE.

MA fille, il n'est plus temps de répandre des pleurs; 1
Il sied mal d'en verser où l'on voit tant d'honneurs:
On pleure injustement des pertes domestiques, 2
Quand on en voit sortir des victoires publiques.
Rome triomphe d'Albe, et c'est assez pour nous;
Tous nos maux à ce prix doivent nous être doux.
En la mort d'un amant vous ne perdez qu'un homme 3
Dont la perte est aisée à réparer dans Rome;
Après cette victoire, il n'est point de Romain
Qui ne soit glorieux de vous donner la main.

ACTE IV, SCÈNE III.

Il me faut à Sabine en porter la nouvelle;
Ce coup sera sans doute assez rude pour elle,
Et ses trois frères morts par la main d'un époux 4
Lui donneront des pleurs bien plus justes qu'à vous.
Mais j'espère aisément en dissiper l'orage,
Et qu'un peu de prudence, aidant son grand courage,
Fera bientôt régner sur un si noble cœur
Le généreux amour qu'elle doit au vainqueur.
Cependant étouffez cette lâche tristesse;
Recevez-le, s'il vient, avec moins de foiblesse
Faites-vous voir sa sœur, et qu'en un même flanc 5
Le ciel vous a tous deux formés d'un même sang.

SCÈNE IV.

CAMILLE.

Oui, je lui ferai voir par d'infaillibles marques 1
Qu'un véritable amour brave la main des Parques,
Et ne prend point de lois de ces cruels tyrans
Qu'un astre injurieux nous donne pour parents.
Tu blâmes ma douleur, tu l'oses nommer lâche;
Je l'aime d'autant plus que plus elle te fâche,
Impitoyable père; et par un juste effort 2
Je la veux rendre égale aux rigueurs de mon sort.
En vit-on jamais un dont les rudes traverses
Prissent en moins de rien tant de faces diverses,
Qui fût doux tant de fois, et tant de fois cruel,
Et portât tant de coups avant le coup mortel ?
Vit-on jamais une ame en un jour plus atteinte
De joie et de douleur, d'espérance et de crainte;
Asservie en esclave à plus d'évènements,
Et le piteux jouet de plus de changements ?

Un oracle m'assure, un songe me travaille; [3.]
La paix calme l'effroi que me fait la bataille;
Mon hymen se prépare, et presque en un moment
Pour combattre mon frère on choisit mon amant; [4]
Ce choix me désespère, et tous le désavouent;
La partie est rompue, et les dieux la renouent;
Rome semble vaincue, et seul des trois Albains
Curiace en mon sang n'a point trempé ses mains.
O dieux ! sentois-je alors des douleurs trop légères
Pour le malheur de Rome et la mort de deux frères ?
Et me flattois-je trop quand je croyois pouvoir
L'aimer encor sans crime, et nourrir quelque espoir?
Sa mort m'en punit bien, et la façon cruelle
Dont mon ame éperdue en reçoit la nouvelle :
Son rival me l'apprend; et, faisant à mes yeux
D'un si triste succès le récit odieux,
Il porte sur le front une alégresse ouverte,
Que le bonheur public fait bien moins que ma perte,
Et, bâtissant en l'air sur le malheur d'autrui,
Aussi bien que mon frère il triomphe de lui.
Mais ce n'est rien encore au prix de ce qui reste :
On demande ma joie en un jour si funeste;
Il me faut applaudir aux exploits du vainqueur,
Et baiser une main qui me perce le cœur !
En un sujet de pleurs si grand, si légitime,
Se plaindre est une honte, et soupirer un crime !
Leur brutale vertu veut qu'on s'estime heureux,
Et si l'on n'est barbare on n'est point généreux !

 Dégénérons, mon cœur, d'un si vertueux pere; [5]
Soyons indigne sœur d'un si généreux frère :
C'est gloire de passer pour un cœur abattu
Quand la brutalité fait la haute vertu.

Éclatez, mes douleurs; à quoi bon vous contraindre?
Quand on a tout perdu, que sauroit-on plus craindre?
Pour ce cruel vainqueur n'ayez point de respect;
Loin d'éviter ses yeux, croissez à son aspect;
Offensez sa victoire, irritez sa colère;
Et prenez, s'il se peut, plaisir à lui déplaire.
Il vient, préparons-nous à montrer constamment
Ce que doit une amante à la mort d'un amant.

SCÈNE V.

HORACE, CAMILLE, PROCULE.

(Procule porte en sa main les trois épées des Curiaces.)

HORACE.

MA sœur, voici le bras qui venge nos deux frères,
Le bras qui rompt le cours de nos destins contraires,
Qui nous rend maîtres d'Albe; enfin voici le bras
Qui seul fait aujourd'hui le sort de deux états.
Vois ces marques d'honneur, ces témoins de ma gloire;
Et rends ce que tu dois à l'heur de ma victoire.

CAMILLE.

Recevez donc mes pleurs, c'est ce que je lui dois.

HORACE.

Rome n'en veut point voir après de tels exploits;
Et nos deux frères morts dans le malheur des armes
Sont trop payés de sang pour exiger des larmes :
Quand la perte est vengée, on n'a plus rien perdu.

CAMILLE.

Puisqu'ils sont satisfaits par le sang épandu,
Je cesserai pour eux de paroître affligée,
Et j'oublîrai leur mort que vous avez vengée :

Mais qui me vengera de celle d'un amant
Pour me faire oublier sa perte en un moment?

HORACE.

Que dis-tu, malheureuse?

CAMILLE.

O mon cher Curiace!

HORACE.

O d'une indigne sœur insupportable audace ! 2
D'un ennemi public dont je reviens vainqueur 3
Le nom est dans ta bouche et l'amour dans ton cœur!
Ton ardeur criminelle à la vengeance aspire !
Ta bouche la demande, et ton cœur la respire !
Suis moins ta passion, règle mieux tes désirs,
Ne me fais plus rougir d'entendre tes soupirs :
Tes flammes désormais doivent être étouffées ;
Bannis-les de ton âme, et songe à mes trophées ;
Qu'ils soient dorénavant ton unique entretien.

CAMILLE.

Donne-moi donc, barbare, un cœur comme le tien ; 4
Et, si tu veux enfin que je t'ouvre mon ame,
Rends-moi mon Curiace, ou laisse agir ma flamme :
Ma joie et mes douleurs dépendoient de son sort ;
Je l'adorois vivant, et je le pleure mort.
Ne cherche plus ta sœur où tu l'avois laissée ;
Tu ne revois en moi qu'une amante offensée,
Qui, comme une furie attachée à tes pas,
Te veut incessamment reprocher son trépas.
Tigre altéré de sang, qui me défends les larmes,
Qui veux que dans sa mort je trouve encor des charmes,
Et que, jusques au ciel élevant tes exploits,
Moi-même je le tue une seconde fois,

Puissent tant de malheurs accompagner ta vie
Que tu tombes au point de me porter envie,
Et toi bientôt souiller par quelque lâcheté
Cette gloire si chère à ta brutalité !

HORACE.

O ciel ! qui vit jamais une pareille rage ?
Crois-tu donc que je sois insensible à l'outrage,
Que je souffre en mon sang ce mortel déshonneur ?
Aime, aime cette mort qui fait notre bonheur,
Et préfère du moins au souvenir d'un homme
Ce que doit ta naissance aux intérêts de Rome.

CAMILLE.

Rome, l'unique objet de mon ressentiment ! 5
Rome, à qui vient ton bras d'immoler mon amant !
Rome, qui t'a vu naître, et que ton cœur adore !
Rome enfin, que je hais parcequ'elle t'honore !
Puissent tous ses voisins ensemble conjurés
Saper ses fondements encor mal assurés !
Et, si ce n'est assez de toute l'Italie,
Que l'Orient contre elle à l'Occident s'allie !
Que cent peuples unis des bouts de l'univers
Passent, pour la détruire, et les monts et les mers !
Qu'elle-même sur soi renverse ses murailles,
Et de ses propres mains déchire ses entrailles !
Que le courroux du ciel allumé par mes vœux
Fasse pleuvoir sur elle un déluge de feux !
Puissé-je de mes yeux y voir tomber ce foudre,
Voir ses maisons en cendre, et tes lauriers en poudre,
Voir le dernier Romain à son dernier soupir,
Moi seule en être cause, et mourir de plaisir !

HORACE, mettant l'épée à la main, et poursuivant sa
sœur qui s'enfuit.

C'est trop, ma patience à la raison fait place;
Va dedans les enfers plaindre ton Curiace ! 6

CAMILLE, blessée, derrière le théâtre.

Ah traître !

HORACE, revenant sur le théâtre.

Ainsi reçoive un châtiment soudain
Quiconque ose pleurer un ennemi romain !

SCÈNE VI.

HORACE, PROCULE.

PROCULE.

Que venez-vous de faire ? 1

HORACE.

Un acte de justice :
Un semblable forfait veut un pareil supplice.

PROCULE.

Vous deviez la traiter avec moins de rigueur.

HORACE.

Ne me dis point qu'elle est et mon sang et ma sœur;
Mon père ne peut plus l'avouer pour sa fille :
Qui maudit son pays renonce à sa famille;
Des noms si pleins d'amour ne lui sont plus permis;
De ses plus chers parents il fait ses ennemis;
Le sang même les arme en haine de son crime;
La plus prompte vengeance en est plus légitime;
Et ce souhait impie, encore qu'impuissant,
Est un monstre qu'il faut étouffer en naissant.

SCÈNE VII.

[SABINE, HORACE, PROCULE.

SABINE.

A quoi s'arrête ici ton illustre colère ? [1]
Viens voir mourir ta sœur dans les bras de ton père;
Viens repaître tes yeux d'un spectacle si doux;
Ou, si tu n'es point las de ces généreux coups,
Immole au cher pays des vertueux Horaces
Ce reste malheureux du sang des Curiaces.
Si prodigue du tien, n'épargne pas le leur;
Joins Sabine à Camille, et ta femme à ta sœur.
Nos crimes sont pareils, ainsi que nos misères,
Je soupire comme elle, et déplore mes frères;
Plus coupable en ce point contre tes dures lois,
Qu'elle n'en pleuroit qu'un, et que j'en pleure trois,
Qu'après son châtiment ma faute continue.

HORACE.

Sèche tes pleurs, Sabine, ou les cache à ma vue;
Rends-toi digne du nom de ma chaste moitié,
Et ne m'accable point d'une indigne pitié.
Si l'absolu pouvoir d'une pudique flamme
Ne nous laisse à tous deux qu'un penser et qu'une ame,
C'est à toi d'élever tes sentiments aux miens,
Non à moi de descendre à la honte des tiens.
Je t'aime, et je connois la douleur qui te presse;
Embrasse ma vertu pour vaincre ta foiblesse; [2]
Participe à ma gloire au lieu de la souiller; [3]
Tâche à t'en revêtir, non à m'en dépouiller.
Es-tu de mon bonheur si mortelle ennemie,
Que je te plaise mieux couvert d'une infamie ?

Sois plus femme que sœur, et, te réglant sur moi,
Fais-toi de mon exemple une immuable loi.

SABINE.

Cherche pour t'imiter des ames plus parfaites.
Je ne t'impute point les pertes que j'ai faites,
J'en ai les sentiments que je dois en avoir,
Et je m'en prends au sort plutôt qu'à ton devoir;
Mais enfin je renonce à la vertu romaine, 4
Si, pour la posséder, je dois être inhumaine,
Et ne puis voir en moi la femme du vainqueur,
Sans y voir des vaincus la déplorable sœur.

Prenons part en public aux victoires publiques,
Pleurons dans la maison nos malheurs domestiques;
Et ne regardons point des biens communs à tous,
Quand nous voyons des maux qui ne sont que pour nous.
Pourquoi veux-tu, cruel, agir d'une autre sorte ? 5
Laisse en entrant ici tes lauriers à la porte,
Mêle tes pleurs aux miens.... Quoi ! ces lâches discours
N'arment point ta vertu contre mes tristes jours !
Mon crime redoublé n'émeut point ta colère !
Que Camille est heureuse ! elle a pu te déplaire ;
Elle a reçu de toi ce qu'elle a prétendu,
Et recouvre là-bas tout ce qu'elle a perdu.
Cher époux, cher auteur du tourment qui me presse,
Écoute la pitié, si ta colère cesse ;
Exerce l'une ou l'autre, après de tels malheurs,
A punir ma foiblesse, ou finir mes douleurs :
Je demande la mort pour grace ou pour supplice :
Qu'elle soit un effet d'amour ou de justice,
N'importe ; tous ses traits n'auront rien que de doux,
Si je les vois partir de la main d'un époux.

ACTE IV, SCÈNE VII.

HORACE.

Quelle injustice aux dieux d'abandonner aux femmes 6
Un empire si grand sur les plus belles ames,
Et de se plaire à voir de si foibles vainqueurs
Régner si puissamment sur les plus nobles cœurs !
A quel point ma vertu devient-elle réduite ! 7
Rien ne la sauroit plus garantir que la fuite.
Adieu. Ne me suis point, ou retiens tes soupirs.

SABINE, seule.

O colère, ô pitié, sourdes à mes désirs,
Vous négligez mon crime, et ma douleur vous lasse,
Et je n'obtiens de vous ni supplice, ni grace !
Allons-y par nos pleurs faire encore un effort,
Et n'employons après que nous à notre mort. 8

FIN DU QUATRIÈME ACTE.

ACTE CINQUIÈME.[1]

SCÈNE I.

LE VIEIL HORACE, HORACE.

LE VIEIL HORACE.

Retirons nos regards de cet objet funeste,
Pour admirer ici le jugement céleste :
Quand la gloire nous enfle, il sait bien comme il faut
Confondre notre orgueil qui s'élève trop haut ;
Nos plaisirs les plus doux ne vont point sans tristesse ; [2]
Il mêle à nos vertus des marques de foiblesse,
Et rarement accorde à notre ambition
L'entier et pur honneur d'une bonne action.
Je ne plains point Camille ; elle étoit criminelle :
Je me tiens plus à plaindre, et je te plains plus qu'elle ;
Moi, d'avoir mis au jour un cœur si peu romain ;
Toi, d'avoir par sa mort déshonoré ta main.
Je ne la trouve point injuste ni trop prompte ;
Mais tu pouvois, mon fils, t'en épargner la honte :
Son crime, quoiqu'énorme et digne du trépas,
Étoit mieux impuni, que puni par ton bras.

HORACE.

Disposez de mon sang, les lois vous en font maître ;
J'ai cru devoir le sien aux lieux qui m'ont vu naître.
Si dans vos sentiments mon zèle est criminel,
S'il m'en faut recevoir un reproche éternel,

Si ma main en devient honteuse et profanée, [3]
Vous pouvez d'un seul mot trancher ma destinée :
Reprenez tout ce sang de qui ma lâcheté [4]
A si brutalement souillé la pureté.
Ma main n'a pu souffrir de crime en votre race;
Ne souffrez point de tache en la maison d'Horace.
C'est en ces actions dont l'honneur est blessé
Qu'un père tel que vous se montre intéressé :
Son amour doit se taire où toute excuse est nulle; [5]
Lui-même il y prend part lorsqu'il les dissimule;
Et de sa propre gloire il fait trop peu de cas
Quand il ne punit point ce qu'il n'approuve pas.

LE VIEIL HORACE.

Il n'use pas toujours d'une rigueur extrême;
Il épargne ses fils bien souvent pour soi-même;
Sa vieillesse sur eux aime à se soutenir,
Et ne les punit point de peur de se punir.
Je te vois d'un autre œil que tu ne te regardes;
Je sais.... Mais le roi vient, je vois entrer ses gardes.

SCÈNE II.

TULLE, VALÈRE, LE VIEIL HORACE,
HORACE, TROUPE DE GARDES.

LE VIEIL HORACE.

Ah ! sire, un tel honneur a trop d'excès pour moi;
Ce n'est point en ce lieu que je dois voir mon roi :
Permettez qu'à genoux....

TULLE.

Non, levez-vous, mon père.
Je fais ce qu'en ma place un bon prince doit faire.

Un si rare service et si fort important [1]
Veut l'honneur le plus rare et le plus éclatant.

(montrant Valère.)

Vous en aviez déjà sa parole pour gage;
Je ne l'ai pas voulu différer davantage.

J'ai su par son rapport, et je n'en doute pas, [2]
Comme de vos deux fils vous portez le trépas,
Et que, déjà votre ame étant trop résolue,
Ma consolation vous seroit superflue :
Mais je viens de savoir quel étrange malheur
D'un fils victorieux a suivi la valeur,
Et que son trop d'amour pour la cause publique
Par ses mains à son père ôte une fille unique.
Ce coup est un peu rude à l'esprit le plus fort;
Et je doute comment vous portez cette mort. [3]

LE VIEIL HORACE.

Sire, avec déplaisir, mais avec patience.

TULLE.

C'est l'effet vertueux de votre expérience.
Beaucoup par un long âge ont appris comme vous
Que le malheur succède au bonheur le plus doux :
Peu savent comme vous s'appliquer ce remède,
Et dans leur intérêt toute leur vertu cède.
Si vous pouvez trouver dans ma compassion
Quelque soulagement pour votre affliction,
Ainsi que votre mal sachez qu'elle est extrême,
Et que je vous en plains autant que je vous aime.

VALÈRE.

Sire, puisque le ciel entre les mains des rois [4]
Dépose sa justice et la force des lois,

ACTE V, SCÈNE II.

Et que l'état demande aux princes légitimes
Des prix pour les vertus, des peines pour les crimes,
Souffrez qu'un bon sujet vous fasse souvenir
Que vous plaignez beaucoup ce qu'il vous faut punir.
Souffrez....

LE VIEIL HORACE.

Quoi ! qu'on envoie un vainqueur au supplice ?

TULLE.

Permettez qu'il achève, et je ferai justice : [5]
J'aime à la rendre à tous, à toute heure, en tout lieu ;
C'est par elle qu'un roi se fait un demi-dieu ;
Et c'est dont je vous plains, qu'après un tel service
On puisse contre lui me demander justice.

VALÈRE.

Souffrez donc, ô grand roi, le plus juste des rois, [6]
Que tous les gens de bien vous parlent par ma voix.
Non que nos cœurs jaloux de ses honneurs s'irritent ;
S'il en reçoit beaucoup, ses hauts faits les méritent ;
Ajoutez-y plutôt que d'en diminuer ;
Nous sommes tous encor prêts d'y contribuer.
Mais, puisque d'un tel crime il s'est montré capable,
Qu'il triomphe en vainqueur, et périsse en coupable :
Arrêtez sa fureur, et sauvez de ses mains,
Si vous voulez régner, le reste des Romains ;
Il y va de la perte ou du salut du reste.
    La guerre avoit un cours si sanglant, si funeste,
Et les nœuds de l'hymen, durant nos bons destins,
Ont tant de fois uni des peuples si voisins,
Qu'il est peu de Romains que le parti contraire
N'intéresse en la mort d'un gendre ou d'un beau frère ;

Et qui ne soient forcés de donner quelques pleurs,
Dans le bonheur public, à leurs propres malheurs.
Si c'est offenser Rome, et que l'heur de ses armes
L'autorise à punir ce crime de nos larmes,
Quel sang épargnera ce barbare vainqueur,
Qui ne pardonne pas à celui de sa sœur,
Et ne peut excuser cette douleur pressante
Que la mort d'un amant jette au cœur d'une amante
Quand, près d'être éclairés du nuptial flambeau,
Elle voit avec lui son espoir au tombeau ?
Faisant triompher Rome, il se l'est asservie ;
Il a sur nous un droit et de mort et de vie ;
Et nos jours criminels ne pourront plus durer
Qu'autant qu'à sa clémence il plaira l'endurer.

 Je pourrois ajouter aux intérêts de Rome
Combien un pareil coup est indigne d'un homme ;
Je pourrois demander qu'on mît devant vos yeux
Ce grand et rare exploit d'un bras victorieux :
Vous verriez un beau sang, pour accuser sa rage,
D'un frère si cruel rejaillir au visage ;
Vous verriez des horreurs qu'on ne peut concevoir ;
Son âge et sa beauté vous pourroient émouvoir :
Mais je hais ces moyens qui sentent l'artifice. 7
Vous avez à demain remis le sacrifice ;
Pensez-vous que les dieux, vengeurs des innocents,
D'une main parricide acceptent de l'encens ?
Sur vous ce sacrilège attireroit sa peine :
Ne le considérez qu'en objet de leur haine ;
Et croyez avec nous qu'en tous ces trois combats
Le bon destin de Rome a plus fait que son bras,
Puisque ces mêmes dieux, auteurs de sa victoire,
Ont permis qu'aussitôt il en souillât la gloire,

Et qu'un si grand courage, après ce noble effort,
Fût digne en même jour de triomphe et de mort.
Sire, c'est ce qu'il faut que votre arrêt décide.
En ce lieu Rome a vu le premier parricide;
La suite en est à craindre, et la haine des cieux.
Sauvez-nous de sa main, et redoutez les dieux.

TULLE.

Défendez-vous, Horace.

HORACE.

A quoi bon me défendre?
Vous savez l'action, vous la venez d'entendre;
Ce que vous en croyez me doit être une loi.
Sire, on se défend mal contre l'avis d'un roi;
Et le plus innocent devient soudain coupable,
Quand aux yeux de son prince il paroît condamnable;
C'est crime qu'envers lui se vouloir excuser:
Notre sang est son bien, il en peut disposer;
Et c'est à nous de croire, alors qu'il en dispose,
Qu'il ne s'en prive point sans une juste cause.
Sire, prononcez donc, je suis prêt d'obéir;
D'autres aiment la vie, et je la dois haïr.
Je ne reproche point à l'ardeur de Valère
Qu'en amant de la sœur il accuse le frère:
Mes vœux avec les siens conspirent aujourd'hui;
Il demande ma mort, je la veux comme lui.
Un seul point entre nous met cette différence,
Que mon honneur par là cherche son assurance,
Et qu'à ce même but nous voulons arriver,
Lui pour flétrir ma gloire, et moi pour la sauver.

Sire, c'est rarement qu'il s'offre une matière [8]
A montrer d'un grand cœur la vertu tout entière;

Suivant l'occasion elle agit plus ou moins,
Et paroît forte où foible aux yeux de ses témoins.
Le peuple, qui voit tout seulement par l'écorce,
S'attache à son effet pour juger de sa force;
Il veut que ses dehors gardent un même cours,
Qu'ayant fait un miracle elle en fasse toujours:
Après une action pleine, haute, éclatante,
Tout ce qui brille moins remplit mal son attente:
Il veut qu'on soit égal en tout temps, en tous lieux;
Il n'examine point si lors on pouvoit mieux,
Ni que, s'il ne voit pas sans cesse une merveille,
L'occasion est moindre, et la vertu pareille:
Son injustice accable et détruit les grands noms;
L'honneur des premiers faits se perd par les seconds:
Et quand la renommée a passé l'ordinaire,
Si l'on n'en veut déchoir, il faut ne plus rien faire.
 Je ne vanterai point les exploits de mon bras;
Votre majesté, sire, a vu mes trois combats:
Il est bien malaisé qu'un pareil les seconde,
Qu'une autre occasion à celle-ci réponde,
Et que tout mon courage, après de si grands coups,
Parvienne à des succès qui n'aillent au-dessous;
Si bien que, pour laisser une illustre mémoire,
La mort seule aujourd'hui peut conserver ma gloire;
Encor la falloit-il sitôt que j'eus vaincu,
Puisque pour mon honneur j'ai déjà trop vécu.
Un homme tel que moi voit sa gloire ternie
Quand il tombe en péril de quelque ignominie:
Et ma main auroit su déjà m'en garantir;
Mais sans votre congé mon sang n'ose sortir;
Comme il vous appartient, votre aveu doit se prendre;
C'est vous le dérober qu'autrement le répandre.

Rome ne manque point de généreux guerriers;
Assez d'autres sans moi soutiendront vos lauriers;
Que votre majesté désormais m'en dispense : 9
Et si ce que j'ai fait vaut quelque récompense,
Permettez, ô grand roi, que de ce bras vainqueur
Je m'immole à ma gloire, et non pas à ma sœur.

SCÈNE III.

TULLE, VALÈRE, LE VIEIL HORACE, HORACE, SABINE.

SABINE.

Sire, écoutez Sabine; et voyez dans son ame
Les douleurs d'une sœur, et celles d'une femme,
Qui, toute désolée, à vos sacrés genoux,
Pleure pour sa famille, et craint pour son époux.
Ce n'est pas que je veuille avec cet artifice
Dérober un coupable au bras de la justice;
Quoi qu'il ait fait pour vous, traitez-le comme tel,
Et punissez en moi ce noble criminel;
De mon sang malheureux expiez tout son crime :
Vous ne changerez point pour cela de victime;
Ce n'en sera point prendre une injuste pitié,
Mais en sacrifier la plus chère moitié.
Les nœuds de l'hyménée, et son amour extrême,
Font qu'il vit plus en moi qu'il ne vit en lui-même;
Et si vous m'accordez de mourir aujourd'hui,
Il mourra plus en moi qu'il ne mourroit en lui; 1
La mort que je demande, et qu'il faut que j'obtienne,
Augmentera sa peine, et finira la mienne.

Sire, voyez l'excès de mes tristes ennuis,
Et l'effroyable état où mes jours sont réduits:
Quelle horreur d'embrasser un homme dont l'épée
De toute ma famille a la trame coupée!
Et quelle impiété de haïr un époux
Pour avoir bien servi les siens, l'état, et vous!
Aimer un bras souillé du sang de tous mes frères!
N'aimer pas un mari qui finit nos misères!
Sire, délivrez-moi, par un heureux trépas,
Des crimes de l'aimer, et de ne l'aimer pas;
J'en nommerai l'arrêt une faveur bien grande.
Ma main peut me donner ce que je vous demande:
Mais ce trépas enfin me sera bien plus doux,
Si je puis de sa honte affranchir mon époux;
Si je puis par mon sang apaiser la colère
Des dieux qu'a pu fâcher sa vertu trop sévère,
Satisfaire, en mourant, aux mânes de ma sœur,
Et conserver à Rome un si bon défenseur.

LE VIEIL HORACE.

Sire, c'est donc à moi de répondre à Valère.
Mes enfants avec lui conspirent contre un père;
Tous trois veulent me perdre, et s'arment sans raison
Contre si peu de sang qui reste en ma maison.

(à Sabine.)

Toi qui, par des douleurs à ton devoir contraires,
Veux quitter un mari pour rejoindre tes frères,
Va plutôt consulter leurs mânes généreux;
Ils sont morts, mais pour Albe, et s'en tiennent heureux:
Puisque le ciel vouloit qu'elle fût asservie,
Si quelque sentiment demeure après la vie,
Ce malheur semble moindre, et moins rudes ses coups,
Voyant que tout l'honneur en retombe sur nous;

Tous trois désavoûront la douleur qui te touche, [2]
Les larmes de tes yeux, les soupirs de ta bouche,
L'horreur que tu fais voir d'un mari vertueux.
Sabine, sois leur sœur, suis ton devoir comme eux.
    (au roi.)
Contre ce cher époux Valère en vain s'anime :
Un premier mouvement ne fut jamais un crime;
Et la louange est due, au lieu du châtiment,
Quand la vertu produit ce premier mouvement.
Aimer nos ennemis avec idolâtrie,
De rage en leur trépas maudire la patrie,
Souhaiter à l'état un malheur infini,
C'est ce qu'on nomme crime, et ce qu'il a puni.
Le seul amour de Rome a sa main animée;
Il seroit innocent s'il l'avoit moins aimée.
Qu'ai-je dit, sire ? il l'est, et ce bras paternel
L'auroit déjà puni s'il étoit criminel ;
J'aurois su mieux user de l'entière puissance
Que me donnent sur lui les droits de la naissance :
J'aime trop l'honneur, sire, et ne suis point de rang
A souffrir ni d'affront ni de crime en mon sang.
C'est dont je ne veux point de témoin que Valère ;
Il a vu quel accueil lui gardoit ma colère,
Lorsqu'ignorant encor la moitié du combat
Je croyois que sa fuite avoit trahi l'état.
Qui le fait se charger des soins de ma famille?
Qui le fait, malgré moi, vouloir venger ma fille ?
Et par quelle raison dans son juste trépas
Prend-il un intérêt qu'un père ne prend pas ?
On craint qu'après sa sœur il n'en maltraite d'autres !
Sire, nous n'avons part qu'à la honte des nôtres ;
Et, de quelque façon qu'un autre puisse agir,

Qui ne nous touche point ne nous fait point rougir.
(à Valère.)
Tu peux pleurer, Valère, et même aux yeux d'Horace;
Il ne prend intérêt qu'aux crimes de sa race :
Qui n'est point de son sang ne peut faire d'affront
Aux lauriers immortels qui lui ceignent le front.
Lauriers, sacrés rameaux qu'on veut réduire en poudre,
Vous qui mettez sa tête à couvert de la foudre,
L'abandonnerez-vous à l'infâme couteau
Qui fait choir les méchants sous la main d'un bourreau?
Romains, souffrirez-vous qu'on vous immole un homme
Sans qui Rome aujourd'hui cesseroit d'être Rome,
Et qu'un Romain s'efforce à tacher le renom
D'un guerrier à qui tous doivent un si beau nom?
Dis, Valère, dis-nous, si tu veux qu'il périsse,
Où tu penses choisir un lieu pour son supplice :
Sera-ce entre ces murs que mille et mille voix
Font résonner encor du bruit de ses exploits?
Sera-ce hors des murs, au milieu de ces places
Qu'on voit fumer encor du sang des Curiaces,
Entre leurs trois tombeaux, et dans ce champ d'honneur
Témoin de sa vaillance et de notre bonheur?
Tu ne saurois cacher sa peine à sa victoire :
Dans les murs, hors des murs, tout parle de sa gloire,
Tout s'oppose à l'effort de ton injuste amour,
Qui veut d'un si bon sang souiller un si beau jour.
Albe ne pourra pas souffrir un tel spectacle,
Et Rome par ses pleurs y mettra trop d'obstacle.

Vous les préviendrez, sire; et, par un juste arrêt,
Vous saurez embrasser bien mieux son intérêt.
Ce qu'il a fait pour elle il peut encor le faire;
Il peut la garantir encor d'un sort contraire.

Sire, ne donnez rien à mes débiles ans :
Rome aujourd'hui m'a vu père de quatre enfants ;
Trois en ce même jour sont morts pour sa querelle ;
Il m'en reste encore un, conservez-le pour elle : [3]
N'ôtez pas à ses murs un si puissant appui ;
Et souffrez, pour finir, que je m'adresse à lui.

    Horace, ne crois pas que le peuple stupide
Soit le maître absolu d'un renom bien solide :
Sa voix tumultueuse assez souvent fait bruit ;
Mais un moment l'élève, un moment le détruit,
Et ce qu'il contribue à notre renommée
Toujours en moins de rien se dissipe en fumée.
C'est aux rois, c'est aux grands, c'est aux esprits bien faits,
A voir la vertu pleine en ses moindres effets ;
C'est d'eux seuls qu'on reçoit la véritable gloire,
Eux seuls des vrais héros assurent la mémoire.
Vis toujours en Horace ; et toujours auprès d'eux
Ton nom demeurera grand, illustre, fameux,
Bien que l'occasion, moins haute ou moins brillante,
D'un vulgaire ignorant trompe l'injuste attente.
Ne hais donc plus la vie ; et du moins vis pour moi,
Et pour servir encor ton pays et ton roi.

    Sire, j'en ai trop dit : mais l'affaire vous touche ;
Et Rome tout entière a parlé par ma bouche.

VALÈRE.

Sire, permettez-moi....

TULLE.

            Valère, c'est assez ;
Vos discours par les leurs ne sont pas effacés ;
J'en garde en mon esprit les forces plus pressantes, [4]
Et toutes vos raisons me sont encor présentes.

Cette énorme action faite presque à nos yeux
Outrage la nature, et blesse jusqu'aux dieux.
Un premier mouvement qui produit un tel crime
Ne sauroit lui servir d'excuse légitime :
Les moins sévères lois en ce point sont d'accord ;
Et, si nous les suivons, il est digne de mort.
Si d'ailleurs nous voulons regarder le coupable,
Ce crime, quoique grand, énorme, inexcusable,
Vient de la même épée, et part du même bras
Qui me fait aujourd'hui maître de deux états.
Deux sceptres en ma main, Albe à Rome asservie,
Parlent bien hautement en faveur de sa vie :
Sans lui j'obéirois où je donne la loi,
Et je serois sujet où je suis deux fois roi.
Assez de bons sujets dans toutes les provinces
Par des vœux impuissants s'acquittent vers leurs princes ;
Tous les peuvent aimer : mais tous ne peuvent pas
Par d'illustres effets assurer leurs états ;
Et l'art et le pouvoir d'affermir des couronnes
Sont des dons que le ciel fait à peu de personnes.
De pareils serviteurs sont les forces des rois,
Et de pareils aussi sont au-dessus des lois.
Qu'elles se taisent donc : que Rome dissimule
Ce que dès sa naissance elle vit en Romule ;
Elle peut bien souffrir en son libérateur
Ce qu'elle a bien souffert en son premier auteur.

Vis donc, Horace ; vis, guerrier trop magnanime :
Ta vertu met ta gloire au-dessus de ton crime ;
Sa chaleur généreuse a produit ton forfait ;
D'une cause si belle il faut souffrir l'effet.
Vis pour servir l'état ; vis, mais aime Valère :
Qu'il ne reste entre vous ni haine ni colère ;

ACTE V, SCÈNE III.

Et soit qu'il ait suivi l'amour ou le devoir,
Sans aucun sentiment résous-toi de le voir.
Sabine, écoutez moins la douleur qui vous presse ;
Chassez de ce grand cœur ces marques de foiblesse :
C'est en séchant vos pleurs que vous vous montrerez
La véritable sœur de ceux que vous pleurez.

 Mais nous devons aux dieux demain un sacrifice ;
Et nous aurions le ciel à nos vœux mal propice
Si nos prêtres, avant que de sacrifier,
Ne trouvoient les moyens de le purifier :
Son père en prendra soin ; il lui sera facile
D'apaiser tout d'un temps les mânes de Camille.
Je la plains ; et pour rendre à son sort rigoureux
Ce que peut souhaiter son esprit amoureux,
Puisqu'en un même jour l'ardeur d'un même zèle
Achève le destin de son amant et d'elle,
Je veux qu'un même jour, témoin de leurs deux morts,
En un même tombeau voie enfermer leurs corps.

SCÈNE IV.

JULIE.

Camille, ainsi le ciel t'avoit bien avertie
Des tragiques succès qu'il t'avoit préparés ;
Mais toujours du secret il cache une partie
Aux esprits les plus nets et les plus éclairés.

Il sembloit nous parler de ton proche hyménée,
Il sembloit tout promettre à tes vœux innocents ;
Et, nous cachant ainsi ta mort inopinée,
Sa voix n'est que trop vraie en trompant notre sens.

« Albe et Rome aujourd'hui prennent une autre face.
Tes vœux sont exaucés ; elles goûtent la paix ;
Et tu vas être unie avec ton Curiace,
Sans qu'aucun mauvais sort t'en sépare jamais. »

FIN D'HORACE.

CINNA,

TRAGÉDIE EN CINQ ACTES.

1639.

AVERTISSEMENT

DE

VOLTAIRE.

Ce n'est pas ici une pièce telle que les Horaces. On voit bien le même pinceau, mais l'ordonnance du tableau est très supérieure. Il n'y a point de double action : ce ne sont point des intérêts indépendants les uns des autres, des actes ajoutés à des actes; c'est toujours la même intrigue. Les trois unités sont aussi parfaitement observées qu'elles puissent l'être, sans que l'action soit gênée, sans que l'auteur paraisse faire le moindre effort. Il y a toujours de l'art, et l'art s'y montre rarement à découvert.

On donne ici ce chef-d'œuvre du grand Corneille tel qu'il le fit imprimer, avec le chapitre de Sénèque le philosophe, dont il tira son sujet (ainsi qu'il avait publié le Cid avec les vers espagnols qu'il traduisit). On y ajoute son épître dédicatoire à Montauron, trésorier de l'épargne, et la lettre du célèbre Balzac.

A MONSIEUR
DE MONTAURON.[*]

Monsieur,

Je vous présente un tableau d'une des plus belles actions d'Auguste. Ce monarque étoit tout généreux, et sa générosité n'a jamais paru avec tant d'éclat que dans les effets de sa clémence et de sa libéralité . . . .

---

[*] Dans l'édition de Genève, Voltaire avoit beaucoup abrégé cette épître : il avoit eu ses raisons. Ici nous avons cru devoir supprimer quelques endroits inutiles, et qui ne faisoient que des longueurs ; ils sont marqués par des points : nous en rétablissons quelques autres qui ont paru plus importants, et nous les indiquons par des guillemets.

A qui pourrois-je plus justement donner le portrait de l'une de ces héroïques vertus, qu'à celui qui possède l'autre à un si haut degré ? . . . . . .
« Vous avez des richesses, mais vous savez en jouir ; et vous en jouissez d'une façon si noble, si relevée, et tellement illustre, que vous forcez la voix publique d'avouer que la fortune a consulté la raison quand elle a répandu ses faveurs sur vous, et qu'on a plus de sujet de vous en souhaiter le redoublement que de vous en envier l'abondance. J'ai vécu si éloigné de la flatterie, que je pense être en possession de me faire croire quand je dis du bien de quelqu'un ; et lorsque je donne des loüanges, ce qui m'arrive assez rarement, c'est avec tant de retenue, que je supprime toujours quantité de glorieuses vérités, pour ne me rendre point suspect d'étaler de ces mensonges obligeants que beaucoup de nos modernes savent débiter de si bonne grace. Aussi je ne dirai rien des avantages de votre naissance, ni de votre courage qui les a si dignement soutenus dans la profession des armes, à qui vous avez donné vos premières années ; ce sont des choses trop connues de tout le monde. Je ne dirai rien de ce prompt et puissant secours que reçoivent chaque jour de votre main tant de bonnes familles ruinées par le désordre de nos guerres ; ce sont des choses que

DÉDICATOIRE.

vous voulez tenir cachées. Je dirai seulement un mot de ce que vous avez particulièrement de commun avec Auguste : c'est que cette générosité qui compose la meilleure partie de votre ame et règne sur l'autre, et qu'à juste titre on peut nommer l'ame de votre ame, puisqu'elle en fait mouvoir toutes les puissances; c'est, dis-je, que cette générosité, à l'exemple de » ce grand empereur *, prend plaisir à s'étendre sur les gens de lettres, en un temps où beaucoup pensent avoir trop récompensé leurs travaux quand ils les ont honorés d'une louange stérile. « Et certes » vous avez traité quelques unes de nos muses avec tant de magnanimité, qu'en elles vous avez obligé toutes les autres, et qu'il n'en est point qui ne

---

* Voilà une étrange lettre et pour le style et pour les sentiments. On n'y reconnaît point la main qui crayonna l'ame du grand Pompée et l'esprit de Cinna. Celui qui faisait des vers si sublimes n'est plus le même en prose. On ne peut s'empêcher de plaindre Corneille, et son siècle, et les beaux arts, quand on voit ce grand homme, négligé à la cour, comparer le sieur de Montauron à l'empereur Auguste. Si pourtant la reconnaissance arracha ce singulier hommage, il faut encore plus en louer Corneille que l'en blâmer; mais on peut toujours l'en plaindre.

vous en doive un remerciement. Trouvez donc bon, monsieur, que je m'acquitte de celui que je reconnois vous en devoir, par le présent que je vous fais de ce poëme, que j'ai choisi comme le plus durable des miens, pour apprendre plus long-temps à ceux qui le liront que le généreux M. de Montauron, par une libéralité inouïe en ce siècle, s'est rendu toutes les muses redevables, et que je prends tant de part aux bienfaits dont vous avez surpris quelques unes d'elles, que je m'en dirai toute ma vie,

Monsieur,

votre très humble et très
obligé serviteur,
P. Corneille.

EXTRAIT

Du livre de Sénèque le philosophe, dont le sujet de Cinna est tiré.

SENECA, *lib.* 1, *de Clementia, cap.* 9.*

Divus Augustus mitis fuit princeps, si quis illum a principatu suo æstimare incipiat : in communi quidem republica, duodevicesimum egressus annum, jam pugiones in sinu amicorum absconderat, jam insidiis M.

---

* L'aventure de Cinna laisse quelque doute. Il se peut que ce soit une fiction de Sénèque, ou du moins qu'il ait ajouté beaucoup à l'histoire, pour mieux faire valoir son chapitre de la Clémence. C'est une chose bien étonnante que Suétone, qui entre dans tous les détails de la vie d'Auguste, passe sous silence un acte de clémence qui ferait tant d'honneur à cet empereur, et qui serait la plus mémorable de ses actions. Sénèque suppose la scène en Gaule. Dion Cassius, qui rapporte cette anecdote long-temps après Sénèque, au milieu du troisième siècle de notre ère vulgaire, dit que la chose arriva dans Rome. J'avoue que je croirai difficilement qu'Auguste ait nommé sur-le-champ premier consul un homme convaincu d'avoir voulu l'assassiner.

Mais, vraie ou fausse, cette clémence d'Auguste est un des plus nobles sujets de tragédies, une des plus belles instructions pour les princes. C'est une grande leçon de mœurs; c'est, à mon avis, le chef-d'œuvre de Corneille, malgré quelques défauts.

Antonii consulis latus petierat, jam fuerat collega proscriptionis : sed quum annum quadragesimum transisset, et in Gallia moraretur, delatum est ad eum indicium L. Cinnam, solidi ingenii virum, insidias ei struere; dictum est et ubi, et quando, et quemadmodum aggredi vellet : unus ex consciis deferebat. Statuit se ab eo vindicare. Consilium amicorum advocari jussit.

Nox illi inquieta erat, quum cogitaret adolescentem nobilem, hoc detracto integrum, Cn. Pompeii nepotem damnandum. Jam unum hominem occidere non poterat, quum M. Antonio proscriptionis edictum inter coenam dictaret. Gemens subinde voces varias emittebat et inter se contrarias. « Quid ergo ! ego percussorem meum securum ambulare patiar, me sollicito ? Ergo non dabit poenas, qui tot civilibus bellis frustra petitum caput, tot navalibus, tot pedestribus praeliis incolume, postquam terrâ marique pax parta est, non occidere constituat, sed immolare ? » (Nam sacrificantem placuerat adoriri.) Rursus silentio interposito, majore multò voce sibi quàm Cinnae irascebatur : « Quid vivis, si perire te tam multorum interest ? Quis finis erit suppliciorum ? quis sanguinis ? Ego sum nobilibus adolescentulis expositum caput, in quod mucrones acuant. Non est tanti vita, si, ut ego non peream, tam multa perdenda sunt. » Interpellavit tandem illum Livia uxor ; et « Admittis, inquit, muliebre consilium ? Fac quod medici solent ; ubi usitata remedia non procedunt, tentant contraria. Severitate nihil adhuc profecisti ; Salvidienum Lepidus secutus est, Lepidum Muræna, Murænam Cæpio, Cæpionem Egnatius, ut alios taceam quos tantum ausos pudet: nunc tenta quomodo tibi cedat clementia. Ignosce L. Cinnæ: deprehensus est; jam nocere tibi non potest, prodesse famæ tuæ potest. »

Gavisus sibi quòd advocatum invenerat, uxori quidem gratias egit : renuntiari autem extemplo amicis quos in consilium rogaverat imperavit, et Cinnam unum ad se accersit : dimissisque omnibus e cubiculo, quum alteram poni Cinnæ cathedram jussisset, « Hoc, inquit, primum a te peto ne me loquentem interpelles, ne meo sermone medio proclames; dabitur tibi loquendi liberum tempus. Ego te, Cinna, quum in hostium castris invenissem, non factum tantùm mihi inimicum, sed natum servavi; patrimonium tibi omne concessi; hodie tam felix es et tam dives, ut victo victores invideant : sacerdotium tibi petenti, præteritis compluribus quorum parentes mecum militaverant, dedi. Quum sic de te meruerim, occidere me constituisti. »

Quum ad hanc vocem exclamasset Cinna procul hanc ab se abesse dementiam : « Non præstas, inquit, fidem, Cinna; convenerat ne interloquereris. Occidere, inquam, me paras. » Adjecit locum, socios, diem, ordinem insidiarum, cui commissum esset ferrum. Et quum defixum videret, nec ex conventione jam, sed ex conscientia tacentem : « Quo, inquit, hoc animo facis? Ut ipse sis princeps? Male mehercule cum republica agitur, si tibi ad imperandum nihil præter me obstat. Domum tuam tueri non potes; nuper libertini hominis gratiâ in privato judicio superatus es. Adeo nihil facilius putas quàm contra Cæsarem advocare ? Cedo, si spes tuas solus impedio. Paulusne te et Fabius Maximus et Cossi et Servilii ferent, tantumque agmen nobilium, non inania nomina præferentium, sed eorum qui imaginibus suis decori sunt ? » Ne totam ejus orationem repetendo magnam partem voluminis occupem, diutiùs enim quàm duabus horis locutum esse constat, quum hanc pœnam quâ solâ erat contentus futurus, extenderet. « Vitam tibi, inquit, Cinna, iterum do, prius hosti, nunc insidiatori ac parricidæ. Ex hodierno die inter nos amicitia incipiat. Contendamus, utrum ego meliore fide vitam tibi dederim, an tu debeas. » Post hæc detulit ultro consulatum, questus quòd non auderet petere : amicissimum fidelissimumque habuit; hæres solus fuit illi; nullis ampliùs insidiis ab ullo petitus est.

LETTRE*

DE MONSIEUR DE BALZAC
A M. CORNEILLE.

Monsieur,

J'ai senti un notable soulagement depuis l'arrivée de votre paquet, et je crie miracle dès le commencement de ma lettre. Votre Cinna guérit les malades; il fait que les paralytiques battent des mains; il rend la parole à un muet, ce seroit trop peu de dire à un enrhumé. En effet, j'avois perdu la parole avec la voix; et, puisque je les recouvre l'une et l'autre par votre moyen, il est bien juste que je les emploie toutes deux à votre gloire, et à

---

* Les étrangers verront dans cette lettre quelle était l'éloquence de ce temps-là. Il n'est guère convenable peut-être que l'éloquence soit le partage d'une lettre familière; et, comme dit M. l'abbé d'Olivet, Balzac écrivait une lettre comme Lingende faisait un sermon ou un panégyrique; il s'étudiait à prodiguer les figures.

dire sans cesse : LA BELLE CHOSE! Vous avez peur néanmoins d'être de ceux qui sont accablés par la majesté des sujets qu'ils traitent, et ne pensez pas avoir apporté assez de force pour soutenir la grandeur romaine. Quoique cette modestie me plaise, elle ne me persuade pas, et je m'y oppose pour l'intérêt de la vérité. Vous êtes trop subtil examinateur d'une composition universellement approuvée; et s'il étoit vrai qu'en quelqu'une de ses parties vous eussiez senti quelque foiblesse, ce seroit un secret entre vos muses et vous; car je vous assure que personne ne l'a reconnue. La foiblesse seroit de notre expression, et non pas de votre pensée; elle viendroit du défaut des instruments, et non pas de la faute de l'ouvrier : il faudroit en accuser l'incapacité de notre langue.

Vous nous faites voir Rome tout ce qu'elle peut être à Paris, et ne l'avez point brisée en la remuant. Ce n'est point une Rome de Cassiodore*, et aussi déchirée qu'elle l'étoit au siècle des Théodoric; c'est une Rome de Tite-Live, et aussi pompeuse qu'elle étoit au temps des premiers Césars. Vous avez même trouvé ce qu'elle avoit perdu dans les ruines de la république, cette noble et magnanime fierté; et il se voit bien quelques passables traducteurs de ses paroles et de ses locutions, mais vous êtes le vrai et le fidèle interprète de son esprit et

---

* Pourquoi parler de Théodoric et de Cassiodore quand il s'agit d'Auguste ?

de son courage. Je dis plus, monsieur; vous êtes souvent son pédagogue, et l'avertissez de la bienséance quand elle ne s'en souvient pas. Vous êtes le réformateur du vieux temps, s'il a besoin d'embellissement ou d'appui. Aux endroits où Rome est de brique, vous la rebâtissez de marbre; quand vous trouvez du vide, vous le remplissez d'un chef-d'œuvre; et je prends garde que ce que vous prêtez à l'histoire est toujours meilleur que ce que vous empruntez d'elle.

La femme d'Horace et la maîtresse de Cinna, qui sont vos deux véritables enfantements et les deux pures créatures de votre esprit, ne sont-elles pas aussi les principaux ornements de vos deux poëmes? Et qu'est-ce que la sainte antiquité a produit de vigoureux et de ferme dans le sexe foible, qui soit comparable à ces nouvelles héroïnes que vous avez mises au monde, à ces Romaines de votre façon? Je ne m'ennuie point, depuis quinze jours, de considérer celle que j'ai reçue la dernière.

Je l'ai fait admirer à tous les habiles de notre province : nos orateurs et nos poëtes en disent merveilles : mais un docteur de mes voisins, qui se met d'ordinaire sur le haut style, en parle certes d'une étrange sorte; et il n'y a point de mal que vous sachiez jusqu'où vous avez porté son esprit. Il se contentoit le premier jour de dire que votre Émilie étoit la rivale de Caton et de Brutus dans la passion de la liberté. A cette heure, il va bien plus loin ; tantôt il la nomme la possédée du démon de la république, et quelquefois la belle, la raisonnable, la sainte*, et l'adorable furie. Voilà d'étranges paroles sur le sujet de votre Romaine ; mais elles ne sont pas sans fondement. Elle inspire, en effet, toute la conjuration, et donne chaleur au parti par le feu qu'elle jette dans l'ame du chef ; elle entreprend, en se vengeant**, de venger toute la terre ; elle veut sacrifier à son père une victime qui seroit trop grande pour Jupiter même. C'est, à mon gré, une personne si excellente, que je pense dire peu à son avantage, de dire que vous êtes beaucoup plus heureux en votre race que Pompée n'a été en la sienne, et que votre fille Émilie vaut, sans comparaison, davantage que Cinna son petit-fils. Si celui-ci même a plus de vertu que n'a cru Sénèque, c'est pour être tombé entre vos mains, et à cause que vous avez pris soin de lui. Il vous est obligé de son mérite, comme à Auguste de sa dignité : l'empereur le fit consul, et vous l'avez fait honnête homme ***. Mais vous l'avez pu faire par les

---

* Voilà une plaisante épithète que celle de SAINTE, donnée par ce docteur à Émilie.

** Il paraît qu'en effet Émilie était regardée comme le premier personnage de la pièce, et que dans les commencements on n'imaginait pas que l'intérêt pût tomber sur Auguste.

*** C'est donc Cinna qu'on regardait comme l'honnête

lois d'un art qui polit et orne la vérité, qui permet de favoriser en imitant; qui quelquefois se propose le semblable, et quelquefois le meilleur. J'en dirois trop si j'en disois davantage. Je ne veux pas commencer une dissertation; je veux finir une lettre, et conclure par les protestations ordinaires, mais très sincères et très véritables, que je suis,

Monsieur,

votre très humble serviteur,
Balzac.

---

homme de la pièce, parcequ'il avait voulu venger la liberté publique. En ce cas il fallait qu'on ne regardât la clémence d'Auguste que comme un trait de politique conseillé par Livie.

Dans les premiers mouvements des esprits émus par un poëme tel que Cinna, on est frappé et ébloui de la beauté des détails; on est long-temps sans former un jugement précis sur le fond de l'ouvrage.

PERSONNAGES.

OCTAVE-CÉSAR-AUGUSTE, empereur de Rome.
LIVIE, impératrice.
CINNA, fils d'une fille de Pompée, chef de la conjuration contre Auguste.
MAXIME, autre chef de la conjuration.
ÉMILIE, fille de C. Toranius, tuteur d'Auguste, et proscrit par lui durant le triumvirat.
FULVIE, confidente d'Émilie.
POLYCLÈTE, affranchi d'Auguste.
ÉVANDRE, affranchi de Cinna.
EUPHORBE, affranchi de Maxime.

La scène est à Rome.

CINNA,
TRAGÉDIE.

ACTE PREMIER.

SCÈNE I.

ÉMILIE. 1

Impatients désirs d'une illustre vengeance 2
Dont la mort de mon père a formé la naissance,
Enfants impétueux de mon ressentiment,
Que ma douleur séduite embrasse aveuglément,
Vous prenez sur mon ame un trop puissant empire; 3
Durant quelques moments souffrez que je respire,
Et que je considère, en l'état où je suis,
Et ce que je hasarde, et ce que je poursuis.
Quand je regarde Auguste au milieu de sa gloire, 4
Et que vous reprochez à ma triste mémoire 5
Que par sa propre main mon père massacré
Du trône où je le vois fait le premier degré;
Quand vous me présentez cette sanglante image, 6
La cause de ma haine, et l'effet de sa rage,
Je m'abandonne toute à vos ardents transports,
Et crois, pour une mort, lui devoir mille morts. 7

Au milieu toutefois d'une fureur si juste,
J'aime encor plus Cinna que je ne hais Auguste, 8
Et je sens refroidir ce bouillant mouvement,
Quand il faut, pour le suivre, exposer mon amant.
Oui, Cinna, contre moi moi-même je m'irrite
Quand je songe aux dangers où je te précipite.
Quoique pour me servir tu n'appréhendes rien,
Te demander du sang, c'est exposer le tien :
D'une si haute place on n'abat point de têtes
Sans attirer sur soi mille et mille tempêtes ;
L'issue en est douteuse, et le péril certain.
Un ami déloyal peut trahir ton dessein ;
L'ordre mal concerté, l'occasion mal prise,
Peuvent sur son auteur renverser l'entreprise,
Tourner sur toi les coups dont tu le veux frapper ;
Dans sa ruine même il peut t'envelopper ;
Et, quoi qu'en ma faveur ton amour exécute,
Il te peut, en tombant, écraser sous sa chute.
Ah ! cesse de courir à ce mortel danger ;
Te perdre en me vengeant, ce n'est pas me venger.
Un cœur est trop cruel quand il trouve des charmes
Aux douceurs que corrompt l'amertume des larmes ;
Et l'on doit mettre au rang des plus cuisants malheurs
La mort d'un ennemi qui coûte tant de pleurs.

 Mais peut-on en verser alors qu'on venge un père ?
Est-il perte à ce prix qui ne semble légère ?
Et quand son assassin tombe sous notre effort,
Doit-on considérer ce que coûte sa mort ?
Cessez, vaines frayeurs, cessez, lâches tendresses,
De jeter dans mon cœur vos indignes foiblesses.
Et toi qui les produis par tes soins superflus,
Amour, sers mon devoir, et ne le combats plus : 9

Lui céder, c'est ta gloire; et le vaincre, ta honte:
Montre-toi généreux, souffrant qu'il te surmonte;
Plus tu lui donneras, plus il te va donner,
Et ne triomphera que pour te couronner.

SCÈNE II.

ÉMILIE, FULVIE.

ÉMILIE.

Je l'ai juré, Fulvie, et je le jure encore,
Quoique j'aime Cinna, quoique mon cœur l'adore, ¹
S'il me veut posséder, Auguste doit périr;
Sa tête est le seul prix dont il peut m'acquérir.
Je lui prescris la loi que mon devoir m'impose.

FULVIE.

Elle a pour la blâmer une trop juste cause;
Par un si grand dessein vous vous faites juger ²
Digne sang de celui que vous voulez venger. ³
Mais, encore une fois, souffrez que je vous die
Qu'une si juste ardeur devroit être attiédie.
Auguste chaque jour, à force de bienfaits,
Semble assez réparer les maux qu'il vous a faits;
Sa faveur envers vous paroît si déclarée,
Que vous êtes chez lui la plus considérée;
Et de ses courtisans souvent les plus heureux
Vous pressent à genoux de lui parler pour eux.

ÉMILIE.

Toute cette faveur ne me rend pas mon père;
Et de quelque façon que l'on me considère,
Abondante en richesse, ou puissante en crédit,
Je demeure toujours la fille d'un proscrit.

Les bienfaits ne font pas toujours ce que tu penses;
D'une main odieuse ils tiennent lieu d'offenses:
Plus nous en prodiguons à qui nous peut haïr,
Plus d'armes nous donnons à qui nous veut trahir.
Il m'en fait chaque jour, sans changer mon courage;
Je suis ce que j'étois, et je puis davantage;
Et des mêmes présents qu'il verse dans mes mains
J'achète contre lui les esprits des Romains;
Je recevrois de lui la place de Livie 4
Comme un moyen plus sûr d'attenter à sa vie.
Pour qui venge son père il n'est point de forfaits;
Et c'est vendre son sang que se rendre aux bienfaits.

FULVIE.

Quel besoin toutefois de passer pour ingrate?
Ne pouvez-vous haïr sans que la haine éclate?
Assez d'autres sans vous n'ont pas mis en oubli
Par quelles cruautés son trône est établi;
Tant de braves Romains, tant d'illustres victimes, 5
Qu'à son ambition ont immolés ses crimes,
Laissent à leurs enfants d'assez vives douleurs
Pour venger votre perte en vengeant leurs malheurs.
Beaucoup l'ont entrepris, mille autres vont les suivre:
Qui vit haï de tous ne sauroit long-temps vivre:
Remettez à leurs bras les communs intérêts,
Et n'aidez leurs desseins que par des vœux secrets.

ÉMILIE.

Quoi! je le haïrai sans tâcher de lui nuire?
J'attendrai du hasard qu'il ose le détruire?
Et je satisferai des devoirs si pressants
Par une haine obscure et des vœux impuissants?
Sa perte, que je veux, me deviendroit amère,
Si quelqu'un l'immoloit à d'autres qu'à mon père;

Et tu verrois mes pleurs couler pour son trépas, [6]
Qui, le faisant périr, ne me vengeroit pas.
C'est une lâcheté que de remettre à d'autres
Les intérêts publics qui s'attachent aux nôtres.
Joignons à la douceur de venger nos parents
La gloire qu'on remporte à punir les tyrans ;
Et faisons publier par toute l'Italie :
« La liberté de Rome est l'œuvre d'Émilie :
On a touché son ame, et son cœur s'est épris ;
Mais elle n'a donné son amour qu'à ce prix. »

FULVIE.

Votre amour à ce prix n'est qu'un présent funeste
Qui porte à votre amant sa perte manifeste.
Pensez mieux, Émilie, à quoi vous l'exposez,
Combien à cet écueil se sont déjà brisés ;
Ne vous aveuglez point quand sa mort est visible.

ÉMILIE.

Ah ! tu sais me frapper par où je suis sensible.
Quand je songe aux dangers que je lui fais courir,
La crainte de sa mort me fait déjà mourir ;
Mon esprit en désordre à soi-même s'oppose ;
Je veux, et ne veux pas, je m'emporte, et je n'ose ;
Et mon devoir, confus, languissant, étonné,
Cède aux rébellions de mon cœur mutiné.

Tout beau, ma passion, deviens un peu moins forte ; [7]
Tu vois bien des hasards ; ils sont grands, mais n'importe :
Cinna n'est pas perdu pour être hasardé.
De quelques légions qu'Auguste soit gardé,
Quelque soin qu'il se donne, et quelque ordre qu'il tienne,
Qui méprise la vie est maître de la sienne :
Plus le péril est grand, plus doux en est le fruit ;
La vertu nous y jette, et la gloire le suit.

Quoi qu'il en soit, qu'Auguste ou que Cinna périsse, [8]
Aux mânes paternels je dois ce sacrifice ;
Cinna me l'a promis en recevant ma foi ;
Et ce coup seul aussi le rend digne de moi.
Il est tard, après tout, de m'en vouloir dédire ;
Aujourd'hui l'on s'assemble, aujourd'hui l'on conspire ;
L'heure, le lieu, le bras se choisit aujourd'hui ;
Et c'est à faire enfin à mourir après lui. [9]
Mais le voici qui vient.

SCÈNE III.

CINNA, ÉMILIE, FULVIE.

ÉMILIE.

     Cinna, votre assemblée
Par l'effroi du péril n'est-elle point troublée ?
Et reconnoissez-vous au front de vos amis
Qu'ils soient prêts à tenir ce qu'ils vous ont promis ?

CINNA.

Jamais contre un tyran entreprise conçue
Ne permit d'espérer une si belle issue,
Jamais de telle ardeur on n'en jura la mort,
Et jamais conjurés ne furent mieux d'accord :
Tous s'y montrent portés avec tant d'alégresse,
Qu'ils semblent, comme moi, servir une maîtresse ;
Et tous font éclater un si puissant courroux,
Qu'ils semblent tous venger un père, comme vous.

ÉMILIE.

Je l'avois bien prévu que, pour un tel ouvrage,
Cinna sauroit choisir des hommes de courage,

ACTE I, SCÈNE III.

Et ne remettroit pas en de mauvaises mains
L'intérêt d'Émilie, et celui des Romains.

CINNA.

Plût aux dieux que vous-même eussiez vu de quel zèle [1]
Cette troupe entreprend une action si belle !
Au seul nom de César, d'Auguste et d'empereur,
Vous eussiez vu leurs yeux s'enflammer de fureur,
Et dans un même instant, par un effet contraire,
Leur front pâlir d'horreur, et rougir de colère.
« Amis, leur ai-je dit, voici le jour heureux [2]
Qui doit conclure enfin nos desseins généreux :
Le ciel entre nos mains a mis le sort de Rome,
Et son salut dépend de la perte d'un homme,
Si l'on doit le nom d'homme à qui n'a rien d'humain,
A ce tigre altéré de tout le sang romain.
Combien pour le répandre a-t-il formé de brigues !
Combien de fois changé de partis et de ligues,
Tantôt ami d'Antoine, et tantôt ennemi,
Et jamais insolent ni cruel à demi ! »
Là, par un long récit de toutes les misères [3]
Que durant notre enfance ont enduré nos pères,
Renouvelant leur haine avec leur souvenir,
Je redouble en leurs cœurs l'ardeur de le punir.
Je leur fais des tableaux de ces tristes batailles
Où Rome par ses mains déchiroit ses entrailles,
Où l'aigle abattoit l'aigle, et de chaque côté
Nos légions s'armoient contre leur liberté ;
Où les meilleurs soldats et les chefs les plus braves [4]
Mettoient toute leur gloire à devenir esclaves ;
Où, pour mieux assurer la honte de leurs fers,
Tous vouloient à leur chaîne attacher l'univers ;

Et, l'exécrable honneur de lui donner un maître
Faisant aimer à tous l'infâme nom de traître,
Romains contre Romains, parents contre parents,
Combattoient seulement pour le choix des tyrans.
 J'ajoute à ces tableaux la peinture effroyable
De leur concorde impie, affreuse, inexorable,
Funeste aux gens de bien, aux riches, au sénat,
Et, pour tout dire enfin, de leur triumvirat.
Mais je ne trouve point de couleurs assez noires
Pour en représenter les tragiques histoires :
Je les peins dans le meurtre à l'envi triomphants,
Rome entière noyée au sang de ses enfants ;
Les uns assassinés dans les places publiques,
Les autres dans le sein de leurs dieux domestiques ;
Le méchant par le prix au crime encouragé,
Le mari par sa femme en son lit égorgé ;
Le fils tout dégouttant du meurtre de son père,
Et, sa tête à la main, demandant son salaire ;
Sans pouvoir exprimer par tant d'horribles traits
Qu'un crayon imparfait de leur sanglante paix.
 Vous dirai-je les noms de ces grands personnages
Dont j'ai dépeint les morts pour aigrir les courages,
De ces fameux proscrits, ces demi-dieux mortels,
Qu'on a sacrifiés jusque sur les autels ?
Mais pourrois-je vous dire à quelle impatience,
A quels frémissements, à quelle violence,
Ces indignes trépas, quoique mal figurés,
Ont porté les esprits de tous nos conjurés ?
Je n'ai point perdu temps ; et voyant leur colère
Au point de ne rien craindre, en état de tout faire,
J'ajoute en peu de mots : « Toutes ces cruautés,
La perte de nos biens et de nos libertés,

Le ravage des champs, le pillage des villes,
Et les proscriptions, et les guerres civiles,
Sont les degrés sanglants dont Auguste a fait choix
Pour monter sur le trône, et nous donner des lois.
Mais nous pouvons changer un destin si funeste, [6]
Puisque de trois tyrans c'est le seul qui nous reste,
Et que, juste une fois, il s'est privé d'appui,
Perdant, pour régner seul, deux méchants comme lui.
Lui mort, nous n'avons point de vengeur, ni de maître: [7]
Avec la liberté Rome s'en va renaître ; [8]
Et nous mériterons le nom de vrais Romains,
Si le joug qui l'accable est brisé par nos mains.
Prenons l'occasion tandis qu'elle est propice :
Demain au Capitole il fait un sacrifice ;
Qu'il en soit la victime, et faisons en ces lieux
Justice à tout le monde à la face des dieux.
Là presque pour sa suite il n'a que notre troupe ;
C'est de ma main qu'il prend et l'encens et la coupe ;
Et je veux pour signal que cette même main
Lui donne, au lieu d'encens, d'un poignard dans le sein.
Ainsi d'un coup mortel la victime frappée
Fera voir si je suis du sang du grand Pompée :
Faites voir, après moi, si vous vous souvenez
Des illustres aïeux de qui vous êtes nés. »
A peine ai-je achevé, que chacun renouvelle,
Par un noble serment, le vœu d'être fidèle :
L'occasion leur plaît, mais chacun veut pour soi
L'honneur du premier coup, que j'ai choisi pour moi.
La raison règle enfin l'ardeur qui les emporte :
Maxime et la moitié s'assurent de la porte ;
L'autre moitié me suit, et doit l'environner,
Prête au moindre signal que je voudrai donner.

Voilà, belle Émilie, à quel point nous en sommes.
Demain j'attends la haine ou la faveur des hommes, 9
Le nom de parricide, ou de libérateur,
César celui de prince, ou d'un usurpateur.
Du succès qu'on obtient contre la tyrannie
Dépend ou notre gloire, ou notre ignominie ;
Et le peuple, inégal à l'endroit des tyrans, 10
S'il les déteste morts, les adore vivants.
Pour moi, soit que le ciel me soit dur ou propice,
Qu'il m'élève à la gloire, ou me livre au supplice,
Que Rome se déclare ou pour ou contre nous,
Mourant pour vous servir, tout me semblera doux.

ÉMILIE.

Ne crains point de succès qui souille ta mémoire :
Le bon et le mauvais sont égaux pour ta gloire ;
Et, dans un tel dessein, le manque de bonheur
Met en péril ta vie, et non pas ton honneur.
Regarde le malheur de Brute et de Cassie ;
La splendeur de leur nom en est-elle obscurcie ?
Sont-ils morts tout entiers avec leurs grands desseins ? 11
Ne les compte-t-on plus pour les derniers Romains ?
Leur mémoire dans Rome est encor précieuse
Autant que de César la vie est odieuse ;
Si leur vainqueur y règne, ils y sont regrettés,
Et par les vœux de tous leurs pareils souhaités.
Va marcher sur leurs pas où l'honneur te convie : 12
Mais ne perds pas le soin de conserver ta vie ;
Souviens-toi du beau feu dont nous sommes épris, 13
Qu'aussi-bien que la gloire Émilie est ton prix ;
Que tu me dois ton cœur, que mes faveurs t'attendent ;
Que tes jours me sont chers, que les miens en dépendent....

Mais quelle occasion mène Évandre vers nous?

SCÈNE IV.

CINNA, ÉMILIE, ÉVANDRE, FULVIE.

ÉVANDRE.

Seigneur, César vous mande, et Maxime avec vous.

CINNA.

Et Maxime avec moi! Le sais-tu bien, Évandre?

ÉVANDRE.

Polyclète est encor chez vous à vous attendre,
Et fût venu lui-même avec moi vous chercher,
Si ma dextérité n'eût su l'en empêcher;
Je vous en donne avis de peur d'une surprise.
Il presse fort.

ÉMILIE.

Mander les chefs de l'entreprise!
Tous deux! en même temps! Vous êtes découverts.

CINNA.

Espérons mieux, de grace.

ÉMILIE.

Ah! Cinna, je te perds!
Et les dieux, obstinés à nous donner un maître,
Parmi tes vrais amis ont mêlé quelque traître.
Il n'en faut point douter, Auguste a tout appris.
Quoi! tous deux! et sitôt que le conseil est pris!

CINNA.

Je ne vous puis celer que son ordre m'étonne;
Mais souvent il m'appelle auprès de sa personne:

Maxime est comme moi de ses plus confidents ;
Et nous nous alarmons peut-être en imprudents.

ÉMILIE.

Sois moins ingénieux à te tromper toi-même,
Cinna ; ne porte point mes maux jusqu'à l'extrême ;
Et, puisque désormais tu ne peux me venger,
Dérobe au moins ta tête à ce mortel danger ;
Fuis d'Auguste irrité l'implacable colère.
Je verse assez de pleurs pour la mort de mon père ; [2]
N'aigris point ma douleur par un nouveau tourment ;
Et ne me réduis point à pleurer mon amant.

CINNA.

Quoi ! sur l'illusion d'une terreur panique,
Trahir vos intérêts et la cause publique !
Par cette lâcheté moi-même m'accuser !
Et tout abandonner quand il faut tout oser !
Que feront nos amis si vous êtes déçue ?

ÉMILIE.

Mais que deviendras-tu si l'entreprise est sue ?

CINNA.

S'il est pour me trahir des esprits assez bas,
Ma vertu pour le moins ne me trahira pas ;
Vous la verrez, brillante au bord des précipices,
Se couronner de gloire en bravant les supplices,
Rendre Auguste jaloux du sang qu'il répandra,
Et le faire trembler alors qu'il me perdra.
Je deviendrois suspect à tarder davantage.
Adieu. Raffermissez ce généreux courage.
S'il faut subir le coup d'un destin rigoureux,
Je mourrai tout ensemble heureux et malheureux ; [3]

ACTE I, SCÈNE IV.

Heureux pour vous servir de perdre ainsi la vie,
Malheureux de mourir sans vous avoir servie.

ÉMILIE.

Oui, va, n'écoute plus ma voix qui te retient ;
Mon trouble se dissipe, et ma raison revient.
Pardonne à mon amour cette indigne foiblesse.
Tu voudrois fuir en vain, Cinna, je le confesse ;
Si tout est découvert, Auguste a su pourvoir
A ne te laisser pas ta fuite en ton pouvoir.
Porte, porte chez lui cette mâle assurance,
Digne de notre amour, digne de ta naissance ;
Meurs, s'il y faut mourir, en citoyen romain,
Et par un beau trépas couronne un beau dessein.
Ne crains pas qu'après toi rien ici me retienne ;
Ta mort emportera mon ame vers la tienne ;
Et mon cœur, aussitôt percé des mêmes coups....

CINNA.

Ah ! souffrez que tout mort je vive encore en vous ;
Et du moins en mourant permettez que j'espère
Que vous saurez venger l'amant avec le père.
Rien n'est pour vous à craindre ; aucun de nos amis
Ne sait ni vos desseins, ni ce qui m'est promis ;
Et, leur parlant tantôt des misères romaines,
Je leur ai tû la mort qui fait naître nos haines,
De peur que mon ardeur touchant vos intérêts
D'un si parfait amour ne trahît les secrets ;
Il n'est su que d'Évandre et de votre Fulvie.

ÉMILIE.

Avec moins de frayeur je vais donc chez Livie,
Puisque dans ton péril il me reste un moyen
De faire agir pour toi son crédit et le mien :

Mais si mon amitié par là ne te délivre,
N'espère pas qu'enfin je veuille te survivre.
Je fais de ton destin des règles à mon sort, 4
Et j'obtiendrai ta vie, ou je suivrai ta mort. 5

CINNA.

Soyez en ma faveur moins cruelle à vous-même.

ÉMILIE.

Va-t-en, et souviens-toi seulement que je t'aime. 6

FIN DU PREMIER ACTE.

ACTE SECOND.

SCÈNE I.[1]

AUGUSTE, CINNA, MAXIME,
TROUPE DE COURTISANS.

AUGUSTE.

Que chacun se retire, et qu'aucun n'entre ici.
Vous, Cinna, demeurez, et vous, Maxime, aussi.
(Tous se retirent, à la réserve de Cinna et de Maxime.)
Cet empire absolu sur la terre et sur l'onde, [2]
Ce pouvoir souverain que j'ai sur tout le monde,
Cette grandeur sans borne et cet illustre rang
Qui m'a jadis coûté tant de peine et de sang,
Enfin tout ce qu'adore en ma haute fortune
D'un courtisan flatteur la présence importune,
N'est que de ces beautés dont l'éclat éblouit,
Et qu'on cesse d'aimer sitôt qu'on en jouit.
L'ambition déplaît quand elle est assouvie, [3]
D'une contraire ardeur son ardeur est suivie ;
Et comme notre esprit, jusqu'au dernier soupir,
Toujours vers quelque objet pousse quelque désir,
Il se ramène en soi, n'ayant plus où se prendre,
Et, monté sur le faîte, il aspire à descendre. [4]
J'ai souhaité l'empire, et j'y suis parvenu ;
Mais, en le souhaitant, je ne l'ai pas connu :

Dans sa possession j'ai trouvé pour tous charmes
D'effroyables soucis, d'éternelles alarmes,
Mille ennemis secrets, la mort à tous propos, 5
Point de plaisir sans trouble, et jamais de repos. 6
Sylla m'a précédé dans ce pouvoir suprême;
Le grand César mon père en a joui de même.
D'un œil si différent tous deux l'ont regardé,
Que l'un s'en est démis, et l'autre l'a gardé:
Mais l'un, cruel, barbare, est mort aimé, tranquille,
Comme un bon citoyen dans le sein de sa ville;
L'autre, tout débonnaire, au milieu du sénat
A vu trancher ses jours par un assassinat.
Ces exemples récents suffiroient pour m'instruire,
Si par l'exemple seul on se devoit conduire;
L'un m'invite à le suivre, et l'autre me fait peur.
Mais l'exemple souvent n'est qu'un miroir trompeur;
Et l'ordre du destin qui gêne nos pensées 7
N'est pas toujours écrit dans les choses passées:
Quelquefois l'un se brise où l'autre s'est sauvé,
Et par où l'un périt un autre est conservé.
   Voilà, mes chers amis, ce qui me met en peine.
Vous, qui me tenez lieu d'Agrippe et de Mécène, 8
Pour résoudre ce point avec eux débattu,
Prenez sur mon esprit le pouvoir qu'ils ont eu:
Ne considérez point cette grandeur suprême,
Odieuse aux Romains, et pesante à moi-même;
Traitez-moi comme ami, non comme souverain;
Rome, Auguste, l'état, tout est en votre main:
Vous mettrez et l'Europe, et l'Asie, et l'Afrique,
Sous les lois d'un monarque, ou d'une république;
Votre avis est ma règle, et par ce seul moyen
Je veux être empereur, ou simple citoyen.

CINNA.

Malgré notre surprise, et mon insuffisance, 9
Je vous obéirai, seigneur, sans complaisance,
Et mets bas le respect qui pourroit m'empêcher
De combattre un avis où vous semblez pencher;
Souffrez-le d'un esprit jaloux de votre gloire
Que vous allez souiller d'une tache trop noire,
Si vous ouvrez votre ame à ces impressions
Jusques à condamner toutes vos actions.
 On ne renonce point aux grandeurs légitimes;
On garde sans remords ce qu'on acquiert sans crimes;
Et plus le bien qu'on quitte est noble, grand, exquis,
Plus qui l'ose quitter le juge mal acquis.
N'imprimez pas, seigneur, cette honteuse marque
A ces rares vertus qui vous ont fait monarque;
Vous l'êtes justement, et c'est sans attentat
Que vous avez changé la forme de l'état.
Rome est dessous vos lois par le droit de la guerre, 10
Qui sous les lois de Rome a mis toute la terre;
Vos armes l'ont conquise, et tous les conquérants
Pour être usurpateurs ne sont pas des tyrans;
Quand ils ont sous leurs lois asservi des provinces,
Gouvernant justement ils s'en font justes princes.
C'est ce que fit César; il vous faut aujourd'hui 11
Condamner sa mémoire, ou faire comme lui.
Si le pouvoir suprême est blâmé par Auguste,
César fut un tyran, et son trépas fut juste,
Et vous devez aux dieux compte de tout le sang 12
Dont vous l'avez vengé pour monter à son rang.
N'en craignez point, seigneur, les tristes destinées; 13
Un plus puissant démon veille sur vos années :

On a dix fois sur vous attenté sans effet, [14]
Et qui l'a voulu perdre au même instant l'a fait.
On entreprend assez, mais aucun n'exécute :
Il est des assassins, mais il n'est plus de Brute :
Enfin, s'il faut attendre un semblable revers,
Il est beau de mourir maître de l'univers.
C'est ce qu'en peu de mots j'ose dire ; et j'estime
Que ce peu que j'ai dit est l'avis de Maxime.

MAXIME.

Oui, j'accorde qu'Auguste a droit de conserver
L'empire où sa vertu l'a fait seule arriver,
Et qu'au prix de son sang, au péril de sa tête,
Il a fait de l'état une juste conquête.
Mais que, sans se noircir, il ne puisse quitter
Le fardeau que sa main est lasse de porter,
Qu'il accuse par là César de tyrannie,
Qu'il approuve sa mort, c'est ce que je dénie.
   Rome est à vous, seigneur, l'empire est votre bien.
Chacun en liberté peut disposer du sien ;
Il le peut à son choix garder, ou s'en défaire.
Vous seul ne pourriez pas ce que peut le vulgaire !
Et seriez devenu, pour avoir tout dompté,
Esclave des grandeurs où vous êtes monté !
Possédez-les, seigneur, sans qu'elles vous possèdent ;
Loin de vous captiver, souffrez qu'elles vous cèdent ;
Et faites hautement connoître enfin à tous
Que tout ce qu'elles ont est au-dessous de vous.
Votre Rome autrefois vous donna la naissance ; [15]
Vous lui voulez donner votre toute-puissance ;
Et Cinna vous impute à crime capital [16]
La libéralité vers le pays natal !

ACTE II, SCÈNE I.

Il appelle remords l'amour de la patrie !
Par la haute vertu la gloire est donc flétrie,
Et ce n'est qu'un objet digne de nos mépris, [17]
Si de ses pleins effets l'infamie est le prix.
Je veux bien avouer qu'une action si belle
Donne à Rome bien plus que vous ne tenez d'elle :
Mais commet-on un crime indigne de pardon, [18]
Quand la reconnoissance est au-dessus du don ?
Suivez, suivez, seigneur, le ciel qui vous inspire :
Votre gloire redouble à mépriser l'empire ;
Et vous serez fameux chez la postérité,
Moins pour l'avoir conquis que pour l'avoir quitté.
Le bonheur peut conduire à la grandeur suprême :
Mais pour y renoncer il faut la vertu même ;
Et peu de généreux vont jusqu'à dédaigner, [19]
Après un sceptre acquis, la douceur de régner.

    Considérez d'ailleurs que vous régnez dans Rome,
Où, de quelque façon que votre cour vous nomme,
On hait la monarchie, et le nom d'empereur,
Cachant celui de roi, ne fait pas moins d'horreur.
Il passe pour tyran quiconque s'y fait maître ; [20]
Qui le sert, pour esclave ; et qui l'aime, pour traître : [21]
Qui le souffre a le cœur lâche, mol, abattu ; [22]
Et pour s'en affranchir tout s'appelle vertu.
Vous en avez, seigneur, des preuves trop certaines :
On a fait contre vous dix entreprises vaines ;
Peut-être que l'onzième est prête d'éclater,
Et que ce mouvement qui vous vient d'agiter
N'est qu'un avis secret que le ciel vous envoie,
Qui pour vous conserver n'a plus que cette voie.
Ne vous exposez plus à ces fameux revers :
Il est beau de mourir maître de l'univers ;

Mais la plus belle mort souille notre mémoire,
Quand nous avons pu vivre et croître notre gloire.

CINNA.

Si l'amour du pays doit ici prévaloir,
C'est son bien seulement que vous devez vouloir;
Et cette liberté, qui lui semble si chère,
N'est pour Rome, seigneur, qu'un bien imaginaire,
Plus nuisible qu'utile, et qui n'approche pas
De celui qu'un bon prince apporte à ses états.
Avec ordre et raison les honneurs il dispense,
Avec discernement punit et récompense;
Et dispose de tout en juste possesseur,
Sans rien précipiter, de peur d'un successeur.
Mais quand le peuple est maître, on n'agit qu'en tumulte;
La voix de la raison jamais ne se consulte;
Les honneurs sont vendus aux plus ambitieux,
L'autorité livrée aux plus séditieux.
Ces petits souverains qu'il fait pour une année,
Voyant d'un temps si court leur puissance bornée,
Des plus heureux desseins font avorter le fruit,
De peur de le laisser à celui qui les suit;
Comme ils ont peu de part au bien dont ils ordonnent,
Dans le champ du public largement ils moissonnent, [23]
Assurés que chacun leur pardonne aisément,
Espérant à son tour un pareil traitement.
Le pire des états, c'est l'état populaire. [24]

AUGUSTE.

Et toutefois le seul qui dans Rome peut plaire.
Cette haine des rois que depuis cinq cents ans
Avec le premier lait sucent tous ses enfants,

Pour l'arracher des cœurs, est trop enracinée.

MAXIME.

Oui, seigneur, dans son mal Rome est trop obstinée ;
Son peuple, qui s'y plaît, en fuit la guérison :
Sa coutume l'emporte, et non pas la raison ;
Et cette vieille erreur, que Cinna veut abattre,
Est une heureuse erreur dont il est idolâtre,
Par qui le monde entier, asservi sous ses lois,
L'a vu cent fois marcher sur la tête des rois,
Son épargne s'enfler du sac de leurs provinces.
Que lui pouvoient de plus donner les meilleurs princes?

J'ose dire, seigneur, que par tous les climats
Ne sont pas bien reçus toutes sortes d'états ;
Chaque peuple a le sien conforme à sa nature,
Qu'on ne sauroit changer sans lui faire une injure :
Telle est la loi du ciel, dont la sage équité
Sème dans l'univers cette diversité.
Les Macédoniens aiment le monarchique,
Et le reste des Grecs la liberté publique :
Les Parthes, les Persans veulent des souverains ;
Et le seul consulat est bon pour les Romains.

CINNA.

Il est vrai que du ciel la prudence infinie
Départ à chaque peuple un différent génie ;
Mais il n'est pas moins vrai que cet ordre des cieux
Change selon les temps comme selon les lieux.
Rome a reçu des rois ses murs et sa naissance ;
Elle tient des consuls sa gloire et sa puissance,
Et reçoit maintenant de vos rares bontés
Le comble souverain de ses prospérités.
Sous vous, l'état n'est plus en pillage aux armées ;
Les portes de Janus par vos mains sont fermées,

Ce que sous ses consuls on n'a vu qu'une fois,
Et qu'a fait voir comme eux le second de ses rois.

MAXIME.

Les changements d'état que fait l'ordre céleste [25]
Ne coûtent point de sang, n'ont rien qui soit funeste.

CINNA.

C'est un ordre des dieux, qui jamais ne se rompt,
De nous vendre bien cher les grands biens qu'ils nous font.
L'exil des Tarquins même ensanglanta nos terres,
Et nos premiers consuls nous ont coûté des guerres.

MAXIME.

Donc votre aïeul Pompée au ciel a résisté [26]
Quand il a combattu pour notre liberté?

CINNA.

Si le ciel n'eût voulu que Rome l'eût perdue,
Par les mains de Pompée il l'auroit défendue :
Il a choisi sa mort pour servir dignement
D'une marque éternelle à ce grand changement,
Et devoit cette gloire aux mânes d'un tel homme
D'emporter avec eux la liberté de Rome.

Ce nom depuis long-temps ne sert qu'à l'éblouir,
Et sa propre grandeur l'empêche d'en jouir.
Depuis qu'elle se voit la maîtresse du monde,
Depuis que la richesse entre ses murs abonde,
Et que son sein, fécond en glorieux exploits,
Produit des citoyens plus puissants que des rois,
Les grands, pour s'affermir achetant les suffrages,
Tiennent pompeusement leurs maîtres à leurs gages,
Qui, par des fers dorés se laissant enchaîner,
Reçoivent d'eux les lois qu'ils pensent leur donner.

Envieux l'un de l'autre, ils mènent tout par brigues,
Que leur ambition tourne en sanglantes ligues.
Ainsi de Marius Sylla devint jaloux;
César, de mon aïeul; Marc-Antoine, de vous:
Ainsi la liberté ne peut plus être utile
Qu'à former les fureurs d'une guerre civile,
Lorsque, par un désordre à l'univers fatal,
L'un ne veut point de maître, et l'autre point d'égal.
 Seigneur, pour sauver Rome, il faut qu'elle s'unisse
En la main d'un bon chef à qui tout obéisse.
Si vous aimez encore à la favoriser,
Otez-lui les moyens de se plus diviser.
Sylla, quittant la place enfin bien usurpée, 27
N'a fait qu'ouvrir le champ à César et Pompée,
Que le malheur des temps ne nous eût pas fait voir, 28
S'il eût dans sa famille assuré son pouvoir.
Qu'a fait du grand César le cruel parricide,
Qu'élever contre vous Antoine avec Lépide,
Qui n'eussent pas détruit Rome par les Romains,
Si César eût laissé l'empire entre vos mains?
Vous la replongerez, en quittant cet empire,
Dans les maux dont à peine encore elle respire;
Et de ce peu, seigneur, qui lui reste de sang,
Une guerre nouvelle épuisera son flanc.
 Que l'amour du pays, que la pitié vous touche;
Votre Rome à genoux vous parle par ma bouche. 29
Considérez le prix que vous avez coûté:
Non pas qu'elle vous croie avoir trop acheté,
Des maux qu'elle a soufferts elle est trop bien payée;
Mais une juste peur tient son ame effrayée.
Si, jaloux de son heur, et las de commander,
Vous lui rendez un bien qu'elle ne peut garder,

S'il lui faut à ce prix en acheter un autre,
Si vous ne préférez son intérêt au vôtre,
Si ce funeste don la met au désespoir,
Je n'ose dire ici ce que j'ose prévoir.
Conservez-vous, seigneur, en lui laissant un maître
Sous qui son vrai bonheur commence de renaître ;
Et, pour mieux assurer le bien commun de tous,
Donnez un successeur qui soit digne de vous.

AUGUSTE.

N'en délibérons plus, cette pitié l'emporte.
Mon repos m'est bien cher, mais Rome est la plus forte :
Et, quelque grand malheur qui m'en puisse arriver,
Je consens à me perdre afin de la sauver.
Pour ma tranquillité mon cœur en vain soupire :
Cinna, par vos conseils je retiendrai l'empire ;
Mais je le retiendrai pour vous en faire part.
Je vois trop que vos cœurs n'ont point pour moi de fard,
Et que chacun de vous, dans l'avis qu'il me donne,
Regarde seulement l'état et ma personne ;
Votre amour en tous deux fait ce combat d'esprits,
Et vous allez tous deux en recevoir le prix.

    Maxime, je vous fais gouverneur de Sicile ;
Allez donner mes lois à ce terroir fertile :
Songez que c'est pour moi que vous gouvernerez,
Et que je répondrai de ce que vous ferez.

    Pour épouse, Cinna, je vous donne Émilie :
Vous savez qu'elle tient la place de Julie,
Et que, si nos malheurs et la nécessité
M'ont fait traiter son père avec sévérité,
Mon épargne depuis en sa faveur ouverte
Doit avoir adouci l'aigreur de cette perte.

Voyez-la de ma part, tâchez de la gagner :
Vous n'êtes point pour elle un homme à dédaigner ;
De l'offre de vos vœux elle sera ravie. 3 4
Adieu : j'en veux porter la nouvelle à Livie.

SCÈNE II.

CINNA, MAXIME.

MAXIME.

Quel est votre dessein après ces beaux discours ? 1

CINNA.

Le même que j'avois, et que j'aurai toujours.

MAXIME.

Un chef de conjurés flatte la tyrannie !

CINNA.

Un chef de conjurés la veut voir impunie !

MAXIME.

Je veux voir Rome libre. 2

CINNA.

Et vous pouvez juger
Que je veux l'affranchir ensemble et la venger.
Octave aura donc vu ses fureurs assouvies, 3
Pillé jusqu'aux autels, sacrifié nos vies,
Rempli les champs d'horreur, comblé Rome de morts,
Et sera quitte après pour l'effet d'un remords !
Quand le ciel par nos mains à le punir s'apprête,
Un lâche repentir garantira sa tête ! 4
C'est trop semer d'appâts, et c'est trop inviter
Par son impunité quelque autre à l'imiter.

Vengeons nos citoyens, et que sa peine étonne
Quiconque après sa mort aspire à la couronne.
Que le peuple aux tyrans ne soit plus exposé ;
S'il eût puni Sylla, César eût moins osé.

MAXIME.

Mais la mort de César, que vous trouvez si juste,
A servi de prétexte aux cruautés d'Auguste.
Voulant nous affranchir, Brute s'est abusé ;
S'il n'eût puni César, Auguste eût moins osé.

CINNA.

La faute de Cassie, et ses torreurs paniques,
Ont fait rentrer l'état sous des lois tyranniques ;
Mais nous ne verrons point de pareils accidents,
Lorsque Rome suivra des chefs moins imprudents.

MAXIME.

Nous sommes encor loin de mettre en évidence
Si nous nous conduirons avec plus de prudence ;
Cependant c'en est peu que de n'accepter pas
Le bonheur qu'on recherche au péril du trépas.

CINNA.

C'en est encor bien moins, alors qu'on s'imagine
Guérir un mal si grand sans couper la racine :
Employer la douceur à cette guérison,
C'est, en fermant la plaie, y verser du poison.

MAXIME.

Vous la voulez sanglante, et la rendez douteuse.

CINNA.

Vous la voulez sans peine, et la rendez honteuse.

MAXIME.

Pour sortir de ses fers jamais on ne rougit.

CINNA.

On en sort lâchement si la vertu n'agit.

MAXIME.

Jamais la liberté ne cesse d'être aimable ;
Et c'est toujours pour Rome un bien inestimable.

CINNA.

Ce ne peut être un bien qu'elle daigne estimer,
Quand il vient d'une main lasse de l'opprimer :
Elle a le cœur trop bon pour se voir avec joie
Le rebut du tyran dont elle fut la proie ;
Et tout ce que la gloire a de vrais partisans
Le hait trop puissamment pour aimer ses présents.

MAXIME.

Donc pour vous Émilie est un objet de haine ?

CINNA.

La recevoir de lui me seroit une gêne :
Mais quand j'aurai vengé Rome des maux soufferts, 6
Je saurai le braver jusque dans les enfers.
Oui, quand par son trépas je l'aurai méritée,
Je veux joindre à sa main ma main ensanglantée, 7
L'épouser sur sa cendre, et qu'après notre effort
Les présents du tyran soient le prix de sa mort.

MAXIME.

Mais l'apparence, ami, que vous puissiez lui plaire
Teint du sang de celui qu'elle aime comme un père ?
Car vous n'êtes pas homme à la violenter.

CINNA.

Ami, dans ce palais on peut nous écouter, 8

Et nous parlons peut-être avec trop d'imprudence
Dans un lieu si mal propre à notre confidence :
Sortons, qu'en sûreté j'examine avec vous
Pour en venir à bout les moyens les plus doux.

FIN DU SECOND ACTE.

ACTE TROISIÈME.

SCÈNE I.

MAXIME, EUPHORBE.

MAXIME.

Lui-même il m'a tout dit, leur flamme est mutuelle;
Il adore Émilie, il est adoré d'elle : [1]
Mais sans venger son père il n'y peut aspirer,
Et c'est pour l'acquérir qu'il nous fait conspirer.

EUPHORBE.

Je ne m'étonne plus de cette violence [2]
Dont il contraint Auguste à garder sa puissance :
La ligue se romproit s'il s'en étoit démis, [3]
Et tous vos conjurés deviendroient ses amis.

MAXIME.

Ils servent à l'envi la passion d'un homme [4]
Qui n'agit que pour soi, feignant d'agir pour Rome;
Et moi, par un malheur qui n'eut jamais d'égal,
Je pense servir Rome, et je sers mon rival !

EUPHORBE.

Vous êtes son rival ! [5]

MAXIME.

    Oui, j'aime sa maîtresse,
Et l'ai caché toujours avec assez d'adresse;
Mon ardeur inconnue, avant que d'éclater,
Par quelque grand exploit la vouloit mériter :

Cependant par mes mains je vois qu'il me l'enlève ;
Son dessein fait ma perte, et c'est moi qui l'achève ;
J'avance des succès dont j'attends le trépas,
Et pour m'assassiner je lui prête mon bras.
Que l'amitié me plonge en un malheur extrême ! 6

EUPHORBE.

L'issue en est aisée : agissez pour vous-même ;
D'un dessein qui vous perd rompez le coup fatal ;
Gagnez une maîtresse, accusant un rival. 7
Auguste, à qui par là vous sauverez la vie,
Ne vous pourra jamais refuser Émilie.

MAXIME.

Quoi ! trahir mon ami !

EUPHORBE.

L'amour rend tout permis :
Un véritable amant ne connoît point d'amis ; 8
Et même avec justice on peut trahir un traître
Qui pour une maîtresse ose trahir son maître.
Oubliez l'amitié, comme lui les bienfaits.

MAXIME.

C'est un exemple à fuir que celui des forfaits.

EUPHORBE.

Contre un si noir dessein tout devient légitime ;
On n'est point criminel quand on punit un crime.

MAXIME.

Un crime par qui Rome obtient sa liberté !

EUPHORBE.

Craignez tout d'un esprit si plein de lâcheté.
L'intérêt du pays n'est point ce qui l'engage ;
Le sien, et non la gloire, anime son courage :

Il aimeroit César s'il n'étoit amoureux,
Et n'est enfin qu'ingrat, et non pas généreux.
    Pensez-vous avoir lu jusqu'au fond de son ame?
Sous la cause publique il vous cachoit sa flamme,
Et peut cacher encor sous cette passion
Les détestables feux de son ambition.
Peut-être qu'il prétend, après la mort d'Octave,
Au lieu d'affranchir Rome, en faire son esclave,
Qu'il vous compte déjà pour un de ses sujets,
Ou que sur votre perte il fonde ses projets.

MAXIME.

Mais comment l'accuser sans nommer tout le reste?
A tous nos conjurés l'avis seroit funeste,
Et par là nous verrions indignement trahis
Ceux qu'engage avec nous le seul bien du pays,
D'un si lâche dessein mon ame est incapable:
Il perd trop d'innocents pour punir un coupable.
J'ose tout contre lui, mais je crains tout pour eux.

EUPHORBE.

Auguste s'est lassé d'être si rigoureux ;
En ces occasions, ennuyé de supplices,
Ayant puni les chefs, il pardonne aux complices.
Si toutefois pour eux vous craignez son courroux,
Quand vous lui parlerez, parlez au nom de tous.

MAXIME.

Nous disputons en vain, et ce n'est que folie
De vouloir par sa perte acquérir Émilie ;
Ce n'est pas le moyen de plaire à ses beaux yeux
Que de priver du jour ce qu'elle aime le mieux.
Pour moi, j'estime peu qu'Auguste me la donne ;
Je veux gagner son cœur plutôt que sa personne ; [10]

Et ne fais point d'état de sa possession
Si je n'ai point de part à son affection.
Puis-je la mériter par une triple offense ?
Je trahis son amant, je détruis sa vengeance,
Je conserve le sang qu'elle veut voir périr : [11]
Et j'aurois quelque espoir qu'elle me pût chérir !

EUPHORBE.

C'est ce qu'à dire vrai je vois fort difficile. [12]
L'artifice pourtant vous y peut être utile ;
Il en faut trouver un qui la puisse abuser ;
Et du reste, le temps en pourra disposer.

MAXIME.

Mais si pour s'excuser il nomme sa complice,
S'il arrive qu'Auguste avec lui la punisse,
Puis-je lui demander, pour prix de mon rapport,
Celle qui nous oblige à conspirer sa mort ?

EUPHORBE.

Vous pourriez m'opposer tant et de tels obstacles,
Que pour les surmonter il faudroit des miracles ;
J'espère toutefois qu'à force d'y rêver....

MAXIME.

Éloigne-toi ; dans peu j'irai te retrouver :
Cinna vient, et je veux en tirer quelque chose, [13]
Pour mieux résoudre, après, ce que je me propose.

SCÈNE II.

CINNA, MAXIME.

MAXIME.

Vous me semblez pensif.

CINNA.

Ce n'est pas sans sujet.

MAXIME.

Puis-je d'un tel chagrin savoir quel est l'objet ? [1]

CINNA.

Émilie et César ; l'un et l'autre me gêne ;
L'un me semble trop bon, l'autre trop inhumaine.
Plût aux dieux que César employât mieux ses soins,
Et s'en fît plus aimer, ou m'aimât un peu moins ;
Que sa bonté touchât la beauté qui me charme,
Et la pût adoucir comme elle me désarme !
Je sens au fond du cœur mille remords cuisants
Qui rendent à mes yeux tous ses bienfaits présents.
Cette faveur si pleine, et si mal reconnue,
Par un mortel reproche à tous moments me tue :
Il me semble surtout incessamment le voir
Déposer en nos mains son absolu pouvoir,
Écouter nos avis, m'applaudir, et me dire :
« Cinna, par vos conseils je retiendrai l'empire ;
Mais je le retiendrai pour vous en faire part. »
Et je puis dans son sein enfoncer un poignard !
Ah ! plutôt.... Mais, hélas ! j'idolâtre Émilie ;
Un serment exécrable à sa haine me lie ;
L'horreur qu'elle a de lui me le rend odieux :
Des deux côtés j'offense et ma gloire et les dieux ; [2]

Je deviens sacrilège, ou je suis parricide;
Et vers l'un ou vers l'autre il faut être perfide.

MAXIME.

Vous n'aviez point tantôt ces agitations; 3
Vous paroissiez plus ferme en vos intentions;
Vous ne sentiez au cœur ni remords ni reproche.

CINNA.

On ne les sent aussi que quand le coup approche; 4
Et l'on ne reconnoît de semblables forfaits
Que quand la main s'apprête à venir aux effets.
L'ame, de son dessein jusque-là possédée,
S'attache aveuglément à sa première idée;
Mais alors quel esprit n'en devient point troublé?
Ou plutôt quel esprit n'en est point accablé?
Je crois que Brute même, à tel point qu'on le prise,
Voulut plus d'une fois rompre son entreprise,
Qu'avant que de frapper elle lui fit sentir
Plus d'un remords en l'ame, et plus d'un repentir.

MAXIME.

Il eut trop de vertu pour tant d'inquiétude;
Il ne soupçonna point sa main d'ingratitude,
Et fut contre un tyran d'autant plus animé,
Qu'il en reçut de biens et qu'il s'en vit aimé.
Comme vous l'imitez, faites la même chose;
Et formez vos remords d'une plus juste cause, 5
De vos lâches conseils, qui seuls ont arrêté
Le bonheur renaissant de notre liberté;
C'est vous seul aujourd'hui qui nous l'avez ôtée :
De la main de César Brute l'eût acceptée,
Et n'eût jamais souffert qu'un intérêt léger
De vengeance ou d'amour l'eût remise en danger.

N'écoutez plus la voix d'un tyran qui vous aime,
Et vous veut faire part de son pouvoir suprême;
Mais entendez crier Rome à votre côté: 6
« Rends-moi, rends-moi, Cinna, ce que tu m'as ôté;
Et, si tu m'as tantôt préféré ta maîtresse,
Ne me préfère pas le tyran qui m'oppresse. »

CINNA.

Ami, n'accable plus un esprit malheureux 7
Qui ne forme qu'en lâche un dessein généreux.
Envers nos citoyens je sais quelle est ma faute,
Et leur rendrai bientôt tout ce que je leur ôte:
Mais pardonne aux abois d'une vieille amitié
Qui ne peut expirer sans me faire pitié;
Et laisse-moi, de grace, attendant Émilie,
Donner un libre cours à ma mélancolie.
Mon chagrin t'importune, et le trouble où je suis
Veut de la solitude à calmer tant d'ennuis.

MAXIME.

Vous voulez rendre compte à l'objet qui vous blesse
De la bonté d'Octave, et de votre foiblesse.
L'entretien des amants veut un entier secret.
Adieu. Je me retire en confident discret. 8

SCÈNE III.

CINNA.

DONNE un plus digne nom au glorieux empire 1
Du noble sentiment que la vertu m'inspire,
Et que l'honneur oppose au coup précipité
De mon ingratitude et de ma lâcheté:
Mais plutôt continue à le nommer foiblesse,
Puisqu'il devient si foible auprès d'une maîtresse;

Qu'il respecte un amour qu'il devroit étouffer;
Ou que, s'il le combat, il n'ose en triompher.
En ces extrémités quel conseil dois-je prendre?
De quel côté pencher? à quel parti me rendre?

Qu'une ame généreuse a de peine à faillir ! ²
Quelque fruit que par là j'espère de cueillir,
Les douceurs de l'amour, celles de la vengeance,
La gloire d'affranchir le lieu de ma naissance,
N'ont point assez d'appas pour flatter ma raison
S'il les faut acquérir par une trahison,
S'il faut percer le flanc d'un prince magnanime ³
Qui du peu que je suis fait une telle estime,
Qui me comble d'honneurs, qui m'accable de biens,
Qui ne prend pour régner de conseils que les miens.
O coup, ô trahison trop indigne d'un homme ! 4
Dure, dure à jamais l'esclavage de Rome,
Périsse mon amour, périsse mon espoir,
Plutôt que de ma main parte un crime si noir !
Quoi ! ne m'offre-t-il pas tout ce que je souhaite,
Et qu'au prix de son sang ma passion achète?
Pour jouir de ses dons faut-il l'assassiner?
Et faut-il lui ravir ce qu'il me veut donner?

Mais je dépends de vous, ô serment téméraire, 5
O haine d'Émilie, ô souvenir d'un père ! 6
Ma foi, mon cœur, mon bras, tout vous est engagé,
Et je ne puis plus rien que par votre congé :
C'est à vous à régler ce qu'il faut que je fasse;
C'est à vous, Émilie, à lui donner sa grace;
Vos seules volontés président à son sort,
Et tiennent en mes mains et sa vie et sa mort.
O dieux, qui comme vous la rendez adorable,
Rendez-la, comme vous, à mes vœux exorable; 7

Et, puisque de ses lois je ne puis m'affranchir,
Faites qu'à mes désirs je la puisse fléchir !
Mais voici de retour cette aimable inhumaine.

SCÈNE IV.

ÉMILIE, CINNA, FULVIE.

ÉMILIE.

GRACES aux dieux, Cinna, ma frayeur étoit vaine ;
Aucun de tes amis ne t'a manqué de foi,
Et je n'ai point eu lieu de m'employer pour toi.
Octave en ma présence a tout dit à Livie,
Et par cette nouvelle il m'a rendu la vie.

CINNA.

Le désavoûrez-vous ? et du don qu'il me fait
Voudrez-vous retarder le bienheureux effet ?

ÉMILIE.

L'effet est en ta main.

CINNA.

    Mais plutôt en la vôtre.

ÉMILIE.

Je suis toujours moi-même, et mon cœur n'est point autre ;
Me donner à Cinna, c'est ne lui donner rien,
C'est seulement lui faire un présent de son bien.

CINNA.

Vous pouvez toutefois.... O ciel ! l'osé-je dire ?

ÉMILIE.

Que puis-je ? et que crains-tu ?

CINNA.

    Je tremble, je soupire,

Et vois que, si nos cœurs avoient mêmes désirs,
Je n'aurois pas besoin d'expliquer mes soupirs.
Ainsi je suis trop sûr que je vais vous déplaire;
Mais je n'ose parler, et je ne puis me taire.

ÉMILIE.

C'est trop me gêner, parle.

CINNA.

Il faut vous obéir.
Je vais donc vous déplaire, et vous m'allez haïr.
Je vous aime, Émilie; et le ciel me foudroie [1]
Si cette passion ne fait toute ma joie,
Et si je ne vous aime avec toute l'ardeur
Que peut un digne objet attendre d'un grand cœur!
Mais voyez à quel prix vous me donnez votre ame;
En me rendant heureux vous me rendez infâme;
Cette bonté d'Auguste....

ÉMILIE.

Il suffit, je t'entends;
Je vois ton repentir et tes vœux inconstants.
Les faveurs du tyran emportent tes promesses; [2]
Tes feux et tes serments cèdent à ses caresses;
Et ton esprit crédule ose s'imaginer
Qu'Auguste pouvant tout peut aussi me donner;
Tu me veux de sa main plutôt que de la mienne:
Mais ne crois pas qu'ainsi jamais je t'appartienne.
Il peut faire trembler la terre sous ses pas, [3]
Mettre un roi hors du trône, et donner ses états,
De ses proscriptions rougir la terre et l'onde,
Et changer à son gré l'ordre de tout le monde;
Mais le cœur d'Émilie est hors de son pouvoir. [4]

CINNA.

Aussi n'est-ce qu'à vous que je veux le devoir.

Je suis toujours moi-même, et ma foi toujours pure; [5]
La pitié que je sens ne me rend point parjure;
J'obéis sans réserve à tous vos sentiments,
Et prends vos intérêts par-delà mes serments. [6]

J'ai pu, vous le savez, sans parjure et sans crime,
Vous laisser échapper cette illustre victime :
César se dépouillant du pouvoir souverain
Nous ôtoit tout prétexte à lui percer le sein;
La conjuration s'en alloit dissipée, [7]
Vos desseins avortés, votre haine trompée :
Moi seul j'ai raffermi son esprit étonné,
Et pour vous l'immoler ma main l'a couronné.

ÉMILIE.

Pour me l'immoler, traître ! Et tu veux que moi-même
Je retienne ta main, qu'il vive, et que je l'aime,
Que je sois le butin de qui l'ose épargner, [8]
Et le prix du conseil qui le force à régner !

CINNA.

Ne me condamnez point quand je vous ai servie :
Sans moi vous n'auriez plus de pouvoir sur sa vie;
Et, malgré ses bienfaits, je rends tout à l'amour [9]
Quand je veux qu'il périsse, ou vous doive le jour.
Avec les premiers vœux de mon obéissance
Souffrez ce foible effort de ma reconnoissance, [10]
Que je tâche de vaincre un indigne courroux,
Et vous donner pour lui l'amour qu'il a pour vous.
Une ame généreuse, et que la vertu guide, [11]
Fuit la honte des noms d'ingrate et de perfide;
Elle en hait l'infamie attachée au bonheur,
Et n'accepte aucun bien aux dépens de l'honneur.

ÉMILIE.

Je fais gloire, pour moi, de cette ignominie :
La perfidie est noble envers la tyrannie ;
Et quand on rompt le cours d'un sort si malheureux,
Les cœurs les plus ingrats sont les plus généreux. 12

CINNA.

Vous faites des vertus au gré de votre haine.

ÉMILIE.

Je me fais des vertus dignes d'une Romaine. 13

CINNA.

Un cœur vraiment romain.....

ÉMILIE.

Ose tout pour ravir
Une odieuse vie à qui le fait servir :
Il fuit plus que la mort la honte d'être esclave.

CINNA.

C'est l'être avec honneur que de l'être d'Octave ;
Et nous voyons souvent des rois à nos genoux
Demander pour appuis tels esclaves que nous ;
Il abaisse à nos pieds l'orgueil des diadèmes, 14
Il nous fait souverains sur leurs grandeurs suprêmes ;
Il prend d'eux les tributs dont il nous enrichit,
Et leur impose un joug dont il nous affranchit.

ÉMILIE.

L'indigne ambition que ton cœur se propose !
Pour être plus qu'un roi tu te crois quelque chose ! 15
Aux deux bouts de la terre en est-il un si vain 16
Qu'il prétende égaler un citoyen romain ?
Antoine sur sa tête attira notre haine
En se déshonorant par l'amour d'une reine ;

ACTE III, SCÈNE IV.

Attale, ce grand roi dans la pourpre blanchi, [17]
Qui du peuple romain se nommoit l'affranchi,
Quand de toute l'Asie il se fût vu l'arbitre,
Eût encor moins prisé son trône que ce titre.
Souviens-toi de ton nom, soutiens sa dignité ;
Et, prenant d'un Romain la générosité,
Sache qu'il n'en est point que le ciel n'ait fait naître
Pour commander aux rois, et pour vivre sans maître.

CINNA.

Le ciel a trop fait voir, en de tels attentats, [18]
Qu'il hait les assassins et punit les ingrats ;
Et quoi qu'on entreprenne, et quoi qu'on exécute,
Quand il élève un trône, il en venge la chute ;
Il se met du parti de ceux qu'il fait régner ;
Le coup dont on les tue est long-temps à saigner ;
Et quand à les punir il a pu se résoudre,
De pareils châtiments n'appartiennent qu'au foudre.

ÉMILIE.

Dis que de leur parti toi-même tu te rends, [19]
De te remettre au foudre à punir les tyrans.
Je ne t'en parle plus : va, sers la tyrannie ;
Abandonne ton ame à son lâche génie ;
Et, pour rendre le calme à ton esprit flottant,
Oublie et ta naissance et le prix qui t'attend.
Sans emprunter ta main pour servir ma colère, [20]
Je saurai bien venger mon pays et mon père.
J'aurois déjà l'honneur d'un si fameux trépas,
Si l'amour jusqu'ici n'eût arrêté mon bras ;
C'est lui qui, sous tes lois me tenant asservie,
M'a fait en ta faveur prendre soin de ma vie.
Seule contre un tyran, en le faisant périr,
Par les mains de sa garde il me falloit mourir ;

Je t'eusse par ma mort dérobé ta captive;
Et comme pour toi seul l'amour veut que je vive, [21]
J'ai voulu, mais en vain, me conserver pour toi,
Et te donner moyen d'être digne de moi.
   Pardonnez-moi, grands dieux, si je me suis trompée
Quand j'ai pensé chérir un neveu de Pompée, [22]
Et si d'un faux-semblant mon esprit abusé
A fait choix d'un esclave en son lieu supposé.
Je t'aime toutefois, quel que tu puisses être;
Et si pour me gagner il faut trahir ton maître,
Mille autres à l'envi recevroient cette loi, [23]
S'ils pouvoient m'acquérir à même prix que toi:
Mais n'appréhende pas qu'un autre ainsi m'obtienne.
Vis pour ton cher tyran, tandis que je meurs tienne:
Mes jours avec les siens se vont précipiter,
Puisque ta lâcheté n'ose me mériter.
Viens me voir, dans son sang et dans le mien baignée,
De ma seule vertu mourir accompagnée,
Et te dire en mourant d'un esprit satisfait:
« N'accuse point mon sort, c'est toi seul qui l'as fait;
Je descends dans la tombe où tu m'as condamnée,
Où la gloire me suit qui t'étoit destinée:
Je meurs en détruisant un pouvoir absolu;
Mais je vivrois à toi si tu l'avois voulu. »

CINNA.

Eh bien, vous le voulez, il faut vous satisfaire,
Il faut affranchir Rome, il faut venger un père,
Il faut sur un tyran porter de justes coups;
Mais apprenez qu'Auguste est moins tyran que vous.
S'il nous ôte à son gré nos biens, nos jours, nos femmes, [24]
Il n'a point jusqu'ici tyrannisé nos ames;

Mais l'empire inhumain qu'exercent vos beautés [25]
Force jusqu'aux esprits et jusqu'aux volontés.
Vous me faites priser ce qui me déshonore; [26]
Vous me faites haïr ce que mon ame adore;
Vous me faites répandre un sang pour qui je dois
Exposer tout le mien et mille et mille fois:
Vous le voulez, j'y cours, ma parole est donnée;
Mais ma main aussitôt contre mon sein tournée, [27]
Aux mânes d'un tel prince immolant votre amant,
A mon crime forcé joindra mon châtiment,
Et, par cette action dans l'autre confondue,
Recouvrera ma gloire aussitôt que perdue.
Adieu.

SCÈNE V.

ÉMILIE, FULVIE.

FULVIE.

Vous avez mis son ame au désespoir.

ÉMILIE.

Qu'il cesse de m'aimer, ou suive son devoir.

FULVIE.

Il va vous obéir aux dépens de sa vie:
Vous en pleurez!

ÉMILIE.

Hélas! cours après lui, Fulvie;
Et, si ton amitié daigne me secourir,
Arrache-lui du cœur ce dessein de mourir;
Dis-lui...

CINNA.

FULVIE.

Qu'en sa faveur vous laissez vivre Auguste?

ÉMILIE.

Ah! c'est faire à ma haine une loi trop injuste.

FULVIE.

Et quoi donc?

ÉMILIE.

Qu'il achève, et dégage sa foi, [1]
Et qu'il choisisse après de la mort ou de moi.

FIN DU TROISIÈME ACTE.

ACTE QUATRIÈME.
SCÈNE I.

AUGUSTE, EUPHORBE, POLYCLÈTE,
GARDES.

AUGUSTE.

Tout ce que tu me dis, Euphorbe, est incroyable.

EUPHORBE.

Seigneur, le récit même en paroît effroyable :
On ne conçoit qu'à peine une telle fureur,
Et la seule pensée en fait frémir d'horreur.

AUGUSTE.

Quoi ! mes plus chers amis ! quoi ! Cinna ! quoi ! Maxime !
Les deux que j'honorois d'une si haute estime,
A qui j'ouvrois mon cœur, et dont j'avois fait choix
Pour les plus importants et plus nobles emplois !
Après qu'entre leurs mains j'ai remis mon empire,
Pour m'arracher le jour l'un et l'autre conspire !
Maxime a vu sa faute, il m'en fait avertir,
Et montre un cœur touché d'un juste repentir :
Mais Cinna !

EUPHORBE.

Cinna seul dans sa rage s'obstine,
Et contre vos bontés d'autant plus se mutine ;
Lui seul combat encor les vertueux efforts
Que sur les conjurés fait ce juste remords ;

Et, malgré les frayeurs à leurs regrets mêlées,
Il tâche à raffermir leurs ames ébranlées.

AUGUSTE.

Lui seul les encourage, et lui seul les séduit!
O le plus déloyal que la terre ait produit!
O trahison conçue au sein d'une furie!
O trop sensible coup d'une main si chérie!
Cinna, tu me trahis!... Polyclète, écoutez.

(Il lui parle à l'oreille.)

POLYCLÈTE.

Tous vos ordres, seigneur, seront exécutés.

AUGUSTE.

Qu'Éraste en même temps aille dire à Maxime
Qu'il vienne recevoir le pardon de son crime.

SCÈNE II.

AUGUSTE, EUPHORBE.

EUPHORBE.

Il l'a jugé trop grand pour ne pas s'en punir.
A peine du palais il a pu revenir,
Que, les yeux égarés, et le regard farouche,
Le cœur gros de soupirs, les sanglots à la bouche,
Il déteste sa vie, et ce complot maudit,
M'en apprend l'ordre entier tel que je vous l'ai dit;
Et m'ayant commandé que je vous avertisse,
Il ajoute : « Dis-lui que je me fais justice,
Que je n'ignore point ce que j'ai mérité. »
Puis soudain dans le Tibre il s'est précipité;
Et l'eau grosse et rapide, et la nuit assez noire,
M'ont dérobé la fin de sa tragique histoire.

AUGUSTE.

Sous ce pressant remords il a trop succombé,
Et s'est à mes bontés lui-même dérobé;
Il n'est crime envers moi qu'un repentir n'efface :
Mais puisqu'il a voulu renoncer à ma grace,
Allez pourvoir au reste, et faites qu'on ait soin
De tenir en lieu sûr ce fidèle témoin.

SCÈNE III.

AUGUSTE.

Ciel, à qui voulez-vous désormais que je fie [1]
Les secrets de mon ame et le soin de ma vie ?
Reprenez le pouvoir que vous m'avez commis,
Si donnant des sujets il ôte les amis,
Si tel est le destin des grandeurs souveraines
Que leurs plus grands bienfaits n'attirent que des haines,
Et si votre rigueur les condamne à chérir
Ceux que vous animez à les faire périr.
Pour elles rien n'est sûr; qui peut tout doit tout craindre.
   Rentre en toi-même, Octave, et cesse de te plaindre.
Quoi! tu veux qu'on t'épargne, et n'as rien épargné!
Songe aux fleuves de sang où ton bras s'est baigné, [2]
De combien ont rougi les champs de Macédoine,
Combien en a versé la défaite d'Antoine,
Combien celle de Sexte; et revois tout d'un temps
Pérouse au sien noyée, et tous ses habitants;
Remets dans ton esprit, après tant de carnages,
De tes proscriptions les sanglantes images,
Où toi-même, des tiens devenu le bourreau,
Au sein de ton tuteur enfonças le couteau :

Et puis ose accuser le destin d'injustice
Quand tu vois que les tiens s'arment pour ton supplice,
Et que, par ton exemple à ta perte guidés,
Ils violent des droits que tu n'as pas gardés!
Leur trahison est juste, et le ciel l'autorise:
Quitte ta dignité comme tu l'as acquise;
Rends un sang infidèle à l'infidélité,
Et souffre des ingrats après l'avoir été.

 Mais que mon jugement au besoin m'abandonne!
Quelle fureur, Cinna, m'accuse et te pardonne,
Toi, dont la trahison me force à retenir
Ce pouvoir souverain dont tu me veux punir,
Me traite en criminel, et fait seule mon crime,
Relève pour l'abattre un trône illégitime,
Et, d'un zèle effronté couvrant son attentat,
S'oppose, pour me perdre, au bonheur de l'état?
Donc jusqu'à l'oublier je pourrois me contraindre!
Tu vivrois en repos après m'avoir fait craindre!
Non, non, je me trahis moi-même d'y penser:
Qui pardonne aisément invite à l'offenser.
Punissons l'assassin, proscrivons les complices.

 Mais quoi! toujours du sang, et toujours des supplices!
Ma cruauté se lasse, et ne peut s'arrêter;
Je veux me faire craindre, et ne fais qu'irriter.
Rome a pour ma ruine une hydre trop fertile;
Une tête coupée en fait renaître mille;
Et le sang répandu de mille conjurés
Rend mes jours plus maudits, et non plus assurés.
Octave, n'attends plus le coup d'un nouveau Brute:
Meurs, et dérobe-lui la gloire de ta chute:
Meurs; tu ferois pour vivre un lâche et vain effort
Si tant de gens de cœur font des vœux pour ta mort,

Et si tout ce que Rome a d'illustre jeunesse
Pour te faire périr tour à tour s'intéresse :
Meurs, puisque c'est un mal que tu ne peux guérir :
Meurs enfin, puisqu'il faut ou tout perdre, ou mourir ;
La vie est peu de chose, et le peu qui t'en reste 4
Ne vaut pas l'acheter par un prix si funeste :
Meurs ; mais quitte du moins la vie avec éclat,
Éteins-en le flambeau dans le sang de l'ingrat ;
A toi-même en mourant immole ce perfide ;
Contentant ses désirs, punis son parricide ;
Fais un tourment pour lui de ton propre trépas,
En faisant qu'il le voie et n'en jouisse pas.
Mais jouissons plutôt nous-mêmes de sa peine ; 5
Et si Rome nous hait, triomphons de sa haine.

 O Romains ! ô vengeance ! ô pouvoir absolu !
O rigoureux combat d'un cœur irrésolu
Qui fuit en même temps tout ce qu'il se propose !
D'un prince malheureux ordonnez quelque chose.
Qui des deux dois-je suivre, et duquel m'éloigner ? 6
Ou laissez-moi périr, ou laissez-moi régner.

SCÈNE IV.[1]

AUGUSTE, LIVIE.

AUGUSTE.

MADAME, on me trahit, et la main qui me tue
Rend sous mes déplaisirs ma constance abattue.
Cinna, Cinna le traître....

LIVIE.

     Euphorbe m'a tout dit,
Seigneur, et j'ai pâli cent fois à ce récit.

Mais écouteriez-vous les conseils d'une femme?
AUGUSTE.
Hélas! de quel conseil est capable mon ame?
LIVIE.
Votre sévérité, sans produire aucun fruit,
Seigneur, jusqu'à présent a fait beaucoup de bruit:
Par les peines d'un autre aucun ne s'intimide :
Salvidien à bas a soulevé Lépide;
Murène a succédé, Cépion l'a suivi ;
Le jour à tous les deux dans les tourments ravi
N'a point mêlé de crainte à la fureur d'Égnace,
Dont Cinna maintenant ose prendre la place;
Et dans les plus bas rangs les noms les plus abjets
Ont voulu s'ennoblir par de si hauts projets.
Après avoir en vain puni leur insolence,
Essayez sur Cinna ce que peut la clémence ;
Faites son châtiment de sa confusion.
Cherchez le plus utile en cette occasion :
Sa peine peut aigrir une ville animée ;
Son pardon peut servir à votre renommée ;
Et ceux que vos rigueurs ne font qu'effaroucher
Peut-être à vos bontés se laisseront toucher.
AUGUSTE.
Gagnons-les tout-à-fait en quittant cet empire
Qui nous rend odieux, contre qui l'on conspire.
J'ai trop par vos avis consulté là-dessus ; [2]
Ne m'en parlez jamais, je ne consulte plus.

 Cesse de soupirer, Rome, pour ta franchise;
Si je t'ai mise aux fers, moi-même je les brise,
Et te rends ton état, après l'avoir conquis,
Plus paisible et plus grand que je ne te l'ai pris :

ACTE IV, SCÈNE IV.

Si tu me veux haïr, hais-moi sans plus rien feindre ;
Si tu me veux aimer, aime-moi sans me craindre :
De tout ce qu'eut Sylla de puissance et d'honneur
Lassé comme il en fut, j'aspire à son bonheur.

LIVIE.

Assez et trop long-temps son exemple vous flatte ; 3
Mais gardez que sur vous le contraire n'éclate :
Ce bonheur sans pareil qui conserva ses jours
Ne seroit pas bonheur s'il arrivoit toujours.

AUGUSTE.

Eh bien, s'il est trop grand, si j'ai tort d'y prétendre,
J'abandonne mon sang à qui voudra l'épandre.
Après un long orage il faut trouver un port ;
Et je n'en vois que deux, le repos, ou la mort.

LIVIE.

Quoi ! vous voulez quitter le fruit de tant de peines ?

AUGUSTE.

Quoi ! vous voulez garder l'objet de tant de haines ?

LIVIE.

Seigneur, vous emporter à cette extrémité,
C'est plutôt désespoir que générosité.

AUGUSTE.

Régner, et caresser une main si traîtresse,
Au lieu de sa vertu c'est montrer sa foiblesse.

LIVIE.

C'est régner sur vous-même, et, par un noble choix,
Pratiquer la vertu la plus digne des rois.

AUGUSTE.

Vous m'aviez bien promis des conseils d'une femme ; 4
Vous me tenez parole, et c'en sont là, madame.

CINNA.

Après tant d'ennemis à mes pieds abattus,
Depuis vingt ans je règne, et j'en sais les vertus ; 5
Je sais leur divers ordre, et de quelle nature
Sont les devoirs d'un prince en cette conjoncture :
Tout son peuple est blessé par un tel attentat,
Et la seule pensée est un crime d'état,
Une offense qu'on fait à toute sa province, 6
Dont il faut qu'il la venge, ou cesse d'être prince.

LIVIE.

Donnez moins de croyance à votre passion.

AUGUSTE.

Ayez moins de foiblesse, ou moins d'ambition.

LIVIE.

Ne traitez plus si mal un conseil salutaire.

AUGUSTE.

Le ciel m'inspirera ce qu'ici je dois faire.
Adieu : nous perdons temps.

LIVIE.

                Je ne vous quitte point,
Seigneur, que mon amour n'ait obtenu ce point. 7

AUGUSTE.

C'est l'amour des grandeurs qui vous rend importune. 8

LIVIE.

J'aime votre personne, et non votre fortune.

(seule.)

Il m'échappe ; suivons, et forçons-le de voir
Qu'il peut, en faisant grace, affermir son pouvoir,
Et qu'enfin la clémence est la plus belle marque
Qui fasse à l'univers connoître un vrai monarque.

SCÈNE V.[1]

ÉMILIE, FULVIE.

ÉMILIE.

D'où me vient cette joie ? et que mal-à-propos [2]
Mon esprit malgré moi goûte un entier repos !
César mande Cinna sans me donner d'alarmes !
Mon cœur est sans soupirs, mes yeux n'ont point de larmes,
Comme si j'apprenois d'un secret mouvement
Que tout doit succéder à mon contentement !
Ai-je bien entendu ? me l'as-tu dit, Fulvie ?

FULVIE.

J'avois gagné sur lui qu'il aimeroit la vie,
Et je vous l'amenois, plus traitable et plus doux, [3]
Faire un second effort contre votre courroux ;
Je m'en applaudissois, quand soudain Polyclète,
Des volontés d'Auguste ordinaire interprète,
Est venu l'aborder et sans suite et sans bruit,
Et de sa part sur l'heure au palais l'a conduit.
Auguste est fort troublé, l'on ignore la cause ;
Chacun diversement soupçonne quelque chose ; [4]
Tous présument qu'il ait un grand sujet d'ennui,
Et qu'il mande Cinna pour prendre avis de lui.
Mais ce qui m'embarrasse, et que je viens d'apprendre,
C'est que deux inconnus se sont saisis d'Évandre,
Qu'Euphorbe est arrêté sans qu'on sache pourquoi,
Que même de son maître on dit je ne sais quoi : [5]
On lui veut imputer un désespoir funeste ; [6]
On parle d'eaux, de Tibre, et l'on se tait du reste. [7]

ÉMILIE.

Que de sujets de craindre et de désespérer, 8
Sans que mon triste cœur en daigne murmurer!
A chaque occasion le ciel y fait descendre
Un sentiment contraire à celui qu'il doit prendre :
Une vaine frayeur tantôt m'a pu troubler;
Et je suis insensible alors qu'il faut trembler!
   Je vous entends, grands dieux; vos bontés que j'adore
Ne peuvent consentir que je me déshonore,
Et ne me permettant soupirs, sanglots, ni pleurs,
Soutiennent ma vertu contre de tels malheurs :
Vous voulez que je meure avec ce grand courage
Qui m'a fait entreprendre un si fameux ouvrage;
Et je veux bien périr comme vous l'ordonnez, 9
Et dans la même assiette où vous me retenez.
   O liberté de Rome! ô mânes de mon père!
J'ai fait de mon côté tout ce que j'ai pu faire :
Contre votre tyran j'ai ligué ses amis,
Et plus osé pour vous qu'il ne m'étoit permis :
Si l'effet a manqué, ma gloire n'est pas moindre;
N'ayant pu vous venger, je vous irai rejoindre,
Mais si fumante encor d'un généreux courroux,
Par un trépas si noble et si digne de vous,
Qu'il vous fera sur l'heure aisément reconnoître
Le sang des grands héros dont vous m'avez fait naître.

SCÈNE VI.

MAXIME, ÉMILIE, FULVIE.

ÉMILIE.

Mais je vous vois, Maxime, et l'on vous faisoit mort ! [1]

MAXIME.

Euphorbe trompe Auguste avec ce faux rapport ;
Se voyant arrêté, la trame découverte,
Il a feint ce trépas pour empêcher ma perte.

ÉMILIE.

Que dit-on de Cinna ?

MAXIME.

Que son plus grand regret,
C'est de voir que César sait tout votre secret :
En vain il le dénie et le veut méconnoître,
Évandre a tout conté pour excuser son maître ;
Et par l'ordre d'Auguste on vient vous arrêter.

ÉMILIE.

Celui qui l'a reçu tarde à l'exécuter ;
Je suis prête à le suivre et lasse de l'attendre.

MAXIME.

Il vous attend chez moi.

ÉMILIE.

Chez vous !

MAXIME.

C'est vous surprendre :
Mais apprenez le soin que le ciel a de vous ;
C'est un des conjurés qui va fuir avec nous.

Prenons notre avantage avant qu'on nous poursuive;
Nous avons pour partir un vaisseau sur la rive.

ÉMILIE.

Me connois-tu, Maxime? et sais-tu qui je suis?

MAXIME.

En faveur de Cinna je fais ce que je puis, 2
Et tâche à garantir de ce malheur extrême
La plus belle moitié qui reste de lui-même.
Sauvons-nous, Émilie; et conservons le jour,
Afin de le venger par un heureux retour.

ÉMILIE.

Cinna dans son malheur est de ceux qu'il faut suivre, 3
Qu'il ne faut pas venger, de peur de leur survivre.
Quiconque après sa perte aspire à se sauver
Est indigne du jour qu'il tâche à conserver.

MAXIME.

Quel désespoir aveugle à ces fureurs vous porte?
O dieux! que de foiblesse en une ame si forte!
Ce cœur si généreux rend si peu de combat,
Et du premier revers la fortune l'abat!
Rappelez, rappelez cette vertu sublime;
Ouvrez enfin les yeux, et connoissez Maxime:
C'est un autre Cinna qu'en lui vous regardez; 4
Le ciel vous rend en lui l'amant que vous perdez;
Et puisque l'amitié n'en faisoit plus qu'une ame, 5
Aimez en cet ami l'objet de votre flamme;
Avec la même ardeur il saura vous chérir,
Que....

ÉMILIE.

Tu m'oses aimer, et tu n'oses mourir! 6
Tu prétends un peu trop : mais, quoi que tu prétendes,

ACTE IV, SCÈNE VI.

Rends-toi digne du moins de ce que tu demandes;
Cesse de fuir en lâche un glorieux trépas,
Ou de m'offrir un cœur que tu fais voir si bas;
Fais que je porte envie à ta vertu parfaite;
Ne te pouvant aimer, fais que je te regrette;
Montre d'un vrai Romain la dernière vigueur,
Et mérite mes pleurs au défaut de mon cœur.
Quoi! si ton amitié pour Cinna s'intéresse,
Crois-tu qu'elle consiste à flatter sa maîtresse?
Apprends, apprends de moi quel en est le devoir,
Et donne-m'en l'exemple, ou viens le recevoir.

MAXIME.

Votre juste douleur est trop impétueuse.

ÉMILIE.

La tienne en ta faveur est trop ingénieuse.
Tu me parles déjà d'un bienheureux retour,
Et dans tes déplaisirs tu conçois de l'amour!

MAXIME.

Cet amour en naissant est toutefois extrême;
C'est votre amant en vous, c'est mon ami que j'aime;
Et des mêmes ardeurs dont il fut embrasé....

ÉMILIE.

Maxime, en voilà trop pour un homme avisé.
Ma perte m'a surprise, et ne m'a point troublée;
Mon noble désespoir ne m'a point aveuglée;
Ma vertu tout entière agit sans s'émouvoir,
Et je vois malgré moi plus que je ne veux voir.

MAXIME.

Quoi! vous suis-je suspect de quelque perfidie?

ÉMILIE.

Oui, tu l'es, puisqu'enfin tu veux que je le die.

21.

L'ordre de notre fuite est trop bien concerté,
Pour ne te soupçonner d'aucune lâcheté :
Les dieux seroient pour nous prodigues en miracles
S'ils en avoient sans toi levé tous les obstacles.
Fuis sans moi, tes amours sont ici superflus. 8

MAXIME.

Ah ! vous m'en dites trop.

ÉMILIE.

J'en présume encor plus.
Ne crains pas toutefois que j'éclate en injures ;
Mais n'espère non plus m'éblouir de parjures.
Si c'est te faire tort que de m'en défier,
Viens mourir avec moi pour te justifier.

MAXIME.

Vivez, belle Émilie, et souffrez qu'un esclave....

EMILIE.

Je ne t'écoute plus qu'en présence d'Octave.
Allons, Fulvie, allons.

SCÈNE VII.

MAXIME. 1

DÉSESPÉRÉ, confus,
Et digne, s'il se peut, d'un plus cruel refus,
Que résous-tu, Maxime ? et quel est le supplice
Que ta vertu prépare à ton vain artifice ? 2
Aucune illusion ne te doit plus flatter ;
Émilie en mourant va tout faire éclater.
Sur un même échafaud la perte de sa vie 3
Étalera sa gloire et ton ignominie ;

Et sa mort va laisser à la postérité
L'infâme souvenir de ta déloyauté.
Un même jour t'a vu, par une fausse adresse, 4
Trahir ton souverain, ton ami, ta maîtresse,
Sans que de tant de droits en un jour violés,
Sans que de deux amants au tyran immolés,
Il te reste aucun fruit que la honte et la rage
Qu'un remords inutile allume en ton courage.
 Euphorbe, c'est l'effet de tes lâches conseils !
Mais que peut-on attendre enfin de tes pareils ?
Jamais un affranchi n'est qu'un esclave infâme ; 5
Bien qu'il change d'état, il ne change point d'âme ;
La tienne, encor servile, avec la liberté
N'a pu prendre un rayon de générosité.
Tu m'as fait relever une injuste puissance ;
Tu m'as fait démentir l'honneur de ma naissance ;
Mon cœur te résistoit, et tu l'as combattu 6
Jusqu'à ce que ta fourbe ait souillé sa vertu :
Il m'en coûte la vie, il m'en coûte la gloire,
Et j'ai tout mérité pour t'avoir voulu croire.
Mais les dieux permettront à mes ressentiments 7
De te sacrifier aux yeux des deux amants ;
Et j'ose m'assurer qu'en dépit de mon crime 8
Mon sang leur servira d'assez pure victime,
Si dans le tien mon bras justement irrité
Peut laver le forfait de t'avoir écouté.

FIN DU QUATRIÈME ACTE.

ACTE CINQUIÈME.

SCÈNE I.

AUGUSTE, CINNA.

AUGUSTE.

Prends un siège, Cinna, prends; et sur toute chose [1]
Observe exactement la loi que je t'impose :
Prête, sans me troubler, l'oreille à mes discours;
D'aucun mot, d'aucun cri, n'en interromps le cours;
Tiens ta langue captive; et si ce grand silence
A ton émotion fait quelque violence,
Tu pourras me répondre, après, tout à loisir.
Sur ce point seulement contente mon désir.

CINNA.

Je vous obéirai, seigneur.

AUGUSTE.

Qu'il te souvienne
De garder ta parole, et je tiendrai la mienne.
Tu vois le jour, Cinna; mais ceux dont tu le tiens
Furent les ennemis de mon père, et les miens :
Au milieu de leur camp tu reçus la naissance; [2]
Et lorsqu'après leur mort tu vins en ma puissance,
Leur haine, enracinée au milieu de ton sein,
T'avoit mis contre moi les armes à la main.
Tu fus mon ennemi même avant que de naître,
Et tu le fus encor quand tu me pus connoître;

Et l'inclination jamais n'a démenti
Ce sang qui t'avoit fait du contraire parti :
Autant que tu l'as pu les effets l'ont suivie.
Je ne m'en suis vengé qu'en te donnant la vie :
Je te fis prisonnier pour te combler de biens ;
Ma cour fut ta prison, mes faveurs tes liens. 3
Je te restituai d'abord ton patrimoine ;
Je t'enrichis après des dépouilles d'Antoine ;
Et tu sais que depuis à chaque occasion
Je suis tombé pour toi dans la profusion.
Toutes les dignités que tu m'as demandées
Je te les ai sur l'heure et sans peine accordées ;
Je t'ai préféré même à ceux dont les parents
Ont jadis dans mon camp tenu les premiers rangs,
A ceux qui de leur sang m'ont acheté l'empire,
Et qui m'ont conservé le jour que je respire :
De la façon enfin qu'avec toi j'ai vécu, 4
Les vainqueurs sont jaloux du bonheur du vaincu.
Quand le ciel me voulut, en rappelant Mécène,
Après tant de faveurs montrer un peu de haine,
Je te donnai sa place en ce triste accident,
Et te fis, après lui, mon plus cher confident.
Aujourd'hui même encor, mon ame irrésolue
Me pressant de quitter ma puissance absolue,
De Maxime et de toi j'ai pris les seuls avis ;
Et ce sont, malgré lui, les tiens que j'ai suivis.
Bien plus, ce même jour je te donne Émilie,
Le digne objet des vœux de toute l'Italie,
Et qu'ont mise si haut mon amour et mes soins,
Qu'en te couronnant roi je t'aurois donné moins. 5
Tu t'en souviens, Cinna ; tant d'heur et tant de gloire
Ne peuvent pas sitôt sortir de ta mémoire ;

Mais, ce qu'on ne pourroit jamais s'imaginer,
Cinna, tu t'en souviens, et veux m'assassiner.

CINNA.

Moi, seigneur! moi, que j'eusse une ame si traîtresse!
Qu'un si lâche dessein....

AUGUSTE.

Tu tiens mal ta promesse:
Sieds-toi, je n'ai pas dit encor ce que je veux;
Tu te justifiras après, si tu le peux.
Écoute cependant, et tiens mieux ta parole.
Tu veux m'assassiner, demain, au Capitole,
Pendant le sacrifice; et ta main pour signal
Me doit au lieu d'encens donner le coup fatal;
La moitié de tes gens doit occuper la porte,
L'autre moitié te suivre, et te prêter main-forte.
Ai-je de bons avis, ou de mauvais soupçons? 6
De tous ces meurtriers te dirai-je les noms?
Procule, Glabrion, Virginian, Rutile,
Marcel, Plauté, Lénas, Pompone, Albin, Icile,
Maxime, qu'après toi j'avois le plus aimé:
Le reste ne vaut pas l'honneur d'être nommé;
Un tas d'hommes perdus de dettes et de crimes,
Que pressent de mes lois les ordres légitimes,
Et qui, désespérant de les plus éviter,
Si tout n'est renversé, ne sauroient subsister.
Tu te tais maintenant, et gardes le silence,
Plus par confusion que par obéissance.
Quel étoit ton dessein, et que prétendois-tu
Après m'avoir au temple à tes pieds abattu?
Affranchir ton pays d'un pouvoir monarchique?
Si j'ai bien entendu tantôt ta politique,

ACTE V, SCÈNE I.

Son salut désormais dépend d'un souverain
Qui, pour tout conserver, tienne tout en sa main;
Et si sa liberté te faisoit entreprendre,
Tu ne m'eusses jamais empêché de la rendre;
Tu l'aurois acceptée au nom de tout l'état,
Sans vouloir l'acquérir par un assassinat.
Quel étoit donc ton but? d'y régner à ma place?
D'un étrange malheur son destin le menace,
Si pour monter au trône et lui donner la loi
Tu ne trouves dans Rome autre obstacle que moi,
Si jusques à ce point son sort est déplorable
Que tu sois après moi le plus considérable,
Et que ce grand fardeau de l'empire romain
Ne puisse après ma mort tomber mieux qu'en ta main.
Apprends à te connoître, et descends en toi-même:
On t'honore dans Rome, on te courtise, on t'aime,
Chacun tremble sous toi, chacun t'offre des vœux;
Ta fortune est bien haut, tu peux ce que tu veux:
Mais tu ferois pitié même à ceux qu'elle irrite,
Si je t'abandonnois à ton peu de mérite.
Ose me démentir, dis-moi ce que tu vaux;
Conte-moi tes vertus, tes glorieux travaux,
Les rares qualités par où tu m'as dû plaire,
Et tout ce qui t'élève au-dessus du vulgaire.
Ma faveur fait ta gloire, et ton pouvoir en vient;
Elle seule t'élève, et seule te soutient;
C'est elle qu'on adore, et non pas ta personne;
Tu n'as crédit ni rang qu'autant qu'elle t'en donne;
Et pour te faire choir je n'aurois aujourd'hui
Qu'à retirer la main qui seule est ton appui.
J'aime mieux toutefois céder à ton envie;
Règne, si tu le peux, aux dépens de ma vie.

Mais oses-tu penser que les Serviliens,
Les Cosses, les Métels, les Pauls, les Fabiens,
Et tant d'autres enfin de qui les grands courages
Des héros de leur sang sont les vives images,
Quittent le noble orgueil d'un sang si généreux,
Jusqu'à pouvoir souffrir que tu règnes sur eux?
Parle, parle, il est temps.

CINNA.

Je demeure stupide.
Non que votre colère ou la mort m'intimide;
Je vois qu'on m'a trahi, vous m'y voyez rêver,
Et j'en cherche l'auteur sans le pouvoir trouver.
Mais c'est trop y tenir toute l'ame occupée.
Seigneur, je suis Romain, et du sang de Pompée :
Le père et les deux fils, lâchement égorgés,
Par la mort de César étoient trop peu vengés;
C'est là d'un beau dessein l'illustre et seule cause :
Et puisqu'à vos rigueurs la trahison m'expose,
N'attendez point de moi d'infâmes repentirs, [8]
D'inutiles regrets, ni de honteux soupirs.
Le sort vous est propice autant qu'il m'est contraire :
Je sais ce que j'ai fait, et ce qu'il vous faut faire; [9]
Vous devez un exemple à la postérité,
Et mon trépas importe à votre sûreté.

AUGUSTE.

Tu me braves, Cinna; tu fais le magnanime;
Et, loin de t'excuser, tu couronnes ton crime.
Voyons si ta constance ira jusques au bout.
Tu sais ce qui t'est dû, tu vois que je sais tout;
Fais ton arrêt toi-même, et choisis tes supplices.

SCÈNE II.

LIVIE, AUGUSTE, CINNA, ÉMILIE, FULVIE.

LIVIE.

Vous ne connoissez pas encor tous les complices ; [1]
Votre Émilie en est, seigneur, et la voici.

CINNA.

C'est elle même, ô dieux !

AUGUSTE.

     Et toi, ma fille, aussi !

ÉMILIE.

Oui, tout ce qu'il a fait, il l'a fait pour me plaire ;
Et j'en étois, seigneur, la cause et le salaire.

AUGUSTE.

Quoi ! l'amour qu'en ton cœur j'ai fait naître aujourd'hui [2]
T'emporte-t-il déjà jusqu'à mourir pour lui ?
Ton ame à ces transports un peu trop s'abandonne,
Et c'est trop tôt aimer l'amant que je te donne.

ÉMILIE.

Cet amour qui m'expose à vos ressentiments
N'est point le prompt effet de vos commandements ;
Ces flammes dans nos cœurs sans votre ordre étoient nées ;
Et ce sont des secrets de plus de quatre années :
Mais, quoique je l'aimasse et qu'il brûlât pour moi,
Une haine plus forte à tous deux fit la loi ;
Je ne voulus jamais lui donner d'espérance,
Qu'il ne m'eût de mon père assuré la vengeance ;
Je la lui fis jurer ; il chercha des amis.
Le ciel rompt le succès que je m'étois promis ; [3]

Et je vous viens, seigneur, offrir une victime,
Non pour sauver sa vie en me chargeant du crime ;
Son trépas est trop juste après son attentat,
Et toute excuse est vaine en un crime d'état :
Mourir en sa présence, et rejoindre mon père,
C'est tout ce qui m'amène, et tout ce que j'espère.

AUGUSTE.

Jusques à quand, ô ciel, et par quelle raison
Prendrez-vous contre moi des traits dans ma maison ?
Pour ses débordements j'en ai chassé Julie ;
Mon amour en sa place a fait choix d'Émilie,
Et je la vois comme elle indigne de ce rang.
L'une m'ôtoit l'honneur, l'autre a soif de mon sang ;
Et prenant toutes deux leur passion pour guide,
L'une fut impudique, et l'autre est parricide. 4
O ma fille ! est-ce là le prix de mes bienfaits ? 5

ÉMILIE.

Ceux de mon père en vous firent mêmes effets.

AUGUSTE.

Songe avec quel amour j'élevai ta jeunesse.

ÉMILIE.

Il éleva la vôtre avec même tendresse ;
Il fut votre tuteur, et vous son assassin ;
Et vous m'avez au crime enseigné le chemin.
Le mien d'avec le vôtre en ce point seul diffère,
Que votre ambition s'est immolé mon père,
Et qu'un juste courroux dont je me sens brûler
A son sang innocent vouloit vous immoler.

LIVIE.

C'en est trop, Émilie ; arrête, et considère 6
Qu'il t'a trop bien payé les bienfaits de ton père :

ACTE V, SCÈNE II.

Sa mort, dont la mémoire allume ta fureur,
Fut un crime d'Octave, et non de l'empereur.
Tous ces crimes d'état qu'on fait pour la couronne,
Le ciel nous en absout alors qu'il nous la donne;
Et, dans le sacré rang où sa faveur l'a mis, 7
Le passé devient juste, et l'avenir permis.
Qui peut y parvenir ne peut être coupable:
Quoi qu'il ait fait ou fasse, il est inviolable:
Nous lui devons nos biens, nos jours sont en sa main;
Et jamais on n'a droit sur ceux du souverain.

ÉMILIE.

Aussi, dans le discours que vous venez d'entendre,
Je parlois pour l'aigrir, et non pour me défendre:
 Punissez donc, seigneur, ces criminels appas
Qui de vos favoris font d'illustres ingrats;
Tranchez mes tristes jours pour assurer les vôtres.
Si j'ai séduit Cinna, j'en séduirai bien d'autres; 8
Et je suis plus à craindre, et vous plus en danger,
Si j'ai l'amour ensemble et le sang à venger.

CINNA.

Que vous m'ayez séduit, et que je souffre encore
D'être déshonoré par celle que j'adore!...
 Seigneur, la vérité doit ici s'exprimer:
J'avois fait ce dessein avant que de l'aimer;
A mes plus saints désirs la trouvant inflexible,
Je crus qu'à d'autres soins elle seroit sensible;
Je parlai de son père et de votre rigueur,
Et l'offre de mon bras suivit celle du cœur.
Que la vengeance est douce à l'esprit d'une femme! 9
Je l'attaquai par là, par là je pris son ame; 10
Dans mon peu de mérite elle me négligeoit,
Et ne put négliger le bras qui la vengeoit:

Elle n'a conspiré que par mon artifice;
J'en suis le seul auteur, elle n'est que complice. 11

ÉMILIE.

Cinna, qu'oses-tu dire? est-ce là me chérir
Que de m'ôter l'honneur quand il me faut mourir?

CINNA.

Mourez, mais en mourant ne souillez point ma gloire. 12

ÉMILIE.

La mienne se flétrit si César te veut croire.

CINNA.

Et la mienne se perd si vous tirez à vous
Toute celle qui suit de si généreux coups.

ÉMILIE.

Eh bien, prends-en ta part, et me laisse la mienne; 13
Ce seroit l'affoiblir que d'affoiblir la tienne:
La gloire et le plaisir, la honte et les tourments,
Tout doit être commun entre de vrais amants. 14
  Nos deux ames, seigneur, sont deux ames romaines:
Unissant nos désirs nous unîmes nos haines.
De nos parents perdus le vif ressentiment
Nous apprit nos devoirs en un même moment;
En ce noble dessein nos cœurs se rencontrèrent;
Nos esprits généreux ensemble le formèrent;
Ensemble nous cherchons l'honneur d'un beau trépas:
Vous vouliez nous unir, ne nous séparez pas.

AUGUSTE.

Oui, je vous unirai, couple ingrat et perfide,
Et plus mon ennemi qu'Antoine ni Lépide;
Oui, je vous unirai, puisque vous le voulez:
Il faut bien satisfaire aux feux dont vous brûlez,

Et que tout l'univers, sachant ce qui m'anime,
S'étonne du supplice aussi-bien que du crime....
　　Mais enfin le ciel m'aime, et ses bienfaits nouveaux
Ont arraché Maxime à la fureur des eaux.

SCÈNE III.

AUGUSTE, LIVIE, CINNA, MAXIME, ÉMILIE, FULVIE.

AUGUSTE.

Approche, seul ami que j'éprouve fidèle.

MAXIME.

Honorëz moins, seigneur, une ame criminelle.

AUGUSTE.

Ne parlons plus de crime après ton repentir,
Après que du péril tu m'as su garantir ;
C'est à toi que je dois et le jour et l'empire.

MAXIME.

De tous vos ennemis connoissez mieux le pire :
Si vous réguez encor, seigneur, si vous vivez,
C'est ma jalouse rage à qui vous le devez.
　　Un vertueux remords n'a point touché mon ame :
Pour perdre mon rival j'ai découvert sa trame ;
Euphorbe vous a feint que je m'étois noyé,
De crainte qu'après moi vous n'eussiez envoyé.
Je voulois avoir lieu d'abuser Émilie,
Effrayer son esprit, la tirer d'Italie,
Et pensois la résoudre à cet enlèvement
Sous l'espoir du retour pour venger son amant.
Mais, au lieu de goûter ces grossières amorces,
Sa vertu combattue a redoublé ses forces :

Elle a lu dans mon cœur. Vous savez le surplus,
Et je vous en ferois des récits superflus ;
Vous voyez le succès de mon lâche artifice.
Si pourtant quelque grace est due à mon indice, 4.
Faites périr Euphorbe au milieu des tourments, 5
Et souffrez que je meure aux yeux de ces amants.
J'ai trahi mon ami, ma maîtresse, mon maître,
Ma gloire, mon pays, par l'avis de ce traître ;
Et croirai toutefois mon bonheur infini
Si je puis m'en punir après l'avoir puni.

AUGUSTE.

En est-ce assez, ô ciel ! et le sort pour me nuire
A-t-il quelqu'un des miens qu'il veuille encor séduire ?
Qu'il joigne à ses efforts le secours des enfers,
Je suis maître de moi comme de l'univers ;
Je le suis, je veux l'être. O siècles, ô mémoire,
Conservez à jamais ma dernière victoire ;
Je triomphe aujourd'hui du plus juste courroux
De qui le souvenir puisse aller jusqu'à vous.

Soyons amis, Cinna, c'est moi qui t'en convie : 6
Comme à mon ennemi je t'ai donné la vie ;
Et, malgré la fureur de ton lâche dessein,
Je te la donne encor comme à mon assassin.
Commençons un combat qui montre par l'issue
Qui l'aura mieux de nous ou donnée ou reçue.
Tu trahis mes bienfaits, je les veux redoubler ;
Je t'en avois comblé, je t'en veux accabler :
Avec cette beauté que je t'avois donnée
Reçois le consulat pour la prochaine année.

Aime Cinna, ma fille, en cet illustre rang ; 7
Préfère-s-en la pourpre à celle de mon sang ;

ACTE V, SCÈNE III.

Apprends sur mon exemple à vaincre ta colère :
Te rendant un époux, je te rends plus qu'un père.

ÉMILIE.

Et je me rends, seigneur, à ces hautes bontés ;
Je recouvre la vue auprès de leurs clartés :
Je connois mon forfait qui me sembloit justice ;
Et, ce que n'avoit pu la terreur du supplice,
Je sens naître en mon ame un repentir puissant ;
Et mon cœur en secret me dit qu'il y consent.
   Le ciel a résolu votre grandeur suprême ;
Et pour preuve, seigneur, je n'en veux que moi-même :
J'ose avec vanité me donner cet éclat, [8]
Puisqu'il change mon cœur, qu'il veut changer l'état.
Ma haine va mourir, que j'ai crue immortelle ;
Elle est morte, et ce cœur devient sujet fidèle ;
Et prenant désormais cette haine en horreur,
L'ardeur de vous servir succède à sa fureur.

CINNA.

Seigneur, que vous dirai-je après que nos offenses
Au lieu de châtiments trouvent des récompenses ?
O vertu sans exemple ! ô clémence, qui rend
Votre pouvoir plus juste, et mon crime plus grand !

AUGUSTE.

Cesse d'en retarder un oubli magnanime ;
Et tous deux avec moi faites grace à Maxime :
Il nous a trahis tous ; mais ce qu'il a commis
Vous conserve innocents, et me rend mes amis.

    (à Maxime.)

Reprends auprès de moi ta place accoutumée ;
Rentre dans ton crédit et dans ta renommée.

Qu'Euphorbe de tous trois ait sa grace à son tour,
Et que demain l'hymen couronne leur amour :
Si tu l'aimes encor, ce sera ton supplice. 9

MAXIME.

Je n'en murmure point, il a trop de justice ;
Et je suis plus confus, seigneur, de vos bontés,
Que je ne suis jaloux du bien que vous m'ôtez.

CINNA.

Souffrez que ma vertu dans mon cœur rappelée
Vous consacre une foi lâchement violée,
Mais si ferme à présent, si loin de chanceler,
Que la chute du ciel ne pourroit l'ébranler.

Puisse le grand moteur des belles destinées
Pour prolonger vos jours retrancher nos années ;
Et moi, par un bonheur dont chacun soit jaloux,
Perdre pour vous cent fois ce que je tiens de vous.

LIVIE.

Ce n'est pas tout, seigneur ; une céleste flamme
D'un rayon prophétique illumine mon ame. 10
Oyez ce que les dieux vous font savoir par moi ;
De votre heureux destin c'est l'immuable loi.

Après cette action vous n'avez rien à craindre ;
On portera le joug désormais sans se plaindre ;
Et les plus indomtés, renversant leurs projets,
Mettront toute leur gloire à mourir vos sujets ;
Aucun lâche dessein, aucune ingrate envie
N'attaquera le cours d'une si belle vie ;
Jamais plus d'assassins, ni de conspirateurs :
Vous avez trouvé l'art d'être maître des cœurs.
Rome avec une joie et sensible et profonde
Se démet en vos mains de l'empire du monde ;

Vos royales vertus lui vont trop enseigner
Que son bonheur consiste à vous faire régner :
D'une si longue erreur pleinement affranchie,
Elle n'a plus de vœux que pour la monarchie,
Vous prépare déjà des temples, des autels,
Et le ciel une place entre les immortels ;
Et la postérité, dans toutes les provinces,
Donnera votre exemple aux plus généreux princes.

AUGUSTE.

J'en accepte l'augure, et j'ose l'espérer.
Ainsi toujours les dieux vous daignent inspirer !
  Qu'on redouble demain les heureux sacrifices
Que nous leur offrirons sous de meilleurs auspices ;
Et que vos conjurés entendent publier
Qu'Auguste a tout appris, et veut tout oublier.

FIN DE CINNA.

REMARQUES
DE VOLTAIRE
SUR LE CID.

REMARQUES SUR LE CID.

ACTE PREMIER.

SCÈNE I.

¹ Entre tous ces amants dont la jeune ferveur....

Scudéri dit que c'est parler français en allemand, de donner de la jeunesse à la *ferveur*. L'académie réprouve le mot de *ferveur*, qui n'est admis que dans le langage de la dévotion ; mais elle approuve l'épithète *jeune*.

S'il est permis d'ajouter quelque chose à la décision de l'académie, je dirai que le mot *jeune* convient très bien aux passions de la jeunesse. On dira bien *leurs jeunes amours*, mais non pas *leur jeune colère, ma jeune haine*; pourquoi ? parceque la colère, la haine, appartiennent autant à l'âge mûr, et que l'amour est plus le partage de la jeunesse.

² Au contraire, pour tous dedans l'indifférence...

Dedans n'est ni censuré par Scudéri, ni remarqué par l'académie ; la langue n'était pas alors entièrement épurée. On n'avait pas songé que *dedans* est un adverbe : *Il est dans la chambre, il est hors de la chambre. Êtes-vous dedans? êtes-vous dehors?*

3. Tant qu'a duré sa force, a passé pour merveille.

A passé pour merveille a été excusé par l'académie : aujourd'hui cette expression ne passerait point ; elle est commune, froide et lâche. Les premiers qui écrivirent purement, Racine et Boileau, ont proscrit tous ces termes de *merveille*, de *sans pareille*, *sans seconde*, *miracle de nos jours*, *soleil*, etc. ; et plus la poésie est devenue difficile, plus elle est belle.

4 Ses rides sur son front ont gravé ses exploits.

Voyez le jugement de l'académie, auquel nous renvoyons pour la plupart des vers qu'elle a censurés ou justifiés.

Racine se moqua de ce vers dans la farce des Plaideurs ; il y dit d'un vieux huissier :

Ses rides sur son front gravaient tous ses exploits.

Cette plaisanterie ne plut point du tout à l'auteur du Cid.

5 Ce que pour lui mon bras chaque jour exécute
Me défend de penser qu'aucun me le dispute.

Vous voyez que ces deux derniers vers sont le fondement de la querelle qui doit suivre, et qu'ainsi on fait très mal de commencer aujourd'hui la pièce par la querelle imprévue du comte et de don Diègue.

SCÈNE II.

¹ Eh bien, Elvire, enfin que faut-il que j'espère ?
Que dois-je devenir ? et que t'a dit mon père ?

Corneille, fatigué de toutes les critiques qu'on faisait du Cid, et ne sachant plus à qui entendre, changea tout ce commencement en 1664. La pièce commençait ainsi :

Elvire, m'as-tu fait un rapport bien sincère ?
Ne me déguise rien de ce qu'a dit mon père.

Il me semble que, dans les deux premières scènes, la pièce est beaucoup mieux annoncée, l'amour de Chimène plus développé, le caractère du comte de Gormas déjà annoncé ; et qu'enfin, malgré tous les défauts qu'on reprochait à Corneille, il eût encore mieux valu laisser la tragédie comme elle était que d'y faire ces faibles changements : c'était l'amour de l'infante qu'il devait retrancher ; c'étaient les fautes dans le détail qu'il eût fallu corriger.

² Au sortir du conseil doit proposer l'affaire.

Proposer l'affaire est encore du style comique ; mais observons que le Cid fut donné d'abord sous le titre de tragi-comédie.

³ Un moment donne au sort des visages divers.

Ces pressentiments réussissent presque toujours. On craint avec le personnage auquel on commence à s'intéresser. Mais il faudrait peut-être une autre cause à ce pressentiment que le lieu commun des changements du sort, et une autre expression que les *visages divers*.

SCÈNE III.

L'INFANTE, LÉONOR, un page.

C'est ici un défaut intolérable pour nous. La scène reste vide, les scènes ne sont point liées, l'action est interrompue. Pourquoi les acteurs précédents s'en vont-ils? pourquoi ces nouveaux acteurs viennent-ils? comment l'un peut-il s'en aller et l'autre arriver sans se voir? comment Chimène peut-elle voir l'infante sans la saluer? Ce grand défaut était commun à toute l'Europe, et les Français seuls s'en sont corrigés. Plus il est difficile de lier toutes les scènes, plus cette difficulté vaincue a de mérite; mais il ne faut pas la surmonter aux dépens de la vraisemblance et de l'intérêt. C'est un des secrets de ce grand art de la tragédie, inconnu encore à la plupart de ceux qui l'exercent. Non seulement on a retranché cette scène de l'infante, mais on a supprimé tout son rôle; et Corneille ne s'était permis cette faute insupportable que pour remplir l'étendue malheureusement prescrite à une tragédie. Il vaut mieux la faire beaucoup trop courte : un rôle superflu la rend toujours trop longue.

SCÈNE IV.

1 Et je vous vois pensive et triste chaque jour
Demander avec soin comme va son amour.

Voilà une nouvelle excuse du titre de tragi-comédie ; *comme va son amour!* Qu'auraient dit les Grecs, du temps de Sophocle, à une telle demande ? Nous ne ferons point de remarques sur les défauts de ce rôle, qu'on a retranché entièrement.

SCÈNE VII.

1 Enfin vous l'emportez, et la faveur du roi
Vous élève en un rang qui n'était dû qu'à moi.

La dureté, l'impolitesse, les rodomontades du comte sont, à la vérité, intolérables ; mais songez qu'il est puni.

N. B. Aujourd'hui, quand les comédiens représentent cette pièce, ils commencent par cette scène. Il paraît qu'ils ont très grand tort ; car peut-on s'intéresser à la querelle du comte et de don Diègue, si on n'est pas instruit des amours de leurs enfants ? L'affront que Gormas fait à don Diègue est un coup de théâtre, quand on espère qu'ils vont conclure le mariage de Chimène avec Rodrigue. Ce n'est point jouer le Cid ; c'est insulter son auteur, que de le tronquer ainsi. On ne devrait pas permettre aux comédiens d'altérer ainsi les ouvrages qu'ils représentent.

Dans le Cid de Diamante, le roi donne la place

de gouverneur de son fils en présence du comte; et cela est encore plus théâtral. Le théâtre ne reste point vide. Il semble que Corneille aurait dû plutôt imiter Diamante que Castro dans cette intelligence du théâtre.

Au reste, dans les deux pièces espagnoles, le comte de Gormas donne un soufflet à don Diègue; ce soufflet était essentiel.

Les deux pères disent à-peu-près les mêmes choses dans ces deux scènes et dans les suivantes. Castro, qui vint après Diamante, ne fit point difficulté de prendre plusieurs pensées chez son prédécesseur, dont la pièce était presque oubliée. A plus forte raison Corneille fut en droit d'imiter les deux poëtes espagnols, et d'enrichir sa langue des beautés d'une langue étrangère.

² *Pour grands que soient les rois, ils sont ce que nous sommes.*

Cette phrase a vieilli; elle était fort bonne alors: il est honteux pour l'esprit humain que la même expression soit bonne en un temps et mauvaise en un autre. On dirait aujourd'hui : *Tout grands que sont les rois, Quelque grands que soient les rois.*

3. . . . . Ce digne sujet. . . .

Ce digne sujet ne se dirait pas aujourd'hui; mais alors c'était une expression très reçue. *Monsieur* ne se dirait pas non plus dans une tragédie. *Mettre une vanité au cœur* serait une mauvaise façon de parler.

4 A de plus hauts partis Rodrigue doit prétendre.

Dans l'édition de 1637, il y a : *A de plus hauts partis ce beau fils doit prétendre.* Vous pouvez juger par ce seul trait de l'état ou était alors notre langue : un mélange de termes familiers et nobles défigurait tous les ouvrages sérieux. C'est Boileau qui le premier enseigna l'art de parler toujours convenablement ; et Racine est le premier qui ait employé cet art sur la scène.

5 . . . . Ton impudence,
Téméraire vieillard, aura sa récompense.

On ne donnerait pas aujourd'hui un soufflet sur la joue d'un héros. Les acteurs même sont très embarrassés à donner ce soufflet ; ils font le semblant. Cela n'est plus même souffert dans la comédie ; et c'est le seul exemple qu'on en ait sur le théâtre tragique. Il est à croire que c'est une des raisons qui firent intituler le Cid *tragi-comédie.* Presque toutes les pièces de Scudéri et de Boisrobert avaient été des tragi-comédies. On avait cru long-temps en France qu'on ne pouvait supporter le tragique continu sans mélange d'aucune familiarité. Le mot de *tragi-comédie* est très ancien : Plaute l'emploie pour désigner son Amphitryon, parceque si l'aventure de Sosie est comique, Amphitryon est très sérieusement affligé.

6 Épargnes-tu mon sang ? — Mon ame est satisfaite,
Et mes yeux à ma main reprochent ta défaite. —

> Tu dédaignes ma vie ! — En arrêter le cours
> Ne seroit que hâter la parque de trois jours.

On a retranché ces quatre vers dans les éditions suivantes. Dans la pièce de Diamante, le comte dit à don Diègue, *Vale.*

SCÈNE IX.

[1] Rodrigue, as-tu du cœur ?

Dans le Cid de Diamante, Rodrigue arrive avec le *garçon gracieux* qui a peint le portrait de Chimène. Rodrigue trouve le portrait ressemblant, et dit au *garçon gracieux* qu'il est un grand peintre, *grande pintor* ; puis, regardant son père affligé, qui tient d'une main son épée et de l'autre un mouchoir, il lui en demande la raison : don Diègue lui répond : *Aie, aie l'honneur !* Rodrigue : *Qu'est-ce qui vous déplaît ?* Don Diègue : *Aie, aie l'honneur ! te dis-je.* Rodrigue : *Parlez, espérez ; j'écoute.* Don Diègue : *Aie, aie ! as-tu du courage ?* Rodrigue répond à peu près comme dans Castro et dans Corneille.

[2] Je l'ai vu tout sanglant au milieu des batailles
Se faire un beau rempart de mille funérailles.

Dans les éditions suivantes Corneille a mis :

Je l'ai vu tout couvert de sang et de poussière
Porter partout la mort dans une armée entière.

L'académie avait condamné *funérailles.* Je ne sais si ce mot, tout impropre qu'il est, n'eût pas mieux valu que le pléonasme languissant *partout* et *entière*.

SCÈNE X.

¹ Percé jusques au fond du cœur....

On mettait alors des stances dans la plupart des tragédies, et on en voit dans Médée. On les a bannies du théâtre. On a pensé que les personnages qui parlent en vers d'une mesure déterminée ne devaient jamais changer cette mesure, parceque, s'ils s'expliquaient en prose, ils devraient toujours continuer à parler en prose. Or, les vers de six pieds étant substitués à la prose, le personnage ne doit pas s'écarter de ce langage convenu. Les stances donnent trop l'idée que c'est le poëte qui parle. Cela n'empêche pas que ces stances du Cid ne soient fort belles, et ne soient encore écoutées avec beaucoup de plaisir.

² —— Allons, mon bras, sauvons du moins l'honneur.

L'académie avait approuvé *allons, mon ame*; et cependant Corneille le changea, et mit, *allons, mon bras*. On ne dirait aujourd'hui ni l'un ni l'autre. Ce n'est point un effet du caprice de la langue, c'est qu'on s'est accoutumé à mettre plus de vérité dans le langage. *Allons* signifie *marchons*; et ni un bras ni une ame ne marchent : d'ailleurs, nous ne sommes plus dans un temps où l'on parle à son bras et à son ame.

ACTE DEUXIÈME.
SCÈNE I.

1 Je l'avoue entre nous, quand je lui fis l'affront,
J'eus le sang un peu chaud et le bras un peu prompt.

Corneille aurait dû corriger *je lui fis l'affront*, que l'académie condamna comme une faute contre la langue. De plus, il fallait dire *cet affront*. Il mit à la place :

Je l'avoue entre nous, mon sang un peu trop chaud
S'est trop ému d'un mot, et l'a porté trop haut.

Un sang trop chaud qui le porte trop haut est bien pis qu'une faute contre la grammaire.

2 Désobéir un peu n'est pas un si grand crime,
Et, quelque grand qu'il fût, mes services présents
Pour le faire abolir sont plus que suffisants.

C'est ici qu'il y avait :

Les satisfactions n'apaisent point une ame:
Qui les reçoit a tort, qui les fait se diffame;
Et de pareils accords l'effet le plus commun
Est de déshonorer deux hommes au lieu d'un.

Ces vers parurent trop dangereux dans un temps où l'on punissait les duels qu'on ne pouvait arrêter, et Corneille les supprima.

SCÈNE II.

1 Je suis jeune, il est vrai ; mais aux ames bien nées
La valeur n'attend pas le nombre des années.

Dans la pièce de Diamante, Rodrigue propose au comte de se battre à la campagne ou dans la

ACTE II, SCÈNE II.

ville, de nuit ou de jour, au soleil ou à l'ombre, avec plastron ou sans plastron, à pied ou à cheval, à l'épée ou à la lance. Ah! le plaisant bouffon! répond le comte.

2 Mes pareils à deux fois ne se font pas connoître,
Et pour leurs coups d'essai veulent des coups de maître.

Coups d'essai, coups de maître, termes familiers qu'on ne doit jamais employer dans le tragique; de plus, ce n'est qu'une répétition froide de ce beau vers :

La valeur n'attend pas le nombre des années.

Scudéri censurait des beautés, et ne vit pas ce défaut.

3 Ton bras est invaincu, mais non pas invincible.

Ce mot *invaincu* n'a point été employé par les autres écrivains; je n'en vois aucune raison : il signifie autre chose qu'*indomté*; un pays est *indomté*, un guerrier est *invaincu*. Corneille l'a encore employé dans les Horaces. Il y a un dictionnaire d'orthographe où il est dit qu'*invaincu* est un barbarisme. Non; c'est un terme hasardé et nécessaire. Il y a deux sortes de barbarisme, celui des mots et celui des phrases. *Égaliser les fortunes*, pour *égaler les fortunes; au parfait,* au lieu de *parfaitement; éduquer,* pour *donner de l'éducation, élever* : voilà des barbarismes de mots. *Je crois de bien faire,* au lieu de *je crois bien faire; encenser aux dieux,* pour *encenser les dieux; je vous aime tout ce qu'on peut aimer :* voilà des barbarismes de phrases.

SCÈNE VII.

1 Don Sanche, taisez-vous, et soyez averti
Qu'on se rend criminel à prendre son parti.

Cette scène paraît presque aussi inutile que celle de l'infante; elle avilit d'ailleurs le roi, qui n'est point obéi. Après que le roi a dit, *taisez-vous*, pourquoi dit-il le moment d'après, *parlez?* et il ne résulte rien de cette scène.

2 .... Au reste, on a vu dix vaisseaux
De nos vieux ennemis arborer les drapeaux.

N'est-ce pas une grande faute de parler avec tant d'indifférence du danger de l'état? N'aurait-il pas été plus intéressant et plus noble de commencer par montrer une grande inquiétude de l'approche des Maures, et un embarras non moins grand d'être obligé de punir dans le comte le seul homme dont il espérait des services utiles dans cette conjoncture? N'eût-ce pas même été un coup de théâtre que, dans le temps où le roi eût dit, *je n'ai d'espérance que dans le comte*, on lui fût venu dire, *le comte est mort?* Cette idée même n'eût-elle pas donné un nouveau prix au service que rend ensuite Rodrigue en faisant plus qu'on n'espérait du comte?

Il faut observer encore *qu'au reste* signifie *quant à ce qui reste*: il ne s'emploie que pour les choses dont on a déjà parlé, et dont on a omis quelque point dont on veut traiter. Je veux que le comte fasse satisfaction; au reste je souhaite que cette querelle puisse ne pas rendre les deux maisons éternellement ennemies. Mais quand on passe d'un sujet à un autre, il faut *cependant*, ou quelque autre transition.

3 Puisqu'on fait bonne garde aux murs et sur le port,
  C'est assez pour ce soir.

Le roi a grand tort de dire *C'est assez pour ce soir*, puisqu'en effet les Maures font leur descente le soir même, et que sans le Cid la ville était prise. On demande s'il est permis de mettre sur la scène un prince qui prend si mal ses mesures. Je ne le crois pas; la raison en est qu'un personnage avili ne peut jamais plaire.

SCÈNE IX.

1 Sire, sire, justice!

Voyez comme dès ce moment les défauts précédents disparaissent. Quelle beauté dans le poëte espagnol et dans son imitateur! Le premier mot de Chimène est de demander justice contre un homme qu'elle adore: c'est peut-être la plus belle des situations. Quand, dans l'amour, il ne s'agit que de l'amour, cette passion n'est pas tragique. Monime aimera-t-elle Xipharès ou Pharnace? Antiochus épousera-t-il Bérénice? bien des gens répondent, Que m'importe? Mais Chimène fera-t-elle couler le sang du Cid? Qui l'emportera d'elle ou de don Diègue? tous les esprits sont en suspens, tous les cœurs sont émus.

2 Ce sang qui tout sorti fume encor de courroux
De se voir répandu pour d'autres que pour vous, etc.

Scudéri ne reprit point ces hyperboles poétiques qui, n'étant point dans la nature, affaiblissent le pathétique de ce discours. C'est le poëte qui dit que *ce sang fume de courroux;* ce n'est pas assurément Chimène; on ne parle pas ainsi d'un père mourant. Scudéri, beaucoup plus accoutumé que Corneille à ces figures outrées et puériles, ne remarqua pas même en autrui, tout éclairé qu'il était par l'envie, une faute qu'il ne sentait pas dans lui-même.

3 ..... Et pour mieux m'émouvoir....

Les connaisseurs sentent qu'il ne fallait pas même que Chimène dît *pour mieux m'émouvoir.* Elle doit être si émue, qu'il ne faut pas qu'elle prête aux choses inanimées le dessein de la toucher.

4 Son sang sur la poussière écrivoit mon devoir.

L'espagnol dit, *parlait par sa plaie :* ces figures recherchées sont dans l'original espagnol. C'était l'esprit du temps; c'était le faux-brillant du Marini et de tous les auteurs.

5 Du crime glorieux qui cause nos débats,
Sire, j'en suis la tête, etc.

Corneille substitua:

Qu'on nomme crime ou non ce qui fait nos débats, etc.

Mais ce changement est vicieux. *Ce qui fait nos*

débats est très faible. Il semble que don Diègue parle ici d'un procès de famille.

⁶ M'ordonner du repos, c'est croître mes malheurs.

Croître aujourd'hui n'est plus actif; on dit *accroître :* mais il me semble qu'il est permis en vers de dire, *croître mes tourments, mes ennuis, mes douleurs, mes peines.*

ACTE TROISIÈME.

SCÈNE I.

¹ Non, non, ce cher objet à qui j'ai pu déplaire
Ne peut pour mon supplice avoir trop de colère;
Et j'évite cent morts qui me vont accabler,
Si pour mourir plus tôt je la puis redoubler.

Cette faute tant reprochée à Corneille d'avoir violé l'unité de lieu pour violer les lois de la bienséance, et d'avoir fait aller Rodrigue dans la maison même de Chimène, qu'il pouvait si aisément rencontrer au palais; cette faute, dis-je, est de l'auteur espagnol : quelque répugnance qu'on ait à voir Rodrigue chez Chimène, on oublie presque où il est; on n'est occupé que de la situation. Le mal est qu'il ne parle qu'à une confidente.

On n'a point de *colère pour un supplice:* c'est un barbarisme.

L'idée d'éviter tant de morts ne doit pas se présenter à un homme qui la cherche. Ces *cent morts* sont une expression vague, un vers fait à la hâte; il ne se donnait ni le temps ni la peine de chercher le mot propre et un tour élégant. On ne connaissait pas encore cette pureté de diction, et cette éloquence sage et vraie que Racine trouva par un travail assidu, et par une méditation profonde sur le génie de notre langue.

SCÈNE II.

[1] Sous vos commandements, mon bras sera trop fort.— Malheureuse!

Quelque insipidité qu'on ait trouvée dans le personnage de Don Sanche, il me semble qu'il fait là un effet très heureux en augmentant la douleur de Chimène; et ce mot *malheureuse!* qu'elle prononce sans presque l'écouter, est sublime. Lorsqu'un personnage qui n'est rien par lui-même sert à faire valoir le caractère principal, il n'est point de trop.

SCÈNE III.

[1] La moitié de ma vie a mis l'autre au tombeau.

Scudéri trouvait là trois moitiés. Cette affectation, cette apostrophe à ses yeux ont paru à tous les critiques une puérilité dont on ne trouve aucun exemple dans le théâtre grec,

Et ce n'est point ainsi que parle la nature.

Par quel art cependant ces vers touchent-ils? N'est-ce point que *la moitié de ma vie a mis l'autre au tombeau* porte dans l'ame une idée attendrissante qui subsiste encore malgré les vers qui suivent?

2 Reposez-vous, madame.

Le mot de *reposer* est un peu de la comédie, et ne peut guère être adressé qu'à une personne fatiguée. Dans la tragédie on peut proposer le repos à un conquérant, pourvu que cette idée soit ennoblie.

3 Dans un lâche silence étouffe mon honneur.

Corneille corrigea depuis, *sous un lâche silence*: mais un honneur n'est point étouffé *sous un lâche silence*; il semble qu'un *silence* soit un poids qu'on mette sur l'honneur.

4 Le poursuivre, le perdre, et mourir après lui.

Ce vers excellent renferme toute la pièce, et répond à toutes les critiques qu'on a faites sur le caractère de Chimène. Puisque ce vers est dans l'espagnol, l'original contenait les vraies beautés qui firent la fortune du *Cid* français.

SCÈNE IV.

1 Eh bien, sans vous donner la peine de poursuivre,
Assurez-vous l'honneur de m'empêcher de vivre.

Il fallait dire, *de me poursuivre*. M'empêcher de vivre est languissant, et n'exprime pas *donnez-moi la mort*.

2 Il est teint de mon sang.—Plonge-le dans le mien;
Et fais-lui perdre ainsi la teinture du tien.

Cela n'a point été repris par l'académie; mais

je doute que cette teinture réussît aujourd'hui. Le désespoir n'a pas de réflexions si fines, et j'oserais ajouter si fausses : une épée est également rougie de quelque sang que ce soit; ce n'est point du tout une teinture différente. Tout ce qui n'est pas exactement vrai révolte les bons esprits. Il faut qu'une métaphore soit naturelle, vraie, lumineuse, qu'elle échappe à la passion.

3 J'ai retenu ma main, j'ai cru mon bras trop prompt.

La main et le bras faisaient un mauvais effet; l'auteur a substitué,

J'ai pensé qu'à son tour mon bras étoit trop prompt.

Peut-être *à son tour* est-il plus mal. C'est là changer un vers plutôt que le corriger.

4 Je te le dis encore, et, quoique j'en soupire,
Jusqu'au dernier soupir je veux bien le redire.

Corneille avait mis :

.... Et veux, tant que j'expire,
Sans cesse le penser et sans cesse le dire.

Tant que j'expire était une faute de langue; mais ces deux mots *soupire* et *soupir*, et ces désinences en *ir*, sont encore plus répréhensibles que les deux vers anciens.

5 O miracle d'amour!

semble affaiblir cette touchante scène.

SCÈNE VI.

¹ .... J'ai trouvé chez moi cinq cents de mes amis, etc.

Vous verrez dans la critique de Scudéri qu'il condamne l'assemblée de ces cinq cents gentilshommes, et que l'académie l'approuve. C'est un trait fort ingénieux, inventé par l'auteur espagnol, de faire venir cette troupe pour une chose, et de l'employer pour une autre.

ACTE QUATRIÈME.

SCÈNE I.

¹ N'est-ce point un faux bruit? le sais-tu bien, Elvire?

CE combat n'est point étranger à la pièce; il fait, au contraire, une partie du nœud, et prépare le dénouement en affaiblissant nécessairement la poursuite de Chimène, et rendant Rodrigue digne d'elle. Il fait, si je ne me trompe, souhaiter au spectateur que Chimène oublie la mort de son père en faveur de sa patrie, et qu'elle puisse enfin se donner un jour à Rodrigue.

SCÈNE II.¹

L'infante. Pour toutes ces scènes de l'infante, on convient unanimement de leur inutilité insipide; et celle-ci est d'autant plus superflue, que Chimène y répète avec faiblesse ce qu'elle vient de dire avec force à sa confidente.

² Hier, ce devoir te mit en une haute estime....

Cet *hier* fait voir que la pièce dure deux jours dans Corneille; l'unité de temps n'était pas encore une règle bien reconnue. Cependant, si la querelle du comte et sa mort arrivent la veille au soir, et si le lendemain tout est fini à la même heure, l'unité de temps est observée. Les évènements ne sont point aussi pressés qu'on l'a reproché à Corneille, et tout est assez vraisemblable.

SCÈNE III. ¹

Toujours la scène vide, et nulle liaison; c'était encore un des défauts du siècle. Cette négligence rend la tragédie bien plus facile à faire, mais bien plus défectueuse.

² J'eusse pu donner ordre à repousser leurs armes.

Le roi ne joue pas là un personnage bien respectable; il avoue qu'il n'a donné ordre à rien.

³ Ils t'ont nommé tous deux leur Cid en ma présence.

Corneille, en se bornant à employer aussi heureusement qu'il le fait ici ce vers imité de Guilain de Castro, au lieu d'introduire, comme lui, sur la scène trois rois maures, uniquement pour donner à Rodrigue ce nom de Cid en présence du roi de Castille, prouve en cela sa supériorité sur le poëte espagnol. Que font en effet, dans la pièce de Guilain de Castro, ces trois inutiles personnages? Rien autre chose que de former un vain spectacle. C'est le principal défaut de toutes les pièces espagnoles et anglaises de ces temps-là. L'appareil, la pompe du spectacle, sont une beauté sans doute, mais il faut que cette beauté soit nécessaire. La tragédie ne consiste pas dans un vain amusement des yeux. On représente sur le théâtre de Londres des enterrements, des exécutions, des couronnements; il n'y manque que des combats de taureaux.

4 Que votre majesté, sire, épargne ma honte.

Le mot de *honte* n'est pas le mot propre. Une valeur qui *ne va point dans l'excès* est plus impropre encore.

5 Nous partîmes cinq cents, mais, par un prompt renfort,
Nous nous vîmes trois mille en arrivant au port.

L'académie n'a point repris cet endroit, qui consiste à substituer l'aoriste au simple passé. *Je vis, je fis, j'allai, je partis*, ne peut se dire d'une chose faite le jour où l'on parle. Plût à Dieu que cette licence fût permise en poésie ! car *nous nous sommes vus cinq cents, nous sommes partis*, est bien languissant; on eût pu dire:

Nous n'étions que cinq cents ; mais, par un prompt renfort,
Nous nous voyons trois mille en arrivant au port.

L'académie ne prononça point sur cette faute, uniquement par la raison que Scudéri ne l'avait pas relevée, et qu'elle se borna, comme je l'ai déjà dit, à juger entre Corneille et Scudéri.

SCÈNE IV.

¹ La fâcheuse nouvelle! et l'importun devoir!

Dès ce moment, Rodrigue ne peut plus être puni; toutes les poursuites de Chimène paraissent surabondantes. Elle est donc si loin de manquer aux bienséances, comme on le lui a reproché, qu'au contraire elle va au-delà de son devoir, en demandant la mort d'un homme devenu si nécessaire à l'état.

SCÈNE V.

¹ ...... Enfin soyez contente,
Chimène, le succès répond à votre attente.

Cette petite ruse du roi est prise de l'auteur espagnol : l'académie ne la condamne pas. C'est apparemment le titre de *tragi-comédie* qui la disposait à cette indulgence : car ce moyen paraît aujourd'hui peu digne de la noblesse du tragique.

² Sire, on pâme de joie, ainsi que de tristesse.

On ne dit pas *pâmer*, *évanouir*; on dit *se pâmer*, *s'évanouir*. Cette défaite de Chimène est comique, et fait rire. Voyez les remarques de l'académie. La faute est de l'original; mais ses termes sont plus convenables.

³ L'auteur de mes malheurs! l'assassin de mon père!

On fait peu de remarques sur cette scène : on renvoie le lecteur à celles de l'académie. Cependant il faut observer que Chimène a tort d'appeler Rodrigue assassin; il ne l'est pas : elle l'a appelé elle-même *brave homme, homme de bien.*

4. De moi ni de ma cour il n'aura la présence.

Ce tour est très adroit; il donne lieu à la scène dans laquelle don Sanche apporte son épée à Chimène.

ACTE CINQUIÈME.
SCÈNE I.

1 Je vais mourir, madame, et vous viens en ce lieu,
Avant le coup mortel, dire un dernier adieu.

En quel lieu? Il est triste que ce mot *adieu* n'ait que *lieu* pour rime. C'est un des grands inconvénients de notre langue.

2 Je vais lui présenter mon estomac ouvert,
Adorant en sa main la vôtre qui me perd.

C'est dommage que ces sentiments ne soient point du tout naturels. Il paraît assez ridicule de dire qu'il doit du respect à don Sanche, et qu'il va lui présenter son estomac ouvert. Ces idées sont prises dans ces misérables romans qui n'ont rien de vraisemblable, ni dans les aventures, ni dans les sentiments, ni dans les expressions; tout était hors de la nature dans ces impertinents ouvrages qui gâtèrent si long-temps le goût de la nation. Un héros n'osait ni vivre, ni mourir, sans le congé de sa dame. Scudéri n'avait garde de condamner ces idées romanesques dans Corneille, lui qui en avait rempli ses ridicules ouvrages.

3 Et défends ton honneur si tu ne veux plus vivre.

Ce vers est également adroit et passionné ; il est plein d'art, mais de cet art que la nature inspire. Il me paraît admirable; mais le discours de Chimène est un peu trop long.

4 Et cet honneur suivra mon trépas volontaire,
Que tout autre que moi n'eût pu vous satisfaire.

Cette réponse de Rodrigue paraît aussi alambiquée et allongée : cette dispute sur un sentiment très peu naturel a quelque chose des conversations de l'hôtel Rambouillet, où l'on quintessenciait des idées sophistiquées.

5 Sors vainqueur d'un combat dont Chimène est le prix,

est repris par Scudéri. C'est peut-être le plus beau vers de la pièce, et il obtient grace pour tous les sentiments un peu hors de la nature qu'on trouve dans cette scène, traitée d'ailleurs avec une grande supériorité de génie.

Comment, après ce beau vers, peut-on ramener encore sur la scène notre pitoyable infante?

SCÈNE II.

1 Paroissez, Navarrois, Maures, et Castillans.

Je ne sais pourquoi on supprime ce morceau dans les représentations. *Paroissez, Navarrois*, était passé en proverbe, et c'est pour cela même qu'il faut réciter ces vers. Cet enthousiasme de valeur messied-il au Cid, encouragé par sa maîtresse?

SCÈNE V.[1]

Chimène, qui arrive à la place de l'infante sans la voir, et qui pourrait aussi bien ne pas paraître sur le théâtre que s'y montrer, ne fait ici que renouveler ce défaut dont nous avons tant parlé, qui consiste dans l'interruption des scènes ; défaut, encore une fois, qui n'était pas reconnu dans le chaos dont Corneille a tiré le théâtre.

[2] D'un et d'autre côté je vous vois soulagée.

Les raisonnements d'Elvire, dans cette scène, semblent un peu se contredire. D'abord, elle dit à Chimène *qu'elle sera soulagée des deux côtés*. Ensuite :

> Et nous verrons du ciel l'équitable courroux
> Vous laisser par sa mort don Sanche pour époux.

Il est probable que ces raisonnements d'Elvire contribuent un peu à refroidir cette scène, mais aussi ils contribuent beaucoup à laver Chimène de l'affront que les critiques injustes lui ont fait de se conduire en fille dénaturée : car le spectateur est du parti d'Elvire contre Chimène ; il trouve, comme Elvire, que Chimène en a fait assez, et qu'elle doit s'en remettre à l'évènement du combat.

SCÈNE VI.[1]

L'académie a condamné cette scène, et on peut voir les raisons qu'elle en rapporte ; mais il n'y a point de lecteur sensé qui ne prévienne ce jugement, et qui ne voit qu'il n'est pas naturel que l'erreur de Chimène dure si long-temps. Ce qui n'est pas dans la nature ne peut toucher. Ce vain artifice affaiblit l'intérêt qu'on pourrait prendre à la scène suivante. Il ne reste que l'impression que Chimène a faite pendant toute la pièce : cette impression est si forte, qu'elle remue encore les cœurs, malgré toutes ces fautes.

SCÈNE VII.

¹ Mais puisque mon devoir m'appelle auprès du roi, etc.

Quel devoir l'appelle auprès du roi, au temps de ce combat ?

SCÈNE VIII.

¹. Je viens tout de nouveau vous apporter ma tête.

Rodrigue a offert sa tête si souvent, que cette nouvelle offre ne peut plus produire le même effet. Les personnages doivent toujours conserver leur caractère, mais non pas dire toujours les mêmes choses. L'unité de caractère n'est belle que par la variété des idées.

² Pour vous en revancher conservez ma mémoire.

Le mot de *revancher* est devenu bas; on dirait aujourd'hui *pour m'en récompenser.*

³ Si Rodrigue à l'état devient si nécessaire,
De ce qu'il fait pour vous dois-je être le salaire,
Et me livrer moi-même au reproche éternel
D'avoir trempé mes mains dans le sang paternel ?

Il semble que ces derniers beaux vers que dit

ACTE V, SCÈNE VII.

Chimène la justifient entièrement. Elle n'épouse point le Cid; elle fait même des remontrances au roi. J'avoue que je ne conçois pas comment on a pu l'accuser d'indécence, au lieu de la plaindre et de l'admirer. Elle dit, à la vérité, au roi, *C'est à moi d'obéir;* mais elle ne dit point, *j'obéirai.* Le spectateur sent bien pourtant qu'elle obéira; et c'est en cela, ce me semble, que consiste la beauté du dénouement.

4 Laisse faire le temps, ta vaillance, et ton roi.

Ce dernier vers, à mon avis, sert à justifier Corneille. Comment pouvait-on dire que Chimène était une fille dénaturée, quand le roi lui-même n'espère rien pour Rodrigue que du temps, de sa protection, et de la valeur de ce héros?

FIN DES REMARQUES SUR LE CID.

REMARQUES
DE VOLTAIRE
SUR HORACE.

PRÉFACE DE VOLTAIRE.

Si on reprocha à Corneille d'avoir pris dans des Espagnols les beautés les plus touchantes du Cid, on dut le louer d'avoir transporté sur la scène française, dans les Horaces, les morceaux les plus éloquents de Tite-Live, et même de les avoir embellis. On sait que, quand on le menaça d'une seconde critique sur la tragédie des Horaces, semblable à celle du Cid, il répondit : « Horace fut condamné par les duumvirs, mais il « fut absous par le peuple ». Horace n'est point encore une tragédie entièrement régulière, mais on y verra des beautés d'un genre supérieur.

REMARQUES SUR HORACE.

ACTE PREMIER.

SCÈNE I.

SABINE, JULIE.

Corneille, dans l'examen des Horaces, dit que le personnage de Sabine est heureusement inventé, mais qu'il ne sert pas plus à l'action que l'infante à celle du Cid.

Il est vrai que ce rôle n'est pas nécessaire à la pièce : mais j'ose ici être moins sévère que Corneille ; ce rôle est du moins incorporé à la tragédie ; c'est une femme qui tremble pour son mari et pour son frère. Elle ne cause aucun évènement, il est vrai ; c'est un défaut sur un théâtre aussi perfectionné que le nôtre: mais elle prend part à tous les évènements, et c'est beaucoup pour un temps où l'art commençait à naître.

Observez que ce personnage débite souvent de très beaux vers, et qu'il fait l'exposition du sujet d'une manière très intéressante et très noble.

Mais observez surtout que les beaux vers de Corneille nous enseignèrent à discerner les mauvais. Le goût du public se forma insensiblement par la comparaison des beautés et des défauts. On désapprouve aujourd'hui cet amas de sentences, ces idées générales retournées en tant de manières, l'ébranlement qui sied aux *fermes* courages, l'esprit le *plus mâle*, le *moins abattu :* c'est l'auteur qui parle, et c'est le personnage qui doit parler.

2 Si près de voir sur soi fondre de tels orages,
   L'ébranlement sied bien aux plus fermes courages.

Si près de voir n'est pas français : *près de* veut un substantif, *près de sa ruine, près d'être ruiné.*

3 Le trouble de mon cœur ne peut rien sur mes larmes.

Un trouble qui a du pouvoir sur des larmes : cela est louche et mal exprimé.

4 Quand on arrête là les déplaisirs d'une ame....

Quand on arrête là ne serait pas souffert aujourd'hui ; c'est une expression de comédie.

5 Si l'on fait moins qu'un homme, on fait plus qu'une femme.

Cette petite distinction, *moins qu'un homme, plus qu'une femme,* est trop recherchée pour la vraie douleur.

Elle revient encore une troisième fois à la charge pour dire qu'elle ne pleure point.

6 Je suis Romaine, hélas ! puisqu'Horace est Romain.

Il y avait dans les premières éditions :

Je suis Romaine, hélas ! puisque mon époux l'est, etc.

Pourquoi peut-on finir un vers par *je le suis,* et que *mon époux l'est* est prosaïque, faible, et dur ? C'est que ces trois syllabes *je le suis* semblent ne composer qu'un mot ; c'est que l'oreille n'est point blessée : mais ce mot *l'est*, détaché et finissant la phrase, détruit toute harmonie. C'est cette attention qui rend la lecture des vers ou agréable ou rebutante : on doit même avoir cette attention en prose. Un ouvrage dont les phrases finiraient par des syllabes sèches et dures ne pourrait être lu, quelque bon qu'il fût d'ailleurs.

7 Albe, mon cher pays, et mon premier amour,
Lorsqu'entre nous et toi je vois la guerre ouverte,
Je crains notre victoire autant que notre perte.

Voyez comme ces vers sont supérieurs à ceux du commencement : c'est ici un sentiment vrai, il n'y a point là de lieux communs, point de vaines sentences, rien de recherché ni dans les idées ni dans les expressions. *Albe, mon cher pays* ; c'est la nature seule qui parle : cette comparaison de Corneille avec lui-même formera mieux le goût que toutes les dissertations et les poétiques.

8 Fais-toi des ennemis que je puisse haïr.

Ce vers admirable est resté en proverbe.

9 Sa joie éclatera dans l'heur de ses enfants.

Ce mot *heur*, qui favorisait la versification, et qui ne choque point l'oreille, est aujourd'hui banni de notre langue. Il serait à souhaiter que la plupart des termes dont Corneille s'est servi fussent en usage : son nom devrait consacrer ceux qui ne sont pas rebutants.

Remarquez que dans ces premières pages vous trouverez rarement un mauvais vers, une expression louche, un mot hors de sa place, pas une rime en épithète, et que, malgré la prodigieuse contrainte de la rime, chaque vers dit quelque chose. Il n'est pas toujours vrai que dans notre poésie il y ait continuellement un vers pour le sens, un autre pour la rime, comme il est dit dans Hudibras :

For one for sense, and one for rime,
I think sufficient at a time.

C'est assez pour des vers méchants,
Qu'un pour la rime, un pour le sens.

10 Et, se laissant ravir à l'amour maternelle,
Ses vœux seront pour toi si tu n'es plus contre elle.

Cette phrase est équivoque et n'est pas française. Le mot de *ravir*, quand il signifie *joie*, ne prend point un datif : on n'est point ravi à quelque chose ; c'est un solécisme de phrase.

11 Ce discours me surprend, vu que depuis le temps
Qu'on a contre son peuple armé nos combattants...

Ce *vu que* est une expression peu noble, même en prose ; s'il y en avait beaucoup de pareilles, la poésie serait basse et rampante : mais jusqu'ici vous ne trouvez guère que ce mot indigne du style de la tragédie.

12 Comme si notre Rome eût fait toutes vos craintes.

On ne fait pas une *crainte*, on la cause, on l'inspire, on l'excite, on la fait naître.

13 Tant qu'on ne s'est choqué qu'en de légers combats,
   Trop foibles pour jeter un des partis à bas....
   Oui, j'ai fait vanité d'être toute Romaine.

Jeter à bas est une expression familière qui ne serait pas même admise dans la prose. Corneille, n'ayant aucun rival qui écrivît avec noblesse, se permettait ces négligences dans les petites choses, et s'abandonnait à son génie dans les grandes.

14 Et si j'ai ressenti, dans ses destins contraires,
   Quelque maligne joie en faveur de mes frères,
   Soudain, pour l'étouffer rappelant ma raison,
   J'ai pleuré quand la gloire entroit dans leur maison.

La joie des succès de sa patrie et d'un frère peut-elle être appelée *maligne?* elle est naturelle: on pouvait dire, *une secrète joie en faveur de mes frères.*

Ce mot de *maligne joie* est bien plus à sa place dans ces deux admirables vers de la Mort de Pompée :

Une *maligne joie* en son cœur s'élevoit,
Dont sa gloire indignée à peine le sauvoit.

Il faut toujours avoir devant les yeux ce passage de *Boileau :*

D'un mot mis en sa place enseigner le pouvoir.

C'est ce mot propre qui distingue les orateurs et les poëtes de ceux qui ne sont que diserts et versificateurs.

15 J'aurois pour mon pays une cruelle haine,
   Si je pouvois encore être toute Romaine,

Et si je demandois votre triomphe aux dieux,
Au prix de tant de sang qui m'est si précieux.

Ce n'est pas ce *tant* qui est précieux, c'est le *sang*; c'est *au prix d'un sang qui m'est si précieux*. Le *tant* est inutile, et corrompt un peu la pureté de la phrase et la beauté du vers : c'est une très petite faute.

16 Égale à tous les deux jusques à la victoire,
Je prendrai part aux maux sans en prendre à la gloire.

Égale à n'est pas français en ce sens. L'auteur veut dire, *juste envers tous les deux*; car *Sabine* doit être juste, et non pas indifférente.

17 Et je garde, au milieu de tant d'âpres rigueurs,
Mes larmes aux vaincus, et ma haine aux vainqueurs.

Elle ne doit pas haïr son mari, ses enfants, s'ils sont victorieux ; ce sentiment n'est pas permis : elle devrait plutôt dire, *sans haïr les vainqueurs*.

18 Qu'on voit naître souvent, de pareilles traverses,
En des esprits divers, des passions diverses!

Le lecteur se sent arrêté à ces deux vers ; ces *de des* embarrassent l'esprit. *Traverses* n'est point le mot propre : les passions ici ne sont point *diverses*. *Sabine* et *Camille* se trouvent dans une situation à-peu-près semblable. Le sens de l'auteur est probablement que *les mêmes malheurs produisent quelquefois des sentiments différents*.

19 Lorsque vous conserviez un esprit tout romain,
Le sien irrésolu, le sien tout incertain,
De la moindre mêlée appréhendoit l'orage.

ACTE I, SCÈNE I. 301

Les premières éditions portent :

Le sien irrésolu, tremblotant, incertain....

Tremblotant n'est pas du style noble, et on doit en avertir les étrangers, pour qui principalement ces remarques sont faites. Corneille changea :

Le sien irrésolu, le sien tout incertain....

Mais comme *incertain* ne dit pas plus qu'*irrésolu*, ce changement n'est pas heureux. Ce redoublement de *sien* fait attendre une idée forte qu'on ne trouve pas.

20 Mais hier, quand elle sut qu'on avoit pris journée....

On prend *jour*, et on ne prend point *journée*, parceque *jour* signifie temps, et que *journée* signifie bataille. La journée d'Ivry, la journée de Fontenoi.

21 Hier dans sa belle humeur elle entretint Valère.

Hier, comme on l'a déjà dit, est toujours aujourd'hui de deux syllabes : la prononciation serait trop gênée en le faisant d'une seule, comme s'il y avait *her*. *Belle humeur* ne peut se dire que dans la comédie.

22 Pour ce rival, sans doute, elle quitte mon frère.

Sabine ne doit point dire que sans doute Camille est volage et infidèle sur cela seul que Camille a parlé civilement à *Valère*, et paraissait être dans sa belle humeur. Ces petits moyens, ces soupçons peuvent produire quelquefois de grands mouvements et des intérêts tragiques, comme la méprise peu vraisemblable d'*Acomat* dans la tragédie de Bajazet. Le plus léger incident peut causer de grands troubles : mais c'est ici tout le contraire ; il ne s'agit que de savoir si *Camille* a quitté *Curiace* pour *Valère*.

Sur de trop vains objets c'est arrêter la vue.

Cela serait un peu froid, même dans une comédie.

23 Son esprit, ébranlé par les objets présents,
Ne trouve point d'absent aimable après deux ans.

Ces deux vers appartiennent plutôt au genre de la comédie qu'à la tragédie.

24 Je forme des soupçons d'un trop léger sujet.

Ces mots font voir que l'auteur sentait que *Sabine* a tort ; mais il valait mieux supprimer ces soupçons de *Sabine* que vouloir les justifier, puisqu'en effet *Sabine* semble se contredire en prétendant que *Camille* a sans doute quitté son frère, et en disant ensuite que les ames sont rarement blessées de nouveau. Tout cet examen du sujet de la joie de *Camille* n'est nullement héroïque.

25 Mais on n'a pas aussi de si doux entretiens,
Ni de contentements qui soient pareils aux siens.

sont de la comédie de ce temps-là. L'art de dire noblement les petites choses n'était pas encore trouvé.

26 Voyez qu'un bon génie à propos nous l'envoie.

Ce tour a vieilli ; c'est un malheur pour la lan-

ACTE I, SCENE I.

gue; il est vif et naturel, et mérite, je crois, d'être imité.

27 Essayez sur ce point à la faire parler.

On essaie *de*, on s'essaie *à*. Ce vers d'ailleurs est trop comique.

SCÈNE II.

1 ..... Ma sœur, entretenez Julie,

est encore de la comédie. Mais il y a ici un plus grand défaut, c'est qu'il semble que Camille vienne sans aucun intérêt, et seulement pour faire conversation. La tragédie ne permet pas qu'un personnage paraisse sans une raison importante. On est fort dégoûté aujourd'hui de toutes ces longues conversations qui ne sont amenées que pour remplir le vide de l'action, et qui ne le remplissent pas. D'ailleurs, pourquoi s'en aller quand un bon génie lui envoie Camille, et qu'elle peut s'éclaircir?

2 Et mon cœur, accablé de mille déplaisirs,
Cherche la solitude à cacher ses soupirs.

Cela n'est pas français; on cherche la solitude pour cacher ses soupirs, et une solitude propre à les cacher. On ne dit point *une solitude, une chambre à pleurer, à gémir, à réfléchir*, comme on dit *une chambre à coucher, une salle à manger*; mais du temps de Corneille presque personne ne s'étudiait à parler purement.

Corneille a ici une grande attention à lier les

scènes; attention inconnue avant lui. On pourrait dire seulement que Sabine n'a pas une raison assez forte pour s'en aller; que cette sortie rend son personnage plus inutile et plus froid; que c'était à Sabine et non à une confidente à écouter les choses importantes que Camille va annoncer; que cette idée d'entretenir Julie diminue l'intérêt; qu'un simple entretien ne doit jamais entrer dans la tragédie; que les principaux personnages ne doivent paraître que pour avoir quelque chose d'important à dire ou à entendre; qu'enfin il eût été plus théâtral et plus intéressant que Sabine eût reproché à Camille sa joie, et que Camille lui en eût appris la cause.

SCÈNE III.

¹ Qu'elle a tort de vouloir que je vous entretienne!

Cette formule de conversation ne doit jamais entrer dans la tragédie, où les personnages doivent, pour ainsi dire, parler malgré eux, emportés par la passion qui les anime.

² Je verrai mon amant, mon plus unique bien....

Plus unique ne peut se dire; *unique* n'admet ni de plus, ni de moins.

³ On peut changer d'amant, mais non changer d'époux.

Ce vers porte entièrement le caractère de la comédie. Corneille en ayant fait plusieurs en conserva souvent le style. Cela était permis de son temps; on ne distinguait pas assez les bornes qui

ACTE I, SCÈNE III.

séparent le familier du simple : le simple est nécessaire, le familier ne peut être souffert. Peut-être une attention trop scrupuleuse aurait éteint le feu du génie; mais après avoir écrit avec la rapidité du génie, il faut corriger avec la lenteur scrupuleuse de la critique.

4 Vous serez toute nôtre, et votre esprit remis...

n'est pas du style noble. Ces familiarités étaient encore d'usage.

5 Si je l'entretins hier, et lui fis bon visage....

Faire bon visage est du discours le plus familier.

6 N'en imaginez rien qu'à son désavantage.

Tout cela est d'un style un peu trop bourgeois, qui était admis alors. Il ne serait pas permis aujourd'hui qu'une fille dît que c'est un désavantage de ne lui pas plaire.

7 Il vous souvient qu'à peine on voyoit de sa sœur
Par un heureux hymen mon frère possesseur, etc.

Il y avait dans les premières éditions :

Quelque cinq ou six mois après que de sa sœur
L'hyménée eut rendu mon frère possesseur...

Corneille changea heureusement ces deux vers de cette façon. Il a corrigé beaucoup de ses vers au bout de vingt années dans ses pièces immortelles; et d'autres auteurs laissent subsister une foule de barbarismes dans des pièces qui ont eu quelques succès passagers.

8 Un même instant conclut notre hymen et la guerre,
　Fit naître notre espoir, et le jeta par terre.

Non seulement *un espoir jeté par terre* est une expression vicieuse, mais la même idée est exprimée ici en quatre façons différentes; ce qui est un vice plus grand. Il faut, autant qu'on le peut, éviter ces pléonasmes; c'est une abondance stérile: je ne crois pas qu'il y en ait un seul exemple dans Racine.

9 Lui qu'Apollon jamais n'a fait parler à faux.

Parler à faux n'est pas sans doute assez noble, ni même assez juste. Un coup porte à faux, on est accusé à faux, dans le style familier; mais on ne peut dire, *il parle à faux* dans un discours tant soit peu relevé.

10 Albe et Rome demain prendront une autre face;
　Tes vœux sont exaucés, elles auront la paix,
　Et tu seras unie avec ton Curiace,
　Sans qu'aucun mauvais sort t'en sépare jamais.

On pourrait souhaiter que cet oracle eût été plutôt rendu dans un temple que par un Grec qui fait des prédictions au pied d'une montagne. Remarquons encore qu'un oracle doit produire un évènement et servir au nœud de la pièce, et qu'ici il ne sert presque à rien qu'à donner un moment d'espérance.

J'oserais encore dire que ces mots à double entente, *sans qu'aucun mauvais sort t'en sépare jamais*, paraissent seulement une plaisanterie amère, une équivoque cruelle sur la destinée malheureuse de Camille.

Le plus grand défaut de cette scène, c'est son inutilité. Cet entretien de Camille et de Julie roule sur un objet trop mince, et qui ne sert en rien ni au nœud ni au dénouement. Julie veut pénétrer le secret de Camille, et savoir si elle aime un autre que Curiace : rien n'est moins tragique.

« Il me parla d'amour sans me donner d'ennui....
Je ne lui pus montrer de mépris ni de glace.

On pourrait faire ici une réflexion que je ne hasarde qu'avec la défiance convenable; c'est que Camille était plus en droit de laisser paraître son indifférence pour Valère que de l'écouter avec complaisance; c'est qu'il était même plus naturel de lui montrer de la *glace*, quand elle se croyait sûre d'épouser son amant, que de *faire bon visage* à un homme qui lui déplaît : et enfin ce trait raffiné marque plus de subtilité que de sentiment. Il n'y a rien là de tragique : mais ce vers,

Tout ce que je voyois me sembloit Curiace,

est si beau qu'il semble tout excuser.

Il est vrai que ce petit incident, qui ne consiste que dans la joie que Camille a ressentie, ne produit aucun évènement, et n'est pas nécessaire à la pièce; mais il produit des sentiments. Ajoutons que dans un premier acte on permet des incidents de peu d'importance, qu'on ne souffrirait pas dans le cours d'une intrigue tragique.

12 J'en sus hier la nouvelle, et je n'y pris pas garde.

Elle ne prend pas garde à une bataille qui va se donner! Le spectacle de deux armées prêtes à combattre, et le danger de son amant, ne devaient-ils pas autant l'alarmer que le discours d'un Grec au pied du mont Aventin a dû la rassurer? Le premier mouvement dans une telle occasion n'est-il pas de dire : *Ce Grec m'a trompée, c'est un faux prophète?* Avait-elle besoin d'un songe pour craindre ce que deux armées rangées en bataille devaient assez lui faire redouter?

13 J'ai vu du sang, des morts, et n'ai rien vu de suite.

Ce songe est beau en ce qu'il alarme un esprit rassuré par un oracle. Je remarquerai ici qu'en général un songe, ainsi qu'un oracle, doit servir au nœud de la pièce: tel est le songe admirable d'Athalie; elle voit un enfant en songe, elle trouve ce même enfant dans le temple : c'est là que l'art est poussé à sa perfection.

Un rêve qui ne sert qu'à faire craindre ce qui doit arriver ne peut avoir que des beautés de détail, n'est qu'un ornement passager. C'est ce qu'on appelle aujourd'hui un *remplissage*. *Mille* songes, *mille* images, *mille* amas, sont d'un style trop négligé, et ne disent rien d'assez positif.

14 C'est en contraire sens qu'un songe s'interprète.

Pourquoi un songe s'interprète-t-il en sens contraire? Voyez les songes expliqués par Joseph, par Daniel; ils sont funestes par eux-mêmes et par leur explication.

15 Soit que Rome y succombe, ou qu'Albe ait le dessous,
Cher amant, n'attends plus d'être un jour mon époux.

Avoir le dessus ou *le dessous*, ne se dit que dans la poésie burlesque ; c'est le *di sopra* et le *di sotto* des Italiens. L'Arioste emploie cette expression lorsqu'il se permet le comique; le Tasse ne s'en sert jamais.

SCÈNE IV.

1. N'en doutez point, Camille, et revoyez un homme
Qui n'est ni le vainqueur ni l'esclave de Rome.

Camille vient de dire à la fin de la scène précédente :

.... Jamais ce nom (d'époux) ne sera pour un homme
Qui soit ou le vainqueur ou l'esclave de Rome.

On ne permet plus de répéter ainsi un vers.

2. Cessez d'appréhender de voir rougir mes mains
Du poids honteux des fers ou du sang des Romains.

Rougir est employé ici en deux acceptions différentes. Les mains *rouges de sang* ; elles sont rouges en un autre sens que quand elles sont meurtries par le poids des fers. Mais cette figure ne manque pas de justesse, parcequ'en effet il y a de la rougeur dans l'un et dans l'autre cas.

3. Tu fuis une bataille à tes vœux si funeste.

Il est bien étrange que Camille interrompe Curiace pour le soupçonner et le louer d'être un lâche. Ce défaut est grand, et il était aisé de l'éviter. Il était naturel que Curiace dît d'abord ce qu'il doit dire, qu'il ne commençât point par répéter les vers de Camille, par lui dire qu'*il a cru que Camille aimait Rome et la gloire, qu'elle mépriserait sa chaîne et haïrait sa victoire;* et que, comme il craint la victoire et la captivité.... etc. De tels propos ne sont pas à leur place; il faut aller au fait : *Semper ad eventum festinat.*

4 Qu'un autre considère ici ta renommée,
Et te blâme, s'il veut, de m'avoir trop aimée, etc.

Ces vers condamnent trop l'idée de Camille, que son amant est traître à son pays. Il fallait supprimer toute cette tirade.

5 Mais as-tu vu mon père? et peut-il endurer
Qu'ainsi dans sa maison tu t'oses retirer?

Ce mot *endurer* est du style de la comédie: on ne dit que dans le discours le plus familier, *j'endure que, je n'endure pas que*. Le terme *endurer* ne s'admet dans le style noble qu'avec un accusatif, *les peines que j'endure.*

6 Camille, pour le moins, croyez-en votre oracle.

On sent ici combien Sabine ferait un meilleur effet que la confidente Julie. Ce n'est point à Julie à dire, *sachons pleinement;* c'est toujours à la personne la plus intéressée à interroger.

7 ..... Que faisons-nous, Romains,
Dit-il, et quel démon nous fait venir aux mains?

J'ose dire que, dans ce discours, imité de Tite-

Live, l'auteur français est au-dessus du romain, plus nerveux, plus touchant; et quand on songe qu'il était gêné par la rime et par une langue embarrassée d'articles, et qui souffre peu d'inversions, qu'il a surmonté toutes ces difficultés, qu'il n'a employé le secours d'aucune épithète, que rien n'arrête l'éloquente rapidité de son discours, c'est là qu'on reconnaît le grand Corneille. Il n'y a que *tant et tant de nœuds* à reprendre.

8 Ils ont assez long-temps joui de nos divorces.

Ce mot de *divorces*, s'il ne signifiait que des querelles, serait impropre; mais ici il dénote les querelles de deux peuples unis; et par-là il est juste, nouveau, et excellent.

9 Que le parti plus foible obéisse au plus fort.

Ce vers est ainsi dans d'autres éditions,

Que le foible parti prenne loi du plus fort.

Il est à croire qu'on reprocha à Corneille une petite faute de grammaire : on doit, dans l'exactitude scrupuleuse de la prose, dire : Que le parti le plus faible obéisse au plus fort. Mais si ces libertés ne sont pas permises aux poètes, et surtout aux poëtes de génie, il ne faut point faire de vers. *Prendre loi* ne se dit pas; ainsi la première leçon est préférable. Racine a bien dit :

Charger de mon débris les reliques plus chères,

au lieu de *reliques les plus chères*.

Encore une fois, ces licences sont heureuses quand on les emploie dans un morceau élégamment écrit : car si elles sont précédées et suivies de mauvais vers, elles en prennent la teinture, et en deviennent plus insupportables.

10 Chacun va renouer avec ses vieux amis.

On doit avouer que *renouer avec ses vieux amis* est de la prose familière, qu'il faut éviter dans le style tragique, bien entendu qu'on ne sera jamais ampoulé.

11 .... L'auteur de vos jours m'a promis à demain....

A demain est trop du style de la comédie. Je fais souvent cette observation ; c'était un des vices du temps. La Sophonisbe de Mairet est tout entière dans ce style ; et Corneille s'y livrait quand les grandes images ne le soutenaient pas.

12 Le bonheur sans pareil de vous donner la main.

Le bonheur sans pareil n'était pas si ridicule qu'aujourd'hui. Ce fut Boileau qui proscrivit toutes ces expressions communes de *sans pareil, sans seconde, à nul autre pareil, à nulle autre seconde.*

13 Le devoir d'une fille est dans l'obéissance. —
Venez donc recevoir ce doux commandement.

Ces deux vers sont de pure comédie ; aussi les retrouve-t-on mot à mot dans la comédie du Menteur : mais l'auteur aurait dû les retrancher de la tragédie des Horaces.

14 Je vais suivre vos pas, mais pour revoir mes frères,
Et savoir d'eux encor la fin de nos misères.

Il n'est pas inutile de dire aux étrangers que

misère est en poésie un terme noble, qui signifie calamité et non pas indigence.

Hécube près d'Ulysse acheva sa *misère*....
Peut-être je devrois, plus humble en ma *misère*.
RACINE.

ACTE DEUXIÈME.

SCÈNE I.

¹ Ainsi Rome n'a point séparé son estime;
Elle eût cru faire ailleurs un choix illégitime.

ILLÉGITIME pourrait n'être pas le mot propre en prose; on dirait *un mauvais choix, un choix dangereux*, etc. *Illégitime* non seulement est pardonné à la rime, mais devient une expression forte, et signifie qu'il y aurait de l'injustice à ne point choisir les trois plus braves.

² Et son illustre ardeur d'oser plus que les autres
D'une seule maison brave toutes les nôtres.

Il y avait dans les premières éditions :

Et ne nous opposant d'autres bras que les vôtres, etc.

Ni l'une ni l'autre manière n'est élégante, et *illustre ardeur d'oser* n'est pas français. *D'une maison braver les autres* n'est pas une expression heureuse, mais le sens est fort beau. On voit que quelquefois Corneille a mal corrigé ses vers. Je crois qu'on peut imputer cette singularité non seulement au peu de bons critiques que la France avait alors, au peu de connaissance de la pureté et de l'élégance de la langue, mais au génie même de Corneille, qui ne produisait ses beautés que quand il était animé par la force de son sujet.

3 Ce choix pouvoit combler trois familles de gloire,
Consacrer hautement leurs noms à la mémoire.

Remarquez que *hautement* fait languir le vers, parceque ce mot est inutile.

4 Oui, l'honneur que reçoit la vôtre par ce choix
En pouvoit, à bon titre, immortaliser trois.

Cette répétition, *oui l'honneur*, est très vicieuse. *Omne supervacuum pleno de pectore manat.* C'est ici ce qu'on appelle une battologie; il est permis de répéter dans la passion, mais non pas dans un compliment.

5 Ce noble désespoir périt malaisément.

Un *désespoir* qui *périt malaisément* n'a pas un sens clair; de plus Horace n'a point de désespoir. Ce vers est le seul qu'on puisse reprendre dans cette belle tirade.

6 La gloire en est pour vous, et la perte pour eux....
On perd tout quand on perd un ami si fidèle.

Perte suivie de deux fois *perd* est une faute bien légère.

SCÈNE II.

1 Vos deux frères et vous.—Qui?—Vous et vos deux frères.

Ce n'est pas ici une battologie; cette répétition, *vous et vos deux frères*, est sublime par la situation. Voilà la première scène au théâtre où un

ACTE II, SCÈNE II.

simple messager ait fait un effet tragique en croyant apporter des nouvelles ordinaires. J'ose croire que c'est la perfection de l'art.

SCÈNE III.

1 Que les hommes, les dieux, les démons, et le sort,
Préparent contre nous un général effort....

Cet entassement, cette répétition, cette combinaison de *ciel*, de *dieux*, d'*enfer*, de *démons*, de *terre*, et d'*hommes*, de *cruel*, d'*horrible*, d'*affreux*, est, je l'avoue, bien condamnable. Cependant le dernier vers fait presque pardonner ce défaut.

2 Il épuise sa force à former un malheur,
Pour mieux se mesurer avec notre valeur.

Le sort qui veut se mesurer avec la valeur paraît bien recherché, bien peu naturel; mais que ce qui suit est admirable.

3 Hors de l'ordre commun il nous fait des fortunes,

n'est pas une expression propre. Ce mot de *fortunes* au pluriel ne doit jamais être employé sans épithète : *bonnes* et *mauvaises fortunes*, *fortunes diverses*, mais jamais *des fortunes*. Cependant le sens est si beau, et la poésie a tant de privilèges, que je ne crois pas qu'on puisse condamner ce vers.

4 Mille déjà l'ont fait, mille pourroient le faire.

Rien ne fait mieux sentir les difficultés attachées à la rime que ce vers faible, ces *mille* qui ont *fait*, ces *mille* qui pourraient *faire*, pour rimer à *ordinaire*. Le reste est d'une beauté achevée.

5 ..... Albe montre en effet
Qu'elle m'estime autant que Rome vous a fait,

n'est pas français. On peut dire en prose, et non en vers, *j'ai dû vous estimer autant que je fais*, ou *autant que je le fais*, mais non pas *autant que je vous fais*; et le mot *faire*, qui revient immédiatement après, est encore une faute : mais ce sont des fautes légères qui ne peuvent gâter une si belle scène.

6 Je rends graces aux dieux de n'être pas Romain,
Pour conserver encor quelque chose d'humain.

Cette tirade fit un effet surprenant sur tout le public ; et les deux derniers vers sont devenus un proverbe ou plutôt une maxime admirable.

7 Albe vous a nommé, je ne vous connois plus. —
Je vous connois encore......

A ces mots, *je ne vous connais plus*, — *je vous connais encore*, on se récria d'admiration; on n'avait jamais rien vu de si sublime : il n'y a pas dans Longin un seul exemple d'une pareille grandeur. Ce sont ces traits qui ont mérité à Corneille le nom de Grand, non seulement pour le distinguer de son frère, mais du reste des hommes. Une telle scène fait pardonner mille défauts.

8 Non, non, n'embrassez pas de vertu par contrainte, etc.

Un des excellents esprits de nos jours trouvait

dans ces vers un outrage odieux qu'Horace ne devait pas faire à son beau-frère : je lui dis que cela préparait au meurtre de Camille, et il ne se rendit pas. Voici ce qu'il en dit dans son Introduction à la connaissance de l'esprit humain : « Corneille apparemment veut peindre ici une « valeur féroce; mais s'exprime-t-on ainsi avec un « ami et un guerrier modeste? La fierté est une « passion fort théâtrale; mais elle dégénère en « vanité et en petitesse sitôt qu'on la montre sans « qu'on la provoque ». J'ajouterai à cette réflexion de l'homme du monde qui pensait le plus noblement, qu'outre la fierté déplacée d'Horace, il y a une ironie, une amertume, un mépris dans sa réponse, qui sont plus déplacés encore.

9 Voici venir ma sœur pour se plaindre avec vous.

Voici venir ne se dit plus. Pourquoi fait-il un si bel effet en italien, *Ecco venir la barbara reina*, et qu'il en fait un si mauvais en français? n'est-ce point parceque l'italien fait toujours usage de l'infinitif? *Un bel tacer;* nous ne disons pas *un beau taire.* C'est dans ces exemples que se découvre le génie des langues.

SCÈNE IV.

1 Avez-vous su l'état qu'on fait de Curiace?

L'état ne se dit plus, et je voudrais qu'on le dît; notre langue n'est pas assez riche pour bannir tant de termes dont Corneille s'est servi heureusement.

SCÈNE V.

¹ Iras-tu, Curiace? et ce funeste honneur....

Il y avait dans les éditions anciennes,

Iras-tu, ma chère ame? et ce funeste honneur....

Chère ame ne révoltait point en 1639, et ces expressions tendres rendaient encore la situation plus haute. Depuis peu même une grande actrice a rétabli cette expression, *ma chère ame*.

² .... Mon pouvoir t'excuse à ta patrie,

n'est pas français; il faut *envers ta patrie,* *auprès de ta patrie*.

³ Autre n'a mieux que toi soutenu cette guerre;
Autre de plus de morts n'a couvert notre terre.

Ces *autres* ne seraient plus soufferts, même dans le style comique. Telle est la tyrannie de l'usage; *nul autre* donne peut-être moins de rapidité et de force au discours.

4 Que les pleurs d'une amante ont de puissants discours!

Remarquez qu'on peut dire *le langage des pleurs*, comme on dit *le langage des yeux*; pourquoi? parceque les regards et les pleurs expriment le sentiment; mais on ne peut dire *le discours des pleurs*, parceque ce mot *discours* tient au raisonnement. Les pleurs n'ont point de discours; et de plus, *avoir des discours* est un barbarisme.

⁵ Et qu'un bel œil est fort avec un tel discours!

Ces réflexions générales font rarement un bon

effet; on sent que c'est le poëte qui parle, c'est à la passion du personnage à parler. Un *bel œil* n'est ni noble ni convenable : il n'est pas question ici de savoir si Camille a un *bel œil,* et si un bel œil est fort; il s'agit de perdre une femme qu'on adore, et qu'on va épouser. Retranchez ces quatre premiers vers, le discours en devient plus rapide et plus pathétique.

6. N'attaquez plus ma gloire avec tant de douleurs.

Les premières éditions portent :

N'attaquez plus ma gloire avecque vos douleurs.

Comme on s'est fait une loi de remarquer les plus petites choses dans les plus belles scènes, on observera que c'est avec raison que nous avons rejeté *avecque* de la langue, ce *que* était inutile et rude.

7 Vengez-vous d'un ingrat, punissez un volage.

J'ose penser qu'il y a ici plus d'artifice et de subtilité que de naturel. On sent trop que Curiace ne parle pas sérieusement. Ce trait de rhéteur refroidit; mais Camille répond avec des sentiments si vrais, qu'elle couvre tout d'un coup ce petit défaut.

8 ..... Quel malheur, si l'amour de sa femme
Ne peut non plus sur lui que le mien sur ton ame,

n'est pas français; la grammaire demande, *ne peut pas plus sur lui :* ces deux vers ne sont pas bien faits. Il ne faut pas s'attendre à trouver dans Corneille la pureté, la correction, l'élégance du style; ce mérite ne fut connu que dans les beaux jours du siècle de Louis XIV. C'est une réflexion que les lecteurs doivent faire souvent pour justifier Corneille, et pour excuser la multitude des notes du commentateur.

SCÈNE VI.

1 Non, non, mon frère, non, je ne viens en ce lieu
Que pour vous embrasser et pour vous dire adieu.

Ces trois *non*, et *en ce lieu*, font un mauvais effet. On sent que le *lieu* est pour la rime, et les *non* redoublés pour le vers. Ces négligences, si pardonnables dans un bel ouvrage, sont remarquées aujourd'hui. Mais ces termes *en ce lieu*, *en ces lieux*, cessent d'être une expression oiseuse, une cheville, quand ils signifient qu'on doit être en ce lieu plutôt qu'ailleurs.

2 Votre sang est trop bon, n'en craignez rien de lâche,
Rien dont la fermeté de ces grands cœurs se fâche.

Se fâche est trop faible, trop du style familier: mais le lecteur doit examiner quelque chose de plus important; il verra que cette scène de Sabine n'était pas nécessaire, qu'elle ne fait pas un coup de théâtre, que le discours de Sabine est trop artificieux, que sa douleur est trop étudiée, que ce n'est qu'un effort de rhétorique. Cette proposition qu'un des deux la tue, et que l'autre la venge, n'a pas l'air sérieux; et d'ailleurs cela n'empêchera pas que Curiace ne combatte le frère de sa maîtresse, et qu'Horace ne combatte l'époux promis à sa sœur. De plus, Camille est un personnage nécessaire, et Sabine ne l'est pas; c'est sur Camille que roule l'intrigue. Épousera-t-elle son amant? ne l'épousera-t-elle pas? Ce sont les personnages dont le sort peut changer et dont les passions doivent être heureuses ou malheureuses, qui sont l'ame de la tragédie. Sabine n'est introduite dans la pièce que pour se plaindre.

3 Vous feriez peu pour lui si vous vous étiez moins.

Ce *peu* et ce *moins* font un mauvais effet, et *vous vous étiez moins* est prosaïque et familier.

4 Quoi! me réservez-vous à voir une victoire
Où, pour haut appareil d'une pompeuse gloire, etc.

Ces vers échappent quelquefois au génie dans le feu de la composition. Ils ne disent rien; mais ils accompagnent des vers qui disent beaucoup.

5 Que t'ai-je fait? Sabine? et quelle est mon offense? etc.

Il y avait auparavant :

Femme, que t'ai-je fait? et quelle est mon offense? etc.

La naïveté qui régnait encore en ce temps-là dans les écrits permettait ce mot; la rudesse romaine y paraît même tout entière.

6 Tu me viens de réduire en un étrange point.

Notre malheureuse rime arrache quelquefois de ces mauvais vers : ils passent à la faveur des bons;

mais ils feraient tomber un ouvrage médiocre dans lequel ils seraient en grand nombre.

SCÈNE VII.

[1] Qu'est-ce ci, mes enfants? écoutez-vous vos flammes?

Qu'est-ce ci ne se dit plus aujourd'hui que dans le discours familier.

[2] Et perdez-vous encor le temps avec des femmes?

Avec des femmes serait comique en toute autre occasion; mais je ne sais si cette expression commune ne va pas ici jusqu'à la noblesse, tant elle peint bien le vieil Horace.

SCÈNE VIII.

[1] Ne pensez qu'aux devoirs que vos pays demandent.

Des pays ne demandent point *des devoirs* : la patrie impose *des devoirs*; elle en demande l'accomplissement.

[2] Faites votre devoir, et laissez faire aux dieux.

J'ai cherché dans tous les anciens et dans tous les théâtres étrangers une situation pareille, un pareil mélange de grandeur d'ame, de douleur, de bienséance, et je ne l'ai point trouvé : je remarquerai surtout que chez les Grecs il n'y a rien dans ce goût.

ACTE TROISIÈME.
SCÈNE I. [1]
SABINE.

Ce monologue de Sabine est absolument inutile, et fait languir la pièce : les comédiens voulaient alors des monologues. La déclamation approchait du chant, surtout celle des femmes; les auteurs avaient cette complaisance pour elles. Sabine s'adresse sa pensée, la retourne, répète ce qu'elle a dit, oppose parole à parole :

En l'une je suis femme, en l'autre je suis fille.
En l'une je suis fille, en l'autre je suis femme.
Songeons pour quelle cause, et non par quelles mains.
Je songe par quels bras, et non pour quelle cause.

Les quatre derniers vers sont plus dans la passion. (Voyez ci-après, v. 51.)

[2] Leur vertu les élève en cet illustre rang.

Il ne s'agit point ici de rang : l'auteur a voulu rimer à sang. La plus grande difficulté de la poésie française et son plus grand mérite est que la rime ne doit jamais empêcher d'employer le mot propre.

[3] Pareille à ces éclairs qui dans le fort des ombres
Poussent un jour qui fuit, et rend les nuits plus sombres.

La tragédie admet les métaphores, mais non pas les comparaisons; pourquoi ? parceque la métaphore, quand elle est naturelle, appartient à la passion; les comparaisons n'appartiennent qu'à l'esprit.

4   Quels foudres lancez-vous quand vous vous irritez,
    Si même vos faveurs ont tant de cruautés?
    Et de quelle façon punissez-vous l'offense,
    Si vous traitez ainsi les vœux de l'innocence?

Ces quatre derniers vers semblent dignes de la tragédie; mais ce monologue ne semble qu'une amplification.

SCÈNE II.

1   En est-ce fait, Julie? et que m'apportez-vous?

Autant la première scène a refroidi les esprits, autant cette seconde les échauffe; pourquoi? c'est qu'on y apprend quelque chose de nouveau et d'intéressant : il n'y a point de vaine déclamation, et c'est là le grand art de la tragédie, fondé sur la connaissance du cœur humain, qui veut toujours être remué.

2   De tous les combattants a-t-il fait des hosties?

Hostie ne se dit plus, et c'est dommage; il ne reste plus que le mot de *victime*. Plus on a de termes pour exprimer la même chose, plus la poésie est variée.

3   Et, par les désespoirs d'une chaste amitié,
    Nous aurions des deux camps tiré quelque pitié.

On n'emploie plus aujourd'hui *désespoir* au pluriel; il fait pourtant un très bel effet. *Mes déplaisirs, mes craintes, mes douleurs, mes ennuis,*

disent plus que *mon déplaisir, ma crainte,* etc.
Pourquoi ne pourrait-on pas dire *mes désespoirs,*
comme on dit *mes espérances?* Ne peut-on pas
désespérer de plusieurs choses, comme on peut
en espérer plusieurs?

4 Ils combattront plutôt et l'une et l'autre armée,
Et mourront par les mains qui leur font d'autres lois;
Que pas un d'eux renonce aux honneurs d'un tel choix.

Il y avait :

Et mourront par les mains qui les ont séparés,
Que quitter les honneurs qui leur sont déférés.

Comme il y a ici une faute évidente de langage, *mourront que quitter,* et que l'auteur avait oublié le mot *plutôt,* qu'il ne pouvait pourtant répéter parcequ'il est au vers précédent, il changea ainsi cet endroit; par malheur la même faute s'y retrouve. Tout le reste de ce couplet est très bien écrit.

5 Puisque chacun, dit-il, s'échauffe en ce discord,
Consultons des grands dieux la majesté sacrée.

En ce discord ne se dit plus, mais il est à regretter.

6 Comme si toutes deux le connoissoient pour roi.

C'est une petite faute: le sens est, *comme si toutes deux voyaient en lui leur roi.* Connaître un homme pour roi ne signifie pas le reconnaître pour son souverain. On peut connaître un homme pour roi d'un autre pays : *connaître* ne veut pas dire *reconnaître.*

SCÈNE III.

¹ Ma sœur, que je vous die une bonne nouvelle.

Au lieu de *die* on a imprimé *dise* dans les éditions suivantes. *Die* n'est plus qu'une licence; on ne l'emploie que pour la rime. *Une bonne nouvelle* est du style de la comédie; ce n'est là qu'une très légère inattention. Il était très aisé à Corneille de mettre, *Ah! ma sœur, apprenez une heureuse nouvelle*, et d'exprimer ce petit détail autrement; mais alors ces expressions familières étaient tolérées; elles ne sont devenues des fautes que quand la langue s'est perfectionnée; et c'est à Corneille même qu'elle doit en partie cette perfection. On fit bientôt une étude sérieuse d'une langue dans laquelle il avait écrit de si belles choses.

² Ils (les dieux) descendent bien moins dans de si bas étages,
Que dans l'ame des rois, leurs vivantes images.

Bas étages est bien bas, et la pensée n'est que poétique. Cette contestation de Sabine et de Camille paraît froide dans un moment où l'on est si impatient de savoir ce qui se passe. Ce discours de Camille semble avoir un autre défaut : ce n'est point à une amante à dire que *les dieux inspirent toujours les rois, qu'ils sont des rayons de la divinité*; c'est là de la déclamation d'un rhéteur dans un panégyrique.

Ces contestations de Camille et de Sabine sont à la vérité des jeux d'esprit un peu froids; c'est un grand malheur que le peu de matière que fournit la pièce ait obligé l'auteur à y mêler ces scènes qui, par leur inutilité, sont toujours languissantes.

3 Adieu : je vais savoir comme enfin tout se passe.

Ce vers de comédie démontre l'inutilité de la scène. La nécessité de savoir comme tout se passe condamne tout ce froid dialogue.

4 Modérez vos frayeurs; j'espère, à mon retour,
Ne vous entretenir que de propos d'amour.

Ce discours de Julie est trop d'une soubrette de comédie.

SCÈNE IV.

1 Parmi nos déplaisirs souffrez que je vous blâme.

Cette scène est encore froide. On sent trop que Sabine et Camille ne sont là que pour amuser le peuple en attendant qu'il arrive un évènement intéressant; elles répètent ce qu'elles ont déjà dit. Corneille manque à la grande règle, *semper ad eventum festinat;* mais quel homme l'a toujours observée? J'avouerai que Shakespeare est de tous les auteurs tragiques celui où l'on trouve le moins de ces scènes de pure conversation : il y a presque toujours quelque chose de nouveau dans chacune de ses scènes; c'est, à la vérité, aux dépens des règles, et de la bienséance, et de la vraisemblance; c'est en entassant vingt années d'évènements les unes sur les autres, c'est en mêlant le grotesque au terrible, c'est en passant d'un cabaret à un champ de bataille, et d'un cimetière à un trône; mais enfin il attache. L'art serait d'attacher et de surprendre toujours sans aucun de ces moyens irréguliers et burlesques tant employés sur les théâtres espagnols et anglais.

2 L'hymen qui nous attache en une autre famille
Nous détache de celle où l'on a vécu fille.

Il faut *attache à une autre famille;* d'ailleurs ces vers sont très familiers.

3 C'est un raisonnement bien mauvais que le vôtre.

Ce mot seul de *raisonnement* est la condamnation de cette scène et de toutes celles qui lui ressemblent. Tout doit être action dans une tragédie: non que chaque scène doive être un évènement; mais chaque scène doit servir à nouer ou à dénouer l'intrigue; chaque discours doit être préparation ou obstacle. C'est en vain qu'on cherche à mettre des contrastes entre les caractères dans ces scènes inutiles, si ces contrastes ne produisent rien.

4 Et tous maux sont pareils alors qu'ils sont extrêmes.

Ce beau vers est d'une grande vérité; il est triste qu'il soit perdu dans une amplification.

5 ... L'amant qui vous charme et pour qui vous brûlez
Ne vous est, après tout, que ce que vous voulez;
Une mauvaise humeur, un peu de jalousie,
En fait assez souvent passer la fantaisie,

sont des vers comiques qui gâteraient la plus belle tirade.

6 Vous ne connoissez point ni l'amour ni ses traits.

Ce *point* est de trop; il faut, *vous ne connaissez ni l'amour ni ses traits.*

7 Il entre avec douceur, mais il règne par force, etc.

Ces maximes détachées, qui sont un défaut quand la passion doit parler, avaient alors le mérite de la nouveauté; on s'écriait: *C'est connaître le cœur humain!* mais c'est le connaître bien mieux que de faire dire en sentiment ce qu'on n'exprimait guère alors qu'en sentences; défaut éblouissant que les auteurs imitaient de Sénèque.

8 Vouloir ne plus aimer c'est ce qu'elle ne peut,
Puisqu'elle ne peut plus vouloir que ce qu'il veut.

Ces deux *peut,* ces syllabes dures, ces monosyllabes *veut* et *peut,* et cette idée de vouloir ce que l'amour veut, comme s'il était question ici du dieu d'amour, tout cela constitue deux des plus mauvais vers qu'on pût faire, et c'était de tels vers qu'il fallait corriger.

9 Ses chaînes sont peut-être aussi fortes que belles.

Toute cette scène est ce qu'on appelle du remplissage; défaut insupportable, mais devenu presque nécessaire dans nos tragédies, qui sont toutes trop longues, à l'exception d'un très petit nombre.

SCÈNE V.

1 Je viens vous apporter de fâcheuses nouvelles.

Comme l'arrivée du vieil Horace rend la vie au théâtre qui languissait! Quel moment et quelle noble simplicité! On pourrait objecter qu'Horace ne devrait pas venir avertir des femmes que leurs époux et leurs frères sont aux mains, que c'est venir les désespérer inutilement et sans raison, qu'on les a même renfermées pour ne point entendre leurs cris, qu'il ne résulte rien de cette nouvelle; mais il en résulte du plaisir pour le spectateur, qui, malgré cette critique, est très aise de voir le vieil Horace.

2 Ne nous consolez point contre tant d'infortune.

Cela n'est pas français : on console *du* malheur, on s'arme, on se soutient *contre* le malheur.

3 Nous pourrions aisément faire en votre présence
De notre désespoir une fausse constance.

Faire une fausse constance de son désespoir est du phébus, du galimatias : est-il possible que le mauvais se trouve ainsi presque toujours à côté du bon!

4 Mais quand on peut sans honte être sans fermeté,
L'affecter au dehors, c'est une lâcheté.

Ces sentences et ces raisonnements sont bien mal placés dans un moment si douloureux; c'est là le poëte qui parle et qui raisonne.

5 Ma main bientôt sur eux m'eût vengé hautement....

Ce discours du vieil Horace est plein d'un art d'autant plus beau qu'il ne paraît pas : on ne voit que la hauteur d'un Romain, et la chaleur d'un vieillard qui préfère l'honneur à la nature. Mais cela même prépare tout ce qu'il dit dans la scène suivante; c'est là qu'est le vrai génie.

6 Un si glorieux titre est un digne trésor.

Notre malheureuse rime n'amène que trop souvent de ces expressions faibles ou impropres. *Un titre qui est un digne trésor* ne serait permis que dans le cas où il s'agirait d'opposer ce titre à la fortune; mais ici il ne forme pas de sens, et ce mot de *digne* achève de rendre ce vers intolérable. Quand les poëtes se trouvent ainsi gênés par une rime, ils doivent absolument en chercher deux autres.

SCÈNE VI.

1 Nous venez-vous, Julie, apprendre la victoire?

Il semble intolérable qu'une suivante ait vu le combat, et que ce père des trois champions de Rome reste inutilement avec des femmes pendant que ses enfants sont aux mains, lui qui a dit auparavant,

Qu'est-ce ci, mes enfants? écoutez-vous vos flammes?
Et perdez-vous encor le temps avec des femmes?

C'est une grande inconséquence; c'est démentir son caractère. Quoi! cet homme qui se sent assez de force pour tuer ses trois enfants *hautement* s'ils donnent un *mol consentement* à un nouveau choix que le peuple est en droit de faire, quitte le champ où ses trois fils combattent, pour venir apprendre à des femmes une nouvelle qu'on doit leur cacher! il ne prétexte pas même cette disparate sur l'horreur qu'il aurait de voir ses fils combattre contre son gendre! il ne vient que comme messager, tandis que Rome entière est sur le champ de bataille! il reste les bras croisés, tandis qu'une soubrette a tout vu! Ce défaut peut-il se pardonner? On peut répondre qu'il est resté pour empêcher ces femmes d'aller séparer les combattants; comme s'il n'y avait pas tant d'autres moyens.

2 Ce bonheur a suivi leur courage invaincu...

Ce mot *invaincu* n'a été employé que par Corneille, et devrait l'être, je crois, par tous nos poëtes. Une expression si bien mise à sa place dans le Cid et dans cette admirable scène ne doit jamais vieillir.

3 Qu'ils ont vu Rome libre autant qu'ils ont vécu,
Et ne l'auront point vue obéir qu'à son prince.

Ce *point* est ici un solécisme; il faut, *et ne l'auront vue obéir qu'à.*

4 Que vouliez-vous qu'il fît contre trois?—Qu'il mourût...

Voilà ce fameux *qu'il mourût,* ce trait du plus grand sublime, ce mot auquel il n'en est aucun de comparable dans toute l'antiquité. Tout l'auditoire fut si transporté qu'on n'entendit jamais le vers faible qui suit; et le morceau, *n'eût-il que d'un moment retardé sa défaite,* étant plein de chaleur, augmenta encore la force du *qu'il mourût.* Que de beautés! et d'où naissent-elles? d'une simple méprise très naturelle, sans complication d'évènements, sans aucune intrigue recherchée, sans aucun effort. Il y a d'autres beautés tragiques, mais celle-ci est au premier rang.

Il est vrai que le vieil Horace, qui était présent quand les Horaces et les Curiaces ont refusé qu'on nommât d'autres champions, a dû être présent à leur combat. Cela gâte jusqu'au *qu'il mourût*.

5 Il est de tout son sang comptable à sa patrie;
Chaque goutte épargnée a sa gloire flétrie.

Chaque goutte paraît être de trop. Il ne faut pas tant retourner sa pensée.

A sa gloire flétrie : la sévérité de la grammaire ne permet point ce *flétrie;* il faut, dans la rigueur, *a flétri sa gloire;* mais *a sa gloire flétrie* est plus beau, plus poétique, plus éloigné du langage ordinaire, sans causer d'obscurité.

6 Chaque instant de sa vie, après ce lâche tour....

Après ce lâche tour est une expression trop triviale.

7 Met d'autant plus ma honte avec la sienne au jour.
J'en romprai bien le cours, etc.

Ces derniers mots se rapportent naturellement à la honte, mais on ne rompt point le cours d'une honte : il faut donc qu'ils tombent sur *chaque instant de sa vie,* qui est plus haut; mais *je romprai bien le cours de chaque instant de sa vie* ne peut se dire. *Bien* signifie, dans ces occasions, *fortement* ou *aisément;* je le punirai *bien,* je l'empêcherai *bien.*

⁸ Dieux! verrons-nous toujours des malheurs de la sorte?

* Ce *de la sorte* est une expression du peuple, qui n'est pas convenable; elle n'est pas même française. Il faudrait *de cette sorte*, ou *d'une telle sorte*.

9 Nous faudra-t-il toujours en craindre de plus grands,
Et toujours redouter la main de nos parents?

Ce dernier vers est de la plus grande beauté; non seulement il dit ce dont il s'agit, mais il prépare ce qui doit suivre.

ACTE QUATRIÈME.

SCÈNE I.

¹ Ne me parlez jamais en faveur d'un infâme.

Nous avons vu qu'il est très extraordinaire que le père n'ait pas été détrompé entre le troisième et le quatrième acte; qu'un vieillard de son caractère, qui a assez de force pour tuer son fils de ses propres mains, à ce qu'il dit, n'en ait pas assez pour être allé sur le champ de bataille; qu'il reste dans sa maison tandis que Rome entière est spectatrice du combat : comment souffrir qu'une suivante soit allée voir ce fameux duel, et que le vieil Horace soit demeuré chez lui? comment ne s'est-il pas mieux informé pendant l'entr'acte? pourquoi le père des Horaces ignore-t-il seul ce que tout Rome sait? Je ne sais de réponse à cette critique, sinon que ce défaut est presque excusable, puisqu'il amène de grandes beautés.

ACTE IV, SCÈNE I.

² Sabine y peut mettre ordre, ou derechef j'atteste
Le souverain pouvoir de la troupe céleste....

Derechef et *la troupe céleste* sont hors d'usage. *La troupe céleste* est bannie du style noble, sur-tout depuis que Scarron l'a employée dans le style burlesque.

³ Le jugement de Rome est peu pour mon regard.

Pour mon regard est suranné et hors d'usage; c'est pourtant une expression nécessaire.

SCÈNE II.

¹ C'est à moi seul aussi de punir son forfait.

Si son fils est coupable d'un *forfait* envers Rome, pourquoi serait-ce au père seul à le punir?

² Vous redoublez ma honte et ma confusion.

Je ne sais s'il n'y a pas dans cette scène un artifice trop visible, une méprise trop long-temps soutenue. Il semble que l'auteur ait eu plus d'égards au jeu de théâtre qu'à la vraisemblance. C'est le même défaut que dans la scène de Chimène avec don Sanche dans le Cid. Ce petit et faible artifice, dont Corneille se sert trop souvent, n'est pas la véritable tragédie.

³ Quels honneurs, quel triomphe, et quel empire enfin,
Lorsqu'Albe sous ses lois range notre destin?

On ne range point ainsi un destin.

⁴ Quoi! Rome donc triomphe!

Que ce mot est pathétique ! comme il sort des entrailles d'un vieux Romain !

5 L'air résonne des cris qu'au ciel chacun envoie ;
Albe en jette d'angoisse, et les Romains de joie.

On ne dit plus guère *angoisse;* et pourquoi ? quel mot lui a-t-on substitué ? *Douleur, horreur, peine, affliction,* ne sont pas des équivalents : *angoisse* exprime la douleur pressante et la crainte à la fois.

6 C'est peu pour lui de vaincre, il veut encor braver.

Braver est un verbe actif qui demande toujours un régime ; de plus ce n'est pas ici une bravade, c'est un sentiment généreux d'un citoyen qui venge ses frères et sa patrie.

7 C'est où le roi le mène....

Mener à des chants et à des vœux n'est ni noble ni juste ; mais le récit de Valère a été si beau, qu'on pardonne aisément ces petites fautes.

.... Et tandis il m'envoie
Faire office envers vous de douleur et de joie.

Tandis, sans un *que,* est absolument proscrit, et n'est plus permis que dans une espèce de style burlesque et naïf qu'on nomme *marotique: Tandis la perdrix vire.*

Faire office de douleur n'est plus français, et je ne sais s'il l'a jamais été ; on dit familièrement, *faire office d'ami, office de serviteur, office d'homme intéressé,* mais non *office de douleur et de joie.*

8 Le roi ne sait que c'est d'honorer à demi.

Cette phrase est italienne ; nous disons aujourd'hui, *ne sait ce que c'est*. Mais la dignité du tragique rejette ces expressions de comédie.

9 Je vous devrai beaucoup pour un si bon office.

Ici la pièce est finie, l'action est complètement terminée. Il s'agissait de la victoire, et elle est remportée ; du destin de Rome, et il est décidé.

SCÈNE III.

1 Ma fille, il n'est plus temps de répandre des pleurs.

Voici donc une autre pièce qui commence ; le sujet en est bien moins grand, moins intéressant, moins théâtral, que celui de la première. Ces deux actions différentes ont nui au succès complet des Horaces. Il est vrai qu'en Espagne, en Angleterre, on joint quelquefois plusieurs actions sur le théâtre : on représente dans la même pièce la Mort de César, et la Bataille de Philippes. *Nos musas colimus severiores.*

Qu'en un lieu, qu'en un jour, un seul fait accompli
Tienne jusqu'à la fin le théâtre rempli.

Remarquez que Camille a été si inutile sur la fin de la première pièce des Horaces, qu'elle n'a proféré qu'un *hélas* pendant le récit de la mort de Curiace.

Remarquez encore que le vieil Horace n'a plus rien à dire, et qu'il perd le temps à répéter à Camille qu'il va consoler Sabine.

2. On pleure injustement des pertes domestiques,
Quand on en voit sortir des victoires publiques.

Des victoires qui sortent font une image peu convenable; on ne voit point sortir des victoires comme on voit sortir des troupes d'une ville.

3. En la mort d'un amant vous ne perdez qu'un homme
Dont la perte est aisée à réparer dans Rome.

L'auteur répète trop souvent cette idée, et ce n'est pas là le temps de parler de mariage à Camille.

4. Et ses trois frères morts par la main d'un époux
Lui donneront des pleurs bien plus justes qu'à vous.

Lui donneront des pleurs justes n'est pas français. C'est Sabine qui donnera des pleurs; ce ne sont pas ses frères morts qui lui en donneront. Un accident fait couler des pleurs, et ne les donne pas.

5. Faites-vous voir sa sœur, et qu'en un même flanc
Le ciel vous a tous deux formés d'un même sang.

Faites-vous voir... et qu'en... est un solécisme; parceque *faites-vous voir* signifie *montrez-vous, soyez sa sœur*; et *montrez-vous, soyez, paraissez*, ne peut régir un *que*.

Ajoutez qu'après lui avoir dit, *faites-vous voir sa sœur*, il est très superflu de dire qu'elle est sortie du même flanc.

SCÈNE IV.

1   Oui, je lui ferai voir par d'infaillibles marques
    Qu'un véritable amour brave la main des Parques.

Voici Camille qui, après un long silence, dont on ne s'est pas seulement aperçu parceque l'ame était toute remplie du destin des Horaces et des Curiaces, et de celui de Rome; voici Camille, dis-je, qui s'échauffe tout d'un coup et comme de propos délibéré; elle débute par une sentence poétique, *Qu'un véritable amour brave la main des Parques. Infaillibles marques* n'est là que pour la rime; grand défaut de notre poésie.

Ce monologue même n'est qu'une vaine déclamation. La vraie douleur ne raisonne point tant, ne récapitule point; elle ne dit point qu'on bâtit *en l'air sur le malheur d'autrui*, et que *son père triomphe*, comme son frère, de ce malheur; elle ne s'excite point à *braver la colère*, à essayer de déplaire. Tous ces vains efforts sont froids, et pourquoi? c'est qu'au fond le sujet manque à l'auteur. Dès qu'il n'y a plus de combats dans le cœur, il n'y a plus rien à dire.

2   .... Et, par un juste effort,
    Je la veux rendre égale aux rigueurs de mon sort.

Elle dit ici qu'elle veut rendre sa douleur *égale, par un juste effort, aux rigueurs de son sort.* Quand on fait ainsi des efforts pour proportionner sa douleur à son état, on n'est pas même poétiquement affligé.

3. Un oracle m'assure, un songe me travaille.

M'assure ne signifie pas *me rassure*; et c'est *me rassure* que l'auteur entend. Je suis effrayé, on me rassure. Je doute d'une chose, on m'assure qu'elle est ainsi.... *Assurer* avec l'accusatif ne s'emploie que pour *certifier*, J'assure ce fait ; et en termes d'art il signifie *affermir* : Assurez cette solive, ce chevron.

4 Pour combattre mon frère on choisit mon amant.

Cette récapitulation de la pièce précédente n'est-elle point encore l'opposé d'une affliction véritable? *Curæ leves loquuntur.*

5 Dégénérons, mon cœur, d'un si vertueux père, etc.

Ce *dégénérons, mon cœur,* cette résolution de se mettre en colère, ce long discours, cette nouvelle sentence mal exprimée, que *c'est gloire de passer pour un cœur abattu,* enfin tout refroidit, tout glace le lecteur, qui ne souhaite plus rien. C'est, encore une fois, la faute du sujet. L'aventure des Horaces, des Curiaces, et de Camille, est plus propre en effet pour l'histoire que pour le théâtre.

On ne peut trop honorer Corneille, qui a senti ce défaut, et qui en parle dans son examen avec la candeur d'un grand homme.

6 Il vient, préparons-nous à montrer constamment
Ce que doit une amante à la mort d'un amant.

Préparons-nous augmente encore le défaut. On voit une femme qui s'étudie à montrer son affliction, qui répète, pour ainsi dire, sa leçon de douleur.

SCÈNE V.

[1] *Ma sœur, voici le bras qui venge nos deux frères,* etc.

Ce n'est plus là l'Horace du second acte. Ce *bras* trois fois répété, et cet ordre de *rendre ce qu'on doit à l'heur de sa victoire,* témoignent, ce semble, plus de vanité que de grandeur : il ne devrait parler à sa sœur que pour la consoler, ou plutôt il n'a rien du tout à dire. Qui l'amène auprès d'elle ? est-ce à elle qu'il doit présenter les armes de ses beaux-frères ? c'est au roi, c'est au sénat assemblé qu'il devait montrer ces trophées. Les femmes ne se mêlaient de rien chez les premiers Romains : ni la bienséance, ni l'humanité, ni son devoir, ne lui permettaient de venir faire à sa sœur une telle insulte. Il paraît qu'Horace pouvait déposer au moins ces dépouilles dans la maison paternelle, en attendant que le roi vînt; que sa sœur, à cet aspect, pouvait s'abandonner à sa douleur, sans qu'Horace lui dît, *voici ce bras,* et sans qu'il lui ordonnât de ne s'entretenir jamais que de sa victoire ; il semble qu'alors Camille aurait paru un peu plus coupable, et que l'emportement d'Horace aurait eu quelque excuse.

[2] *O d'une indigne sœur insupportable audace!*

Observez que la colère du vieil Horace contre son fils était très intéressante, et que celle de son fils contre sa sœur est révoltante et sans aucun intérêt. C'est que la colère du vieil Horace supposait le malheur de Rome : au lieu que le jeune Horace ne se met en colère que contre une femme qui pleure et qui crie, et qu'il faut laisser crier et pleurer. Cela est historique, oui; mais cela n'est nullement tragique, nullement théâtral.

3 D'un ennemi public dont je reviens vainqueur
Le nom est dans ta bouche et l'amour dans ton cœur!

Le reproche est évidemment injuste. Horace lui-même devait plaindre Curiace; c'est son beau-frère; il n'y a plus d'ennemis, les deux peuples n'en font plus qu'un. Il a dit lui-même, au second acte, qu'*il aurait voulu racheter de sa vie le sang de Curiace.*

4 Donne-moi donc, barbare, un cœur comme le tien.

Ces plaintes seraient plus touchantes si l'amour de Camille avait été le sujet de la pièce; mais il n'en a été que l'épisode, on y a songé à peine : on n'a été occupé que de Rome. Un petit intérêt d'amour interrompu ne peut plus reprendre une vraie force. Le cœur doit saigner par degré dans la tragédie, et toujours des mêmes coups redoublés, et sur-tout variés.

5 Rome, l'unique objet de mon ressentiment! etc.

Ces imprécations de Camille ont toujours été un beau morceau de déclamation, et ont fait valoir toutes les actrices qui ont joué ce rôle. Plusieurs juges sévères n'ont pas aimé le *mourir de plaisir;* ils ont dit que l'hyperbole est si forte, qu'elle va jusqu'à la plaisanterie.

Il y a une observation à faire ; c'est que jamais les douleurs de Camille, ni sa mort, n'ont fait répandre une larme.

Pour m'arracher des pleurs il faut que vous pleuriez.

Mais Camille n'est que furieuse : elle ne doit pas être en colère contre Rome ; elle doit s'être attendue que Rome ou Albe triompherait : elle n'a raison d'être en colère que contre Horace, qui, au lieu d'être auprès du roi après sa victoire, vient se vanter assez mal à propos à sa sœur d'avoir tué son amant. Encore une fois, ce ne peut être un sujet de tragédie.

6 Va dedans les enfers plaindre ton Curiace.

On ne se sert plus du mot *dedans*, et il fut toujours un solécisme quand on lui donne un régime ; on ne peut l'employer que dans un sens absolu : *Êtes-vous hors du cabinet ? Non, je suis dedans.* Mais il est toujours mal de dire *dedans ma chambre, dehors de ma chambre.* Corneille, au cinquième acte, dit :

Dans les murs, hors des murs, tout parle de sa gloire.

Il n'aurait pas parlé français s'il eût dit, *dedans les murs, dehors des murs.*

SCÈNE VI.

PROCULE.

Que venez-vous de faire?

D'où vient ce Procule? à quoi sert ce Procule, ce personnage subalterne qui n'a pas dit un mot jusqu'ici? C'est encore un très grand défaut, non pas de ces défauts de convenance, de ces fautes qui amènent des beautés, mais de celles qui amènent de nouveaux défauts.

Cette scène a toujours paru dure et révoltante. Aristote remarque que la plus froide des catastrophes est celle dans laquelle on commet de sang froid une action atroce qu'on a voulu commettre. Addisson, dans son Spectateur, dit que ce meurtre de Camille est d'autant plus révoltant, qu'il semble commis de sang froid, et qu'Horace, traversant tout le théâtre pour aller poignarder sa sœur, avait tout le temps de la réflexion. Le public éclairé ne peut jamais souffrir un meurtre sur le théâtre, à moins qu'il ne soit absolument nécessaire, ou que le meurtrier n'ait les plus violents remords.

SCÈNE VII.

A quoi s'arrête ici ton illustre colère?

Sabine arrivant après le meurtre de Camille, seulement pour reprocher cette mort à son mari, achève de jeter de la froideur sur un évènement qui, autrement préparé, devait être terrible.

ACTE IV, SCENE VII.

L'illustre colère et *les généreux coups* sont une déclamation ironique. Racine a pourtant imité ce vers dans Andromaque :

Que peut-on refuser à ces généreux coups ?

Cette conversation de Sabine et d'Horace, après le meurtre de Camille, est aussi inutile que la scène de Procule; elle ne produit aucun changement.

2 Embrasse ma vertu pour vaincre ta foiblesse.

Est-ce là le langage qu'il doit tenir à sa femme, quand il vient d'assassiner sa sœur dans un moment de colère ?

3 Participe à ma gloire au lieu de la souiller;
Tâche à t'en revêtir, non à m'en dépouiller, etc.

Sans parler des fautes de langage, tous ces conseils ne peuvent faire aucun bon effet, parceque la douleur de Sabine n'en peut faire aucun.

4 Mais enfin je renonce à la vertu romaine.

C'est une répétition un peu froide des vers de Curiace,

Je rends graces aux dieux de n'être pas Romain.

5 Pourquoi veux-tu, cruel, agir d'une autre sorte?
Laisse en entrant ici tes lauriers à la porte.

On sent assez qu'*agir d'une autre sorte*, et *laisser en entrant les lauriers à la porte*, ne sont des expressions ni nobles ni tragiques, et que toute cette tirade est une déclamation oiseuse d'une femme inutile.

⁶ Quelle injustice aux dieux d'abandonner aux femmes
Un empire si grand sur les plus belles ames! etc.

Cette tendresse est-elle convenable à l'assassin de sa sœur, qui n'a aucun remords de cette indigne action, et qui parle encore de sa vertu? Voyez comme ces sentences et ces discours vagues sur le pouvoir des femmes conviennent peu devant le corps sanglant de Camille, qu'Horace vient d'assassiner.

⁷ À quel point ma vertu devient-elle réduite!

Devient réduite n'est pas français. Ce mot *devenir* ne convient jamais qu'aux affections de l'ame; on devient faible, malheureux, hardi, timide, etc. mais on ne devient pas *forcé à*, *réduit à*.

⁸ Et n'employons après que nous à notre mort.

Sabine parle toujours de mourir; il n'en faut pas tant parler quand on ne meurt point.

ACTE CINQUIÈME.

Corneille, dans son jugement sur Horace, s'exprime ainsi: *Tout ce cinquième acte est encore une des causes du peu de satisfaction que laisse cette tragédie; il est tout en plaidoyers*, etc. Après un si noble aveu, il ne faut parler de la pièce que pour rendre hommage au génie d'un homme assez grand pour se condamner lui-même. Si j'ose ajouter quelque chose, c'est qu'on trouvera de beaux détails dans ces plaidoyers.

Il est vrai que cette pièce n'est pas régulière, qu'il y a en effet trois tragédies absolument distinctes, la victoire d'Horace, la mort de Camille, et le procès d'Horace. C'est imiter en quelque façon le défaut qu'on reproche à la scène anglaise et à l'espagnole; mais les scènes d'Horace, de Curiace, et du vieil Horace, sont d'une si grande beauté, qu'on reverra toujours ce poëme avec plaisir quand il se trouvera des acteurs qui auront assez de talent pour faire sentir ce qu'il y a d'excellent, et faire pardonner ce qu'il y a de défectueux.

SCÈNE I.

2 Nos plaisirs les plus doux ne vont point sans tristesse;

expression familière dont il ne faut jamais se servir dans le style noble. En effet, des plaisirs ne *vont* point.

3 Si ma main en devient honteuse et profanée,
Vous pouvez d'un seul mot trancher ma destinée.

Une action est honteuse, mais la main ne l'est pas; elle est souillée, coupable, etc.

4 Reprenez tout ce sang de qui ma lâcheté
A si brutalement souillé la pureté.

Lâcheté...... brutalement. S'il a été lâche et brutal, pourquoi parlait-il à sa femme de *la vertu* avec laquelle il avait tué sa sœur?

5 Son amour doit se taire où toute excuse est nulle.

Est nulle, expression qui doit être bannie des vers.

SCÈNE II.

1 Un si rare service et si fort important, etc.

Fort est de trop.

2 J'ai su, par son rapport, et je n'en doutois pas,
Comme de vos deux fils vous portez le trépas.

Il faut *comment*; et *portez* n'est plus d'usage.

3 Et je doute comment vous portez cette mort.

Répétition vicieuse.

4 Sire, puisque le ciel entre les mains des rois
Dépose sa justice et la force des lois, etc.

Il faut avouer que ce *Valère* fait là un fort mauvais personnage: il n'a encore paru dans la pièce que pour faire un compliment; on n'en a parlé que comme d'un homme sans conséquence. C'est un défaut capital que Corneille tâche en vain de pallier dans son examen.

5 Permettez qu'il achève, et je ferai justice.

C'est la loi de l'unité du lieu qui force ici l'auteur à faire le procès d'Horace dans sa propre maison; ce qui n'est ni convenable, ni vraisemblable. J'ajouterai ici une remarque purement historique, c'est que les chefs de Rome, appelés *rois*, ne rendaient point justice seuls; il fallait le concours du sénat entier, ou des délégués.

6 Souffrez donc, ô grand roi, le plus juste des rois,
Que tous les gens de bien vous parlent par ma voix, etc.

Ce plaidoyer ressemble à celui d'un avocat qui

s'est préparé : il n'est ni dans le génie de ces temps-
là, ni dans le caractère d'un amant qui parle contre l'assassin de sa maîtresse.

7 Mais je hais ces moyens qui sentent l'artifice.

Ce trait est de l'art oratoire, et non de l'art
tragique ; mais quelque chose que pût dire Valère,
il ne pouvait toucher.

8 Sire, c'est rarement qu'il s'offre une matière
A montrer d'un grand cœur la vertu tout entière, etc.

Ces vers sont beaux, parcequ'ils sont vrais et
bien écrits.

9 Que votre majesté désormais m'en dispense.

On ne connaissait point alors le titre de
majesté.

SCÈNE III.

1 Il mourra plus en moi qu'il ne mourroit en lui.

Ces subtilités de Sabine jettent beaucoup de
froid sur cette scène : on est las de voir une femme
qui a toujours eu une douleur étudiée, qui a pro-
posé à Horace de la tuer afin que Curiace la vengeât,
et qui maintenant veut qu'on la fasse mourir pour
Horace, parcequ'Horace vit en elle.

2 Tous trois désavoûront la douleur qui te touche....
L'horreur que tu fais voir d'un mari vertueux....

Cela n'est pas vrai. Sabine, qui veut mourir pour
Horace, n'a point montré d'horreur pour lui.

³ Il m'en reste encore un; conservez-le pour elle, etc.

Quoiqu'en effet tout ce cinquième acte ne soit qu'un plaidoyer hors d'œuvre, et dans lequel personne ne craint pour l'accusé, cependant il y a de temps en temps des maximes profondes, nobles, justes, qu'on écoutait autrefois avec grand plaisir. Pascal même, qui faisait un recueil de toutes les pensées qui pouvaient servir à établir un ouvrage qu'il n'a jamais pu faire, n'a pas manqué de mettre dans son agenda cette pensée de Corneille, *Il faut plaire aux esprits bien faits.*

4 J'en garde en mon esprit les forces plus pressantes.

Force s'emploie au pluriel pour les forces du corps, pour celles d'un état, mais non pour un discours. *Plus* est une faute.

SCÈNE IV.

¹ JULIE.

Ce commentaire de Julie sur le sens de l'oracle a été retranché dans les éditions suivantes : il est visiblement imité de la fin du *Pastor fido.* Mais dans l'italien cette explication fait le dénouement; elle est dans la bouche de deux pères infortunés; elle sauve la vie au héros de la pièce : ici c'est une confidente inutile qui dit une chose inutile. Ces vers furent récités dans les premières représentations.

Les lecteurs raisonnables trouveront bon sans doute qu'on ait ainsi remarqué avec une équité

ACTE V, SCÈNE V.

impartiale les grandes beautés et les défauts de Corneille, et qu'on poursuive dans cet esprit. Un commentateur n'est pas un avocat qui cherche seulement à faire valoir en tout la cause de sa partie; et ce serait trahir la mémoire de Corneille que de ne pas imiter la candeur avec laquelle il se juge lui-même. On doit la vérité au public.

FIN DES REMARQUES SUR HORACE.

REMARQUES
DE VOLTAIRE
SUR CINNA.

REMARQUES SUR CINNA.

ACTE PREMIER.

SCÈNE I.

ÉMILIE. 1

PLUSIEURS actrices ont supprimé ce monologue dans les représentations. Le public même paraissait souhaiter ce retranchement : on y trouvait de l'amplification. Ceux qui fréquentent les spectacles disaient qu'Émilie ne devait pas ainsi se parler à elle-même, se faire des objections et y répondre; que c'était une déclamation de rhétorique; que les mêmes choses qui seraient très convenables quand on parle à sa confidente sont très déplacées quand on s'entretient toute seule avec soi-même; qu'enfin la longueur de ce monologue y jetait de la froideur, et qu'on doit toujours supprimer ce qui n'est pas nécessaire.

Cependant j'étais si touché des beautés répandues dans cette première scène, que j'engageai l'actrice qui jouait Émilie à la remettre au théâtre, et elle fut très bien reçue.

2 Impatients désirs d'une illustre vengeance, etc.

Quand il se trouve des acteurs capables de

jouer Cinna, on retranche assez communément ce monologue. Le public a perdu le goût de ces déclamations : celle-ci n'est pas nécessaire à la pièce ; mais n'a-t-elle pas de grandes beautés ? n'est-elle pas majestueuse et même assez passionnée? Boileau trouvait, dans ces *impatients désirs, enfants du ressentiment, embrassés par la douleur,* une espèce de famille ; il prétendait que les grands intérêts et les grandes passions s'expriment plus naturellement ; il trouvait que le poëte paraît trop ici, et le personnage trop peu.

3 Vous prenez sur mon ame un trop puissant empire.

Il y avait dans les premières éditions, *vous régnez sur mon ame avecque trop d'empire.* Avecque faisait un son dur et traînant, comme on l'a déjà remarqué. On ne peut corriger mieux.

4 Quand je regarde Auguste au milieu de sa gloire....

Il y avait dans les premières éditions, *au trône de sa gloire.*

5 Et que vous reprochez à ma triste mémoire
Que par sa propre main mon père massacré
Du trône où je le vois fait le premier degré.

Ces désirs rappellent à Émilie le meurtre de son père, et ne le lui reprochent pas. Il fallait dire, *vous me reprochez de ne l'avoir pas encore vengé,* et non pas, *vous me reprochez sa proscription;* car elle n'est certainement pas cause de cette mort.

6 Quand vous me présentez cette sanglante image,
   La cause de ma haine, et l'effet de sa rage....

Émilie a déjà dit quelle est la cause de sa haine ; la cause et la haine paraissent trop recherchées.

7 Et crois, pour une mort, lui devoir mille morts....
   Sans attirer sur soi mille et mille tempêtes....

Mille morts, mille et mille tempêtes, ne sont que de légères négligences auxquelles il ne faut pas prendre garde dans les ouvrages de génie, et surtout dans ceux du siècle de Corneille, mais qu'il faut éviter soigneusement aujourd'hui.

8 J'aime encor plus Cinna que je ne hais Auguste.

De bons critiques, qui connaissent l'art et le cœur humain, n'aiment pas qu'on annonce ainsi de sang-froid les sentiments de son cœur; ils veulent que les sentiments échappent à la passion. Ils trouvent mauvais qu'on dise : *J'aime plus celui-ci que je ne hais celui-là ; je sens refroidir mon mouvement bouillant ; je m'irrite contre moi-même, j'ai de la fureur :* ils veulent que cette fureur, cet amour, cette haine, ces bouillants mouvements, éclatent sans que le personnage vous en avertisse. C'est le grand art de Racine : ni Phèdre, ni Iphigénie, ni Agrippine, ni Roxane, ni Monime, ne débutent par venir étaler leurs sentiments secrets dans un monologue, et par raisonner sur les intérêts de leurs passions. Mais il faut toujours se souvenir que c'est Corneille qui a débrouillé l'art, et que si ces amplifications de rhétorique sont un défaut aux yeux des connaisseurs, ce défaut est réparé par de très grandes beautés.

9 Amour, sers mon devoir, et ne le combats plus.

Il semble que le monologue devrait finir là. Les quatre derniers vers ne sont-ils pas surabondants? les pensées n'en sont-elles pas recherchées et hors de la nature? Qu'importe de la gloire ou de la honte de l'amour? Qu'est-ce que ce devoir qui ne triomphera que pour couronner l'amour? D'ailleurs, dans le dernier de ces vers, au lieu de

Et ne triomphera que pour te couronner,

il faudrait, *il ne triomphera*. Mais les vers précédents paraissent dignes de Corneille, et j'ose croire qu'au théâtre il faudrait réciter ce monologue en retranchant seulement ces quatre derniers vers, qui ne sont pas dignes du reste.

SCÈNE II.

1 Quoique j'aime Cinna, quoique mon cœur l'adore,
S'il me veut posséder, Auguste doit périr.

Des critiques trouvent ce premier vers languissant, par le soin même que prend l'auteur de lui donner de la force; ils disent qu'*adore* n'est que la répétition de *j'aime*.

2 Par un si grand dessein vous vous faites juger....

Vous vous faites juger est plus languisssant; d'ailleurs c'est un grand secret, on ne peut encore le juger.

³ Digne sang de celui que vous voulez venger.

Toranius était un plébéien inconnu, qui n'avait joué aucun rôle, et qu'Octave sacrifia dans les proscriptions parcequ'il était riche.

⁴ Je recevrois de lui la place de Livie
Comme un moyen plus sûr d'attenter à sa vie.

Ce sentiment furieux est, à mon gré, une raison pour ne pas supprimer le monologue qui prépare cette férocité.

⁵ Tant de braves Romains, tant d'illustres victimes,
Qu'à son ambition ont immolée ses crimes, etc.

Ambition ont est bien dur à l'oreille.

Fuyez des mauvais sous le concours odieux.

⁶ Et tu verrois mes pleurs couler pour son trépas,
Qui, le faisant périr, ne me vengeroit pas.

Ce sentiment atroce et ces beaux vers ont été imités par Racine dans Andromaque :

Ma vengeance est perdue,
S'il ignore en mourant que c'est moi qui le tue.

⁷ Tout beau, ma passion, deviens un peu moins forte.

Tout beau revient au *pian piano* des Italiens. Ce mot familier est banni du discours sérieux, à plus forte raison de la poésie ; et l'apostrophe à sa passion sort du ton du dialogue et de la vérité : c'est un tour de rhéteur qu'on se permettait encore.

⁸ Quoi qu'il en soit, qu'Auguste, ou que Cinna périsse,
Aux mânes paternels je dois ce sacrifice.

Il semble, par ces expressions, qu'elle doive le sacrifice de Cinna.

9 Et c'est à faire enfin à mourir après lui.

Et c'est à faire est encore une expression bourgeoise hors d'usage, même aujourd'hui chez le peuple. Remarquez que dans cette scène il n'y a presque que ces deux mots à reprendre, et que la pièce est faite depuis six vingts ans : ce n'est qu'une scène avec une confidente, et elle est sublime.

SCÈNE III.

1 Plût aux dieux que vous-même eussiez vu de quel zèle
Cette troupe entreprend une action si belle! etc.

Ce discours de Cinna est un des plus beaux morceaux d'éloquence que nous ayons dans notre langue.

2 Amis, leur ai-je dit, voici le jour heureux
Qui doit conclure enfin nos desseins généreux.

Le mot *dessein* ne convient pas à *conclure*. Il me semble qu'on conclut une affaire, un traité, un marché; que l'on consomme un dessein, qu'on l'exécute, qu'on l'effectue. Peut-être que le verbe *remplir* eût été plus juste et plus poétique que *conclure*.

3 Là, par un long récit de toutes les misères
Que durant notre enfance ont enduré nos pères....

Durant et *enduré*, dans le même vers, ne sont qu'une inadvertance; il était aisé de mettre *pendant*

ACTE I, SCÈNE III.

notre enfance: mais *ont enduré* paraît une faute aux grammairiens; ils voudraient *les misères qu'ont endurées nos pères.* Je ne suis point du tout de leur avis; il serait ridicule de dire, *les misères qu'ont souffertes nos pères,* quoiqu'il faille dire, *les misères que nos pères ont souffertes.* S'il n'est pas permis à un poëte de se servir en ce cas du participe absolu, il faut renoncer à faire des vers.

4 Où les meilleurs soldats et les chefs les plus braves
Mettoient toute leur gloire à devenir esclaves;
Où, pour mieux assurer la honte de leurs fers,
Tous vouloient à leur chaîne attacher l'univers.

Les premières éditions portent:

Où le but des soldats et des chefs les plus braves
Étoit d'être vainqueurs pour devenir esclaves;
Où chacun trahissoit, aux yeux de l'univers,
Soi-même et son pays pour se donner des fers.

Ce mot *but,* dans cette place, ne paraissait ni assez noble, ni assez juste. *Aux yeux de l'univers* était un faible hémistiche, un de ces vers oiseux qui servaient uniquement à la rime. Corneille corrigea ces deux petites fautes, et mit à la place ces vers dignes du reste de cet admirable récit.

5 Vous dirai-je les noms de ces grands personnages
Dont j'ai dépeint les morts pour aigrir les courages?

Dans le temps de Corneille on disait *les courages* pour *les esprits;* on peut même se servir encore du mot *courage* en ce sens : mais *aigrir* n'est pas assez fort. Cinna a peint les proscriptions pour faire horreur, pour enflammer les esprits, pour les irriter, pour les envenimer, pour les saisir d'indignation, pour les remplir des fureurs de la vengeance.

6 Mais nous pouvons changer un destin si funeste.

Il y avait auparavant :

Rendons toutefois grace à la bonté céleste.

7 Lui mort, nous n'avons point de vengeur, ni de maître.

Il veut dire, *mort, il est sans vengeur, et nous sommes sans maître*. En effet c'est Rome qui a des vengeurs dans les assassins du tyran. Corneille entend donc qu'Auguste restera sans vengeance.

8 Avec la liberté Rome s'en va renaître.

S'en va renaître. Cette expression n'est point fautive en poésie : au contraire, voyez dans l'Iphigénie de Racine :

Et ce triomphe heureux qui s'en va devenir
L'éternel entretien des siècles à venir....

Cet exemple est un de ceux qui peuvent servir à distinguer le langage de la poésie de celui de la prose.

9 Demain, j'attends la haine ou la faveur des hommes,
Le nom de parricide, ou de libérateur,
César celui de prince, ou d'un usurpateur.

Il faut *d'usurpateur* dans la règle ; *il aura le nom de prince légitime ou d'usurpateur*. Mais gênons la poésie le moins que nous pourrons.

ACTE I, SCENE III.

¹⁰ Et le peuple, inégal à l'endroit des tyrans,
S'il les déteste morts, les adore vivants.

Ce terme *à l'endroit* n'est plus d'usage dans le style noble.

¹¹ Sont-ils morts tout entiers avec leurs grands desseins...

Il y avait :
Et sont-ils morts entiers avecque leurs desseins....

D'abord l'auteur substitua, *et sont-ils morts entiers avec leurs grands desseins;* ensuite il mit, *sont-ils morts tout entiers.* Cette expression sublime, *mourir tout entier*, est prise du latin d'Horace, *non omnis moriar; et tout entier* est plus énergique. Racine l'a imitée dans sa belle pièce d'Iphigénie :

Ne laisser aucun nom, et mourir tout entier.

¹² Va marcher sur leurs pas....

Il faudrait, *va, marche*; on ne dit pas plus *allons marcher* qu'*allons aller.*

Ibid. .... Où l'honneur te convie.

Convie est une très belle expression; elle était très usitée dans le grand siècle de Louis XIV. Il est à souhaiter que ce mot continue d'être en usage.

¹³ Souviens-toi du beau feu dont nous sommes épris....
Que tu me dois ton cœur, que mes faveurs t'attendent....

Ailleurs ce mot de *faveurs* exciterait le ris et le murmure; mais ce mot est ici confondu dans la foule des beautés de cette scène, si vive, si éloquente, et si romaine.

SCÈNE IV.

¹ *Seigneur, César vous mande, et Maxime avec vous.*

L'intrigue est nouée dès le premier acte; le plus grand intérêt et le plus grand péril s'y manifestent: c'est un coup de théâtre.

Remarquez que l'on s'intéresse d'abord beaucoup au succès de la conspiration de Cinna et d'Émilie; 1°. parceque c'est une conspiration; 2°. parceque l'amant et la maîtresse sont en danger; 3°. parceque Cinna a peint Auguste avec toutes les couleurs que les proscriptions méritent, et que dans son récit il a rendu Auguste *exécrable;* 4°. parcequ'il n'y a point de spectateur qui ne prenne dans son cœur le parti de la liberté. Il est important de faire voir que dans ce premier acte Cinna et Émilie s'emparent de tout l'intérêt; on tremble qu'ils ne soient découverts. Vous verrez qu'ensuite cet intérêt change, et vous jugerez si c'est un défaut ou non.

² *Je verse assez de pleurs pour la mort de mon père.*

Peut-être ces pleurs, disent les critiques sévères, sont un peu trop de commande; peut-être n'est-il pas bien naturel qu'on pleure son père au bout de vingt ans; et il est certain que les spectateurs ne pleurent point ce Toranius, père d'Émilie. Mais si Corneille s'élève ici au-dessus de la nature, il ne choque point la nature: c'est une beauté plutôt qu'un défaut.

³ Je mourrai tout ensemble heureux et malheureux;
Heureux, etc.

Boileau reprenait cet *heureux et malheureux* : il y trouvait trop de recherche et je ne sais quoi d'alambiqué. On peut dire, *heureux dans mon malheur*, l'exact et l'élégant Racine l'a dit; mais être à la fois heureux et malheureux, expliquer et retourner cette antithèse, cette énigme, cela n'est pas de la véritable éloquence.

⁴ Je fais de ton destin des règles à mon sort,

n'est pas à la vérité une expression heureuse; mais y a-t-il des fautes, au milieu de tant de beaux vers, avec tant d'intérêt, de grandeur, et d'éloquence?

⁵ Et j'obtiendrai ta vie, ou je suivrai ta mort.

Je suivrai ta mort n'exprime pas ce que l'auteur veut dire, *je mourrai après toi*.

⁶ Va-t'en, et souviens-toi seulement que je t'aime.

Seulement fait là un mauvais effet; car Cinna doit se souvenir de son entreprise et de ses amis.

On ne remarque ces légères inadvertances qu'en faveur des étrangers et des commençants.

ACTE DEUXIÈME.

SCÈNE I.

Corneille, dans son examen de Cinna, semble se condamner d'avoir manqué à l'unité de lieu. *Le premier acte*, dit-il, *se passe dans l'appartement* d'*Émilie*, *le second dans celui d'Auguste :* mais il fait aussi réflexion que l'unité s'étend à tout le palais; il est impossible que cette unité soit plus rigoureusement observée. Si on avait eu des théâtres véritables, une scène, semblable à celle de Vicence, qui représentât plusieurs appartements, les yeux des spectateurs auraient vu ce que leur esprit doit suppléer. C'est la faute des constructeurs quand un théâtre ne représente pas les différents endroits où se passe l'action, dans une même enceinte, une place, un temple, un palais, un vestibule, un cabinet, etc. Il s'en fallait beaucoup que le théâtre fût digne des pièces de Corneille. C'est une chose admirable sans doute d'avoir supposé cette délibération d'Auguste avec ceux mêmes qui viennent de faire serment de l'assassiner : sans cela cette scène serait plutôt un beau morceau de déclamation qu'une belle scène de tragédie.

2. Cet empire absolu sur la terre et sur l'onde,
Ce pouvoir souverain que j'ai sur tout le monde,
Cette grandeur sans borne, et cet illustre rang
Qui m'a jadis coûté tant de peine et de sang, etc.

Cet empire absolu, ce pouvoir souverain, la terre et l'onde, tout le monde, et cet illustre rang, sont une redondance, un pléonasme, une petite faute.

Fénélon, dans sa lettre à l'académie sur l'éloquence, dit : « Il me semble qu'on a donné sou-
« vent aux Romains un discours trop fastueux;
« je ne trouve point de proportion entre l'emphase
« avec laquelle Auguste parle dans la tragédie de

« Cinna et la modeste simplicité avec laquelle
« Suétone le dépeint. » Il est vrai : mais ne faut-il
pas quelque chose de plus relevé sur le théâtre que
dans Suétone? Il y a un milieu à garder entre
l'enflure et la simplicité. Il faut avouer que Corneille a quelquefois passé les bornes.

 L'archevêque de Cambrai avait d'autant plus
raison de reprendre cette enflure vicieuse, que de
son temps les comédiens chargeaient encore ce défaut par la plus ridicule affectation dans l'habillement, dans la déclamation, et dans les gestes. On
voyait Auguste arriver avec la démarche d'un matamore, coiffé d'une perruque carrée qui descendait pardevant jusqu'à la ceinture; cette perruque
était farcie de feuilles de laurier, et surmontée
d'un large chapeau avec deux rangs de plumes
rouges. Auguste, ainsi défiguré par des bateleurs
gaulois sur un théâtre de marionnettes, était quelque chose de bien étrange; il se plaçait sur un
énorme fauteuil à deux gradins, et Maxime et
Cinna étaient sur deux petits tabourets. La déclamation ampoulée répondait parfaitement à cet
étalage; et sur-tout Auguste ne manquait pas de
regarder Cinna et Maxime du haut en bas avec un
noble dédain, en prononçant ces vers :

 Enfin tout ce qu'adore en ma haute fortune
 D'un courtisan flatteur la présence importune....

 Il faisait bien sentir que c'était eux qu'il regardait comme des courtisans flatteurs. En effet il n'y
a rien dans le commencement de cette scène qui

empêche que ces vers ne puissent être joués ainsi. Auguste n'a point encore parlé avec bonté, avec amitié, à Cinna et à Maxime ; il ne leur a encore parlé que de son pouvoir absolu sur la terre et sur l'onde : on est même un peu surpris qu'il leur propose tout d'un coup son abdication de l'empire, et qu'il les ait mandés avec tant d'empressement pour écouter une résolution si soudaine sans aucune préparation, sans aucun sujet, sans aucune raison prise de l'état présent des choses.

Lorsqu'Auguste examinait avec Agrippa et avec Mécène s'il devait conserver ou abdiquer sa puissance, c'était dans des occasions critiques qui amenaient naturellement cette délibération, c'était dans l'intimité de la conversation, c'était dans des effusions de cœur. Peut-être cette scène eût-elle été plus vraisemblable, plus théâtrale, plus intéressante, si Auguste avait commencé par traiter Cinna et Maxime avec amitié, s'il leur avait parlé de son abdication comme d'une idée qui leur était déjà connue ; alors la scène ne paraîtrait plus amenée comme par force, uniquement pour faire un contraste avec la conspiration. Mais, malgré toutes ces observations, ce morceau sera toujours un chef-d'œuvre par la beauté des vers, par les détails, par la force du raisonnement, et par l'intérêt même qui doit en résulter ; car est-il rien de plus intéressant que de voir Auguste rendre ses propres assassins arbitres de sa destinée ? Il serait mieux, j'en conviens, que cette scène eût pu être préparée :

mais le fonds est toujours le même; et les beautés de détail, qui seules peuvent faire les succès des poëtes, sont d'un genre sublime.

3 *L'ambition déplaît quand elle est assouvie, etc.*

Ces maximes générales sont rarement convenables au théâtre (comme nous le remarquons plusieurs fois), sur-tout quand leur longueur dégénère en dissertation; mais ici elles sont à leur place. La passion et le danger n'admettent point les maximes : Auguste n'a point de passion, et n'éprouve point ici de dangers; c'est un homme qui réfléchit, et ses réflexions mêmes servent encore à justifier le projet de renoncer à l'empire. Ce qui ne serait pas permis dans une scène vive et passionnée est ici admirable.

4 *Et, monté sur le faîte, il aspire à descendre.*

Racine admirait sur-tout ce vers, et le faisait admirer à ses enfants. En effet ce mot *aspire,* qui d'ordinaire s'emploie avec *s'élever*, devient une beauté frappante quand on le joint à descendre : c'est cet heureux emploi des mots qui fait la belle poésie, et qui fait passer un ouvrage à la postérité.

5 *Mille ennemis secrets, la mort à tous propos....*

La mort à tous propos est trop familier. Si ces légers défauts se trouvaient dans une tirade faible, ils l'affaibliraient encore : mais ces négligences ne choquent personne dans un morceau si supérieurement écrit; ce sont de petites pierres entourées de diamants, elles en reçoivent de l'éclat, et n'en ôtent point.

⁶ Point de plaisir sans trouble, et jamais de repos,

est trop faible, trop inutile après *la mort à tous propos*.

7 Et l'ordre du destin qui gêne nos pensées
   N'est pas toujours écrit dans les choses passées,

ne fait pas un sens clair : il veut dire, *le destin que nous cherchons à connaître n'est pas toujours écrit dans les évènements passés qui pourraient nous instruire*. La grande difficulté des vers est d'exprimer ce qu'on pense.

⁸ Vous, qui me tenez lieu d'Agrippe et de Mécène....

Auguste eut en effet, à ce qu'on dit, cette conversation avec Agrippa et Mecenas : Dion Cassius les fait parler tous deux ; mais qu'il est faible et stérile en comparaison de Corneille!

Dion Cassius fait ainsi parler Mecenas : *Consultez plutôt les besoins de la patrie que la voix du peuple, qui, semblable aux enfants, ignore ce qui lui est profitable ou nuisible. La république est comme un vaisseau battu de la tempête*, etc. Comparez ces discours à ceux de Corneille, dans lesquels il avait la difficulté de la rime à surmonter.

Cette scène est un traité du droit des gens. La différence que Corneille établit entre l'usurpation et la tyrannie était une chose toute nouvelle; et jamais écrivain n'avait étalé des idées politiques

ACTE II, SCÈNE I.

en prose aussi fortement que Corneille les approfondit en vers.

9 Malgré notre surprise, etc.

Ce mot est la critique du peu de préparation donnée à cette scène. En effet, est-il naturel qu'Auguste veuille ainsi abdiquer tout d'un coup sans aucun sujet, sans aucune raison nouvelle?

10 Rome est dessous vos lois par le droit de la guerre.

Comme il faut des remarques grammaticales, sur-tout pour les étrangers, on est obligé d'avertir que *dessous* est adverbe, et n'est point préposition : *Est-il dessus? est-il dessous? il est sous vous; il est sous lui.*

11 C'est ce que fit César; il vous faut aujourd'hui
Condamner sa mémoire, ou faire comme lui.

Le mot de *faire* est prosaïque et vague : *régner comme lui* eût mieux valu.

12 Et vous devez aux dieux compte de tout le sang
Dont vous l'avez vengé pour monter à son rang.

Cela n'est pas français; il a vengé César *par le sang*, et non *du sang*. Il fallait :

Et vous devez aux dieux compte de tout le sang
Que vous avez versé pour monter à son rang.

13 N'en craignez point, seigneur, les tristes destinées;
Un plus puissant démon veille sur vos années.

Il y avait d'abord :

Mais sa mort vous fait peur, seigneur! les destinées
D'un soin bien plus exact veillent sur vos années.

Corneille a changé heureusement ces deux vers. Quelques personnes reprennent *les destinées ;* elles prétendent que la mort de César est le destin de César, sa destinée, et que ce mot au pluriel ne peut signifier un seul évènement. Je crois cette critique aussi injuste que fine; car s'il n'est pas permis à la poésie de dire *destinées* pour *destins, graces, faveurs, dons, inimitiés, haines,* etc. au pluriel, c'est vouloir qu'on ne fasse pas de vers.

14 On a dix fois sur vous attenté sans effet,
    Et qui l'a voulu perdre au même instant l'a fait.

On ne sait point à quoi se rapporte *le perdre ;* on pourrait entendre par ce vers, *ceux qui ont attenté sur vous se sont perdus.* Il faut éviter ce mot *faire*, sur-tout à la fin d'un vers : petite remarque, mais utile. Ce mot *faire* est trop vague; il ne présente ni idée déterminée, ni image; il est lâche, il est prosaïque.

15 Votre Rome autrefois vous donna la naissance.

La tyrannie du vers amène très mal à propos ce mot oiseux *autrefois*.

16 Et Cinna vous impute à crime capital
    La libéralité vers le pays natal!

Le *pays natal* n'est pas du style noble. *La libéralité* n'est pas le mot propre : car rendre *la liberté à sa patrie* est bien plus que *liberalitas Augusti*.

17 Et ce n'est qu'un objet digne de nos mépris,
    Si de ses pleins effets l'infamie est le prix.

Cette phrase n'a pas la clarté, l'élégance, la

justesse nécessaires. La vertu est donc un objet digne de nos mépris, si l'infamie est le prix de ses pleins effets. Remarquez de plus qu'*infamie* n'est pas le mot propre : il n'y a point d'infamie à renoncer à l'empire.

18 Mais commet-on un crime indigne de pardon,
Quand la reconnoissance est au-dessus du don?

La rime a encore produit cet hémistiche, *indigne de pardon* : ce n'est assurément pas un crime impardonnable de donner plus qu'on n'a reçu. Les vers, pour être bons, doivent avoir l'exactitude de la prose, en s'élevant au-dessus d'elle.

19 Et peu de généreux vont jusqu'à dédaigner,
Après un sceptre acquis, la douceur de régner.

Après un sceptre acquis... Cet hémistiche n'est pas heureux ; et ces deux vers sont de trop après celui-ci ;

Mais pour y renoncer il faut la vertu même.

C'est toujours gâter une belle pensée que de vouloir y ajouter ; c'est une abondance vicieuse.

20 Il passe pour tyran quiconque s'y fait maître....

Cet *il* qui était autrefois un tour très heureux ; la tyrannie de l'usage l'a aboli. *Il est un tyran, celui qui asservit son pays ; il est un perfide, celui qui manque à sa parole.* On a encore conservé ce tour, *ils sont dangereux, ces ennemis du théâtre, ces rigoristes outrés.*

21 Qui le sert, pour esclave; et qui l'aime, pour traître.

Voilà encore de cette abondance superflue et stérile. Pourquoi celui qui aime un usurpateur est-il traître ? il n'est certainement pas traître parcequ'il l'aime. Quand on a dit qu'il est esclave, on a tout dit, le reste est inutile.

22 Qui le souffre a le cœur lâche, mol, abattu.

On ne se sert plus du terme *mol*. De plus, ces trois épithètes forment un vers trop négligé; la précision y perd, et le sens n'y gagne rien.

23 Dans le champ du public largement ils moissonnent.

Il y avait auparavant, *dedans le champ d'autrui.*

24 Le pire des états, c'est l'état populaire.

Quelle prodigieuse supériorité de la belle poésie sur la prose ! Tous les écrivains politiques ont délayé ces pensées ; aucun a-t-il approché de la force, de la profondeur, de la netteté, de la précision de ces discours de Cinna et de Maxime ? Tous les corps de l'état auraient dû assister à cette pièce pour apprendre à penser et à parler; ils ne faisaient que des harangues ridicules, qui sont la honte de la nation. Corneille était un maître dont ils avaient besoin ; mais un préjugé, plus barbare encore que ne l'était l'éloquence du barreau et de la chaire, a souvent empêché plusieurs magistrats très éclairés d'imiter Cicéron et Hortensius, qui allaient entendre des tragédies fort inférieures à celles de Corneille. Ainsi les hommes pour qui ces pièces étaient faites ne les voyaient pas. Le parterre n'était pas digne de ces tableaux de la grandeur romaine. Les femmes ne voulaient que de l'amour; bientôt on ne traita plus que l'amour; et par-là on fournit à ceux que leurs petits talents rendent jaloux de la gloire des spectacles un malheureux prétexte de s'élever contre le premier des beaux-arts. Nous avons eu un chancelier qui a écrit sur l'art dramatique, et on a observé que de sa vie il n'alla au spectacle; mais Scipion, Caton, Cicéron, César, y allaient.

25 Les changements d'état que fait l'ordre céleste
Ne coûtent point de sang, n'ont rien qui soit funeste.

J'ai peur que ces raisonnements ne soient pas de la force des autres : ce que dit Maxime est faux; la plupart des révolutions ont coûté du sang, et d'ailleurs tout se fait par l'ordre céleste. La réponse, que c'est un ordre immuable du ciel de vendre cher ses bienfaits, semble dégénérer en dispute de sophiste, en question d'école, et trop s'écarter de cette grande et noble politique dont il est ici question.

26 Donc votre aïeul Pompée au ciel a résisté
Quand il a combattu pour notre liberté?

L'objection de *votre aïeul Pompée* est pressante; mais Cinna n'y répond que par un trait d'esprit. Voilà un singulier honneur fait aux mânes de Pompée, d'asservir Rome pour laquelle il combattait. Pourquoi le ciel devait-il cet honneur à Pompée? Au contraire, s'il lui devait quelque chose, c'était de soutenir son parti, qui était le plus juste. Dans une telle délibération, devant un homme tel qu'Auguste, on ne doit donner que des raisons solides : ces subtilités ne paraissent pas convenir à la dignité de la tragédie. Cinna s'éloigne ici de ce vrai si nécessaire et si beau. Voulez-vous savoir si une pensée est naturelle et juste ? examinez la proposition contraire ; si ce contraire est vrai, la pensée que vous examinez est fausse.

On peut répondre à ces objections que Cinna parle ici contre sa pensée. Mais pourquoi parlerait-il contre sa pensée ? y est-il forcé ? Junie, dans Britannicus, parle contre son propre sentiment, parceque Néron l'écoute : mais ici Cinna est en toute liberté ; s'il veut persuader à Auguste de ne point abdiquer, il doit dire à Maxime : Laissons là ces vaines disputes ; il ne s'agit pas de savoir si Pompée a résisté au ciel, et si le ciel lui devait l'honneur de rendre Rome esclave : il s'agit que Rome a besoin d'un maître ; il s'agit de prévenir des guerres civiles, etc. Je crois enfin que cette subtilité, dans cette belle scène, est un défaut ; mais c'est un défaut dont il n'y a qu'un grand homme qui soit capable.

27 Sylla, quittant la place enfin bien usurpée,
   N'a fait qu'ouvrir le champ à César et Pompée....

Cet *enfin* gâte la phrase.

28 Que le malheur des temps ne nous eût pas fait voir,
   S'il eût dans sa famille assuré son pouvoir.

Il semble que le malheur des temps ne nous eût

pas fait voir César et Pompée. La phrase est louche et obscure.

Il veut dire: *Le malheur des temps ne nous eût pas fait voir le champ ouvert à César et à Pompée.*

29 Votre Rome à genoux vous parle par ma bouche.

Ici Cinna embrasse les genoux d'Auguste, et semble déshonorer les belles choses qu'il a dites, par une perfidie bien lâche qui l'avilit. Cette basse perfidie même semble contraire aux remords qu'il aura. On pourrait croire que c'est à Maxime, représenté comme un vil scélérat, à faire le personnage de Cinna, et que Cinna devait dire ce que dit Maxime. Cinna, que l'auteur veut et doit ennoblir, devait-il conjurer Auguste à genoux de garder l'empire pour avoir un prétexte de l'assassiner? On est fâché que Maxime joue ici le rôle d'un digne Romain, et Cinna d'un fourbe qui emploie le raffinement le plus noir pour empêcher Auguste de faire une action qui doit même désarmer Émilie.

30 Conservez-vous, seigneur, en lui laissant un maître.

Il y avait auparavant:
Conservez-vous, seigneur, en conservant un maître.

31 Maxime, je vous fais gouverneur de Sicile.

Cela n'est pas dans l'histoire. En effet, c'eût été plutôt un exil qu'une récompense; un proconsulat en Sicile est une punition pour un favori qui veut rester à Rome et à la cour avec un grand crédit.

32 Pour épouse, Cinna, je vous donne Émilie..

Ceci est bien différent. Tout lecteur voit dans ce vers la perfection de l'art. Auguste donne à Cinna sa fille adoptive, que Cinna veut obtenir par l'assassinat d'Auguste. Le mérite de ce vers ne peut échapper à personne.

33 Mon épargne depuis en sa faveur ouverte
Doit avoir adouci l'aigreur de cette perte.

Épargne signifiait *trésor royal*, et la cassette du roi s'appelait *chatouille*. Les mots changent ; mais ce qui ne doit pas changer, c'est la noblesse des idées. Il est trop bas de faire dire à Auguste qu'il a donné de l'argent à Émilie; et il est bien plus bas à Émilie de l'avoir reçu et de conspirer contre lui.

34 De l'offre de vos vœux elle sera ravie.

Il y avait :
Je présume plutôt qu'elle en sera ravie.

L'un et l'autre sont également faibles, et il importe peu que ce vers soit faible ou fort. En général cette scène est d'un genre dont il n'y avait aucun exemple chez les anciens ni chez les modernes : détachez-la de la pièce, c'est un chef-d'œuvre d'éloquence ; incorporée à la pièce, c'est un chef-d'œuvre encore plus grand. Il est vrai que ces beautés n'excitent ni terreur, ni pitié, ni grands mouvements ; mais ces mouvements, cette pitié, cette terreur, ne sont pas nécessaires dans le commencement d'un second acte.

ACTE II, SCÈNE I. 379

Cette scène est beaucoup plus difficile à jouer qu'aucune autre : elle exigerait trois acteurs d'une figure imposante, et qui eussent autant de noblesse dans la voix et dans les gestes qu'il y en a dans les vers ; c'est ce qui ne s'est jamais rencontré.

SCÈNE II.

[1] Quel est votre dessein après ces beaux discours? —
Le même que j'avois, et que j'aurai toujours.

Ces beaux discours est trop familier. Pourquoi Cinna n'aurait-il pas ici les remords qu'il a dans le troisième acte ? Il eût fallu en ce cas une autre construction dans la pièce. C'est un doute que je propose, et que les remarques suivantes exposeront plus au long.

[2] Je veux voir Rome libre. — Et vous pouvez juger
Que je veux l'affranchir ensemble et la venger.

Pourquoi persister dans des principes qu'il va démentir, et dans une fourbe honteuse dont il va se repentir ? N'était-ce pas dans ce moment-là même que ces mots, *je vous donne Émilie*, devaient faire impression sur un homme qu'on nous donne pour digne petit-fils du grand Pompée ? J'ai vu des lecteurs de goût et de sens réprouver cette scène, non seulement parceque Cinna, pour qui on s'intéressait, commence à devenir odieux, et pourrait ne pas l'être s'il disait tout le contraire de ce qu'il dit, mais parceque cette scène est inutile pour l'action, parceque Maxime, rival de Cinna, ne laisse échapper aucun sentiment de rival, et qu'en ôtant cette scène le reste marche plus rapidement. Il la faut pardonner à la nécessité de donner quelque étendue aux actes; nécessité consacrée par l'usage.

3. Octave aura donc vu ses fureurs assouvies....

Il y avait :

Auguste aura soûlé ses damnables envies...

On remarque ces changements pour faire voir comment le style se perfectionna avec le temps. La plupart de ces corrections furent faites plus de vingt années après la première édition.

4 Un lâche repentir garantira sa tête!

C'est proprement un simple repentir. Le mot même, *en sera quitte,* indique qu'on ne doit pas pardonner à Octave pour un simple repentir : il n'y a nulle lâcheté à sentir, au comble de la gloire, des remords de toutes les violences commises pour arriver à cette gloire.

5 S'il n'eût puni César, Auguste eût moins osé.

Maxime veut retourner le beau vers de Cinna, *S'il eût puni Sylla, César eût moins osé,* et répondre en écho sur la même rime ; il dit une chose qui a besoin d'être éclaircie. Si César n'eût pas été assassiné, Auguste, son fils adoptif, eût été bien plus aisément le maître, et beaucoup plus maître. Il est vrai qu'il n'y eût point eu de guerre civile ; et c'est par cela même que l'empire d'Auguste eût été mieux affermi, et qu'il eût osé davantage. Il est vrai encore que, sans le meurtre de César, il n'y eût point eu de proscriptions. Il reste donc à discuter quelle a été la véritable cause du triumvirat et des guerres civiles. Or il est indubitable que ces dissertations ne conviennent guère à la tragédie. Quoi! après ces vers, *Mais je le retiendrai pour vous en faire part.... Je vous donne Émilie....* Cinna disserte, il n'est pas troublé, et il le sera ensuite! Quel est le lecteur qui ne s'attend pas à de violentes agitations dans un tel moment? Si Cinna les éprouvait, si Maxime s'en apercevait, cette situation ne serait-elle pas plus naturelle et plus théâtrale? Encore une fois, je ne propose cette idée que comme un doute; mais je crois que les combats du cœur sont toujours plus intéressants que des raisonnements politiques, et ces contestations qui au fond sont souvent un jeu d'esprit assez froid. C'est au cœur qu'il faut parler dans une tragédie.

⁶ Mais quand j'aurai vengé Rome des maux soufferts,
Je saurai le braver jusque dans les enfers.

L'esprit de notre langue ne permet guère ces participes; nous ne pouvons dire *des maux soufferts*, comme on dit *des maux passés*. *Soufferts* suppose par quelqu'un; *les maux qu'elle a soufferts*. Il serait à souhaiter que cet exemple de Corneille eût fait une règle, la langue y gagnerait une marche plus rapide.

7   Je veux joindre à sa main ma main ensanglantée,
    L'épouser sur sa cendre....

Cet affermissement de Cinna dans son crime, cette fureur d'épouser Émilie sur le tombeau d'Auguste, cette persévérance dans la fourberie avec laquelle il a persuadé Auguste de ne point abdiquer, ne font espérer aucun remords; il était naturel qu'il en eût quand Auguste lui a dit qu'il partagerait l'empire avec lui. Le cœur humain est ainsi fait, il se laisse toucher par le sentiment présent des bienfaits; et le spectateur n'attend pas d'un homme qui s'endurcit lorsqu'il devrait être attendri qu'il s'attendrira après cet endurcissement. Nous donnerons plus de jour à ce doute dans la suite.

8 Ami, dans ce palais on peut nous écouter.

Et que peut il dire de plus fort que ce qu'il a déjà dit? N'a-t-il pas, dans ce même palais, déclaré qu'il veut épouser Émilie sur la cendre d'Auguste? Cette conclusion de l'acte paraît un peu fautive. On sent assez qu'il n'est pas vraisemblable que l'on conspire et qu'on rende compte de la conspiration dans le cabinet d'Auguste.

Les acteurs sont supposés avoir passé d'un appartement dans un autre: mais si le lieu où ils sont est *si mal propre à cette confidence*, il ne fallait donc pas y dire tous ses secrets; il valait mieux motiver la sortie par la nécessité d'aller tout préparer pour la mort d'Auguste; c'eût été une raison valable et intéressante, et le péril d'Auguste en eût redoublé.

L'observation la plus importante, à mon avis, c'est qu'ici l'intérêt change. On détestait Auguste; on s'intéressait beaucoup à Cinna : maintenant c'est Cinna qu'on hait; c'est en faveur d'Auguste que le cœur se déclare. Lorsqu'ainsi on s'intéresse tour à tour pour les partis contraires, on ne s'intéresse en effet pour personne : c'est ce qui fait que plusieurs gens de lettres regardent Cinna plutôt comme un bel ouvrage que comme une tragédie intéressante.

ACTE TROISIÈME.

SCÈNE I.

1. Il adore Émilie, il est adoré d'elle;
Mais sans venger son père il n'y peut aspirer.

CEPENDANT Maxime a été témoin qu'Auguste a donné Émilie à Cinna; il peut donc croire que Cinna peut aspirer à elle sans tuer Auguste. Cinna et Maxime peuvent présumer qu'Émilie ne tiendra pas contre un tel bienfait. Maxime sur-tout n'a nulle raison de penser le contraire, puisqu'il ne sait point encore si Émilie cède ou non à la bonté d'Auguste; et Cinna peut penser qu'Émilie sera touchée, comme il commence lui-même à l'être. Cinna doit sans doute l'espérer, et Maxime doit le craindre : il doit donc dire : Émilie sera à lui, soit qu'il cède aux bienfaits d'Auguste, soit qu'il l'assassine.

2 Je ne m'étonne plus de cette violence
   Dont il contraint Auguste à garder sa puissance.

Le mot de *violence* est peut-être trop fort. Cinna a étalé un faux zèle, une fourbe éloquente; est-ce là de la violence?

3 La ligue se romproit s'il s'en étoit démis.

On se démet d'une charge, d'un emploi, d'une dignité; mais on ne se démet pas d'une puissance. L'auteur veut dire ici que la ligue se dissiperait si Auguste renonçait à l'empire. Mais ce vers fait entendre *si Cinna s'était démis de cette ligue*, parceque cet *il* tombe sur *Cinna*. C'est une faute très légère.

4 Ils servent à l'envi la passion d'un homme....

Il y avait *abusés*; on a substitué *à l'envi*.

5 Vous êtes son rival! — Oui, j'aime sa maîtresse,
  Et l'ai caché toujours avec assez d'adresse.

Ces vers de comédie, et cette manière froide d'exprimer qu'il est rival de Cinna, ne contribuent pas peu à l'avilissement de ce personnage. L'amour qui n'est pas une grande passion n'est pas théâtral.

6 Que l'amitié me plonge en un malheur extrême!

Ni son amitié, ni son amour n'intéresse. J'ai toujours remarqué que cette scène est froide au théâtre; la raison en est que l'amour de Maxime est insipide: on apprend au troisième acte que ce

Maxime est amoureux. Si Oreste, dans Andromaque, n'était rival de Pyrrhus qu'au troisième acte, la pièce serait froide. L'amour de Maxime ne fait aucun effet; et tout son rôle n'est que celui d'un lâche, sans aucune passion théâtrale.

7 Gagnez une maîtresse, accusant un rival.

Il semble, par la construction, que ce soit Émilie qui accuse: il fallait *en accusant*, pour lever l'équivoque; légère inadvertance qui ne fait aucun tort.

8 Un véritable amant ne connoît point d'amis.

En général, ces maximes et ce terme de *véritable amant* sont tirés des romans de ce temps-là, et sur-tout de l'Astrée, où l'on examine sérieusement ce qui constitue le véritable amant. Vous ne trouverez jamais ni ces maximes, ni ces mots, *véritables amants, vrais amants*, dans Racine. Si vous entendez par *véritable amant* un homme agité d'une passion effrénée, furieux dans ses désirs, incapable d'écouter la raison, la vertu, la bienséance, Maxime n'est rien de tout cela; il est de sang froid; à peine parle-t-il de son amour: de plus, il est l'ami de Cinna, et son confident; il doit s'être douté que Cinna aime Émilie; il voit qu'Auguste a donné Émilie à Cinna; c'était alors qu'il devait éprouver le sentiment de la jalousie. Ni les remords de Cinna, ni la jalousie de Maxime, ne remuent l'ame: pourquoi? c'est qu'ils viennent trop tard, comme on l'a déjà dit; c'est qu'ils ont disserté au lieu de sentir.

9 Nous disputons en vain, et ce n'est que folie
De vouloir par sa perte acquérir Émilie;
Ce n'est pas le moyen de plaire à ses beaux yeux
Que de priver du jour ce qu'elle aime le mieux.

Ce n'est que folie, vers comique, indigne de la tragédie. *Plaire à ses beaux yeux*, expression fade. *Ce qu'elle aime le mieux*, encore pire.

10 Je veux gagner son cœur plutôt que sa personne.

Remarquez qu'on ne s'intéresse jamais à un amant qu'on est sûr qui sera rebuté. Pourquoi Oreste intéresse-t-il dans Andromaque? c'est que Racine a eu le grand art de faire espérer qu'Oreste serait aimé. Un amant toujours rebuté par sa maîtresse l'est toujours aussi par le spectateur, à moins qu'il ne respire la fureur de la vengeance. Point de vraies tragédies sans grandes passions.

11 Je conserve ce sang qu'elle veut voir périr.

Périr un sang est un barbarisme. Ces fautes sont d'autant plus senties, que la scène est froide.

12 C'est ce qu'à dire vrai je vois fort difficile.

Cette manière de répondre à une objection pressante sent un peu plus le valet de comédie que le confident tragique.

13 Cinna vient, et je veux en tirer quelque chose....

On ne voit pas ce qu'il veut *tirer* de Cinna; s'il veut être instruit que Cinna est son rival, il le sait déjà.

SCÈNE II.

¹ Puis-je d'un tel chagrin savoir quel est l'objet? —
Émilie et César; l'un et l'autre me gêne.

C'est là peut-être ce que Cinna devait dire immédiatement après la conférence d'Auguste. Pourquoi a-t-il à présent des remords? s'est-il passé quelque chose de nouveau qui ait pu lui en donner? Je demande toujours pourquoi il n'en a point senti quand les bienfaits et la tendresse d'Auguste devaient faire sur son cœur une si forte impression. Il a été perfide; il s'est obstiné dans sa perfidie. Les remords sont le partage naturel de ceux que l'emportement des passions entraîne au crime, mais non pas des fourbes consommés. C'est sur quoi les lecteurs qui connaissent le cœur humain doivent prononcer. Je suis bien loin de porter un jugement.

² Des deux côtés j'offense et ma gloire et les dieux.

Pourquoi les dieux? est-ce parcequ'il a fait serment à sa maîtresse? Il est utile d'observer ici que dans beaucoup de tragédies modernes on met ainsi les dieux à la fin du vers à cause de la rime. Manlius dit qu'un homme tel que lui partage la vengeance *avec les dieux*; un autre, qu'il punit à l'exemple *des dieux*; un troisième, qu'il s'en prend *aux dieux*. Corneille tombe rarement dans cette faute puérile.

³ Vous n'aviez point tantôt ces agitations.

Vous voyez que Corneille a bien senti l'objection. Maxime demande à Cinna ce que tout le monde lui demanderait : Pourquoi avez-vous des remords si tard? qu'est-il survenu qui vous oblige à changer ainsi? Il veut en *tirer quelque chose*, et cependant il n'en tire rien. S'il voulait s'éclaircir de la passion d'Émilie, n'aurait-il pas été convenable que d'abord il eût soupçonné leur intelligence, que Cinna la lui eût avouée, que cet aveu l'eût mis au désespoir, et que ce désespoir, joint aux conseils d'Euphorbe, l'eût déterminé, non pas à être délateur, car cela est bas, petit, et sans intérêt, mais à laisser deviner la conspiration par ses emportements?

4 On ne les sent aussi que quand le coup approche,
Et l'on ne reconnoît de semblables forfaits
Que quand la main s'apprête à venir aux effets.

Oui, si vous n'avez pas reçu des bienfaits de celui que vous vouliez assassiner; mais si, entre les préparatifs du crime et la consommation, il vous a donné les plus grandes marques de faveur, vous avez tort de dire qu'on ne sent de remords qu'au moment de l'assassinat.

Un coup n'approche pas; *reconnaître des forfaits* n'est pas le mot propre; *en venir aux effets* est faible et prosaïque.

Il sera peut-être utile de faire voir comment Shakespeare, soixante ans auparavant, exprima le même sentiment dans la même occasion. C'est Brutus, prêt à assassiner César :

« Entre le dessein et l'exécution d'une chose si

« terrible, tout l'intervalle n'est qu'un rêve affreux.
« Le génie de Rome et les instruments mortels
« de sa ruine semblent tenir conseil dans notre
« ame bouleversée : cet état funeste de l'ame tient
« de l'horreur de nos guerres civiles. »

Between the acting of a dreadfull thing
And the first motion, all the interim is
Like a fantasma, or a hideous dream, etc.

Je ne présente point ces objets de comparaison pour égaler les irrégularités sauvages et capricieuses de Shakespeare à la profondeur du jugement de Corneille, mais seulement pour faire voir comment des hommes de génie expriment différemment les mêmes idées. Qu'il me soit seulement permis d'observer encore qu'à l'approche de ces grands évènements l'agitation qu'on sent est moins un remords qu'un trouble dont l'ame est saisie : ce n'est point un remords que Shakespeare donne à Brutus.

5 Et formez vos remords d'une plus juste cause,
   De vos lâches conseils, qui seuls ont arrêté
   Le bonheur renaissant de notre liberté.

Voilà la plus forte critique du rôle qu'a joué Cinna dans la conférence avec Auguste : aussi Cinna n'y répond-il point. Cette scène est un peu froide, et pourrait être très vive : car deux rivaux doivent dire des choses intéressantes, ou ne pas paraître ensemble; ils doivent être à la fois défiants et animés ; mais ici ils ne font que raisonner.

Arrêter un bonheur renaissant, l'expression est trop impropre.

ᵃ Mais entendez crier Rome à votre côté.

Cela est plus froid encore, parceque Maxime fait ici l'enthousiaste mal à propos. Quiconque s'échauffe trop refroidit. Maxime parle en rhéteur; il devrait épier avec une douleur sombre toutes les paroles de Cinna, paraître jaloux, être près d'éclater, se retenir. Il est bien loin d'être *un véritable amant*, comme le disait son confident; il n'est ni un vrai Romain, ni un vrai conjuré, ni un vrai amant; il n'est que froid et faible : il a même changé d'opinion, car il disait à Cinna, au second acte, Pourquoi voulez-vous assassiner Auguste, plutôt que de recevoir de lui la liberté de Rome? et à présent il dit, Pourquoi n'assassinez-vous pas Auguste? Veut-il par-là faire persévérer Cinna dans le crime, afin d'avoir une raison de plus pour être son délateur, comme Cinna a voulu empêcher Auguste d'abdiquer, afin d'avoir un prétexte de plus de l'assassiner? en ce cas, voilà deux scélérats qui cachent leur basse perfidie par des raisonnements subtils.

⁷ Ami, n'accable plus un esprit malheureux
   Qui ne forme qu'en lâche un dessein généreux.

Voilà Cinna qui se donne lui-même le nom de *lâche*, et qui, par ce seul mot, détruit tout l'intérêt de la pièce, toute la grandeur qu'il a déployée dans le premier acte. Que veulent dire les *abois* d'une vieille amitié qui lui fait pitié? Quelle façon de parler! Et puis il parle de sa *mélancolie!*

8 Adieu, je me retire en confident discret.

Maxime finit son indigne rôle dans cette scène par un vers de comédie, et en se retirant comme un valet à qui on dit qu'on veut être seul. L'auteur a entièrement sacrifié ce rôle de Maxime : il ne faut le regarder que comme un personnage qui sert à faire valoir les autres.

SCÈNE III.

1 Donne un plus digne nom au glorieux empire
Du noble sentiment que la vertu m'inspire, etc.

Voici le cas où un monologue est convenable : un homme dans une situation violente peut examiner avec lui-même le danger de son entreprise, l'horreur du crime qu'il va commettre, écouter ou combattre ses remords; mais il fallait que ce monologue fût placé après qu'Auguste l'a comblé d'amitiés et de bienfaits, et non pas après une scène froide avec Maxime.

2 Qu'une ame généreuse a de peine à faillir!

Ce vers ne prouve-t-il pas ce que j'ai déjà dit, que ce n'était pas à Cinna à donner à l'empereur des conseils du fourbe le plus déterminé? S'il a une ame si généreuse, s'il a tant de *peine à faillir*, pourquoi n'a-t-il pas affermi Auguste dans le dessein de quitter l'empire? S'il a tant de *peine à faillir*, pourquoi n'a-t-il pas senti les plus cuisants remords au moment qu'Auguste lui donnait Émilie?

3 S'il faut percer le flanc d'un prince magnanime
Qui du peu que je suis fait une telle estime, etc.

Ce discours est d'un vil domestique, et non pas d'un sénateur romain : il achève d'avilir son rôle qui était si mâle, si fier, si terrible, au premier acte. On s'intéressait à Cinna, et à présent on ne s'intéresse qu'à Auguste.

4 O coup, ô trahison trop indigne d'un homme!

J'en reviens toujours à ce remords trop tardif; je soupçonne qu'il serait très touchant, très intéressant, s'il avait été plus prompt, s'il n'était pas contradictoire avec la rage d'épouser Émilie sur la cendre d'Auguste. Metastasio, dans sa *Clemenza di Tito*, imitée de Cinna, commence par donner des remords à Sestus, qui joue le rôle de Cinna.

5 Mais je dépends de vous, ô serment téméraire!

Non, sans doute, il ne dépend pas de ce serment; c'est chercher un prétexte et non pas une raison. Voilà un plaisant serment que la promesse faite à une femme de hasarder le dernier supplice pour faire une très vilaine action! Il devait dire : Les conjurés et moi nous avons fait serment de venger la patrie. Voilà un serment respectable.

⁶ O haine d'Émilie! ô souvenir d'un père!
Ma foi, mon cœur, mon bras, tout vous est engagé,
Et je ne puis plus rien que par votre congé.

Par votre congé ne se dit plus, et en effet ne devait pas se dire, puisque ce mot vient de *congédier,* qui ne signifie pas *permettre*. Comment un homme qui n'a pas les fureurs de l'amour, un petit-fils de Pompée, qui a assemblé tant de Romains pour rendre la liberté à la patrie, peut-il dire en langage de ruelle, Je ne peux rien que par le congé d'une femme? Il fallait donc le peindre dès le premier acte comme un homme éperdu d'amour, forcé par une maîtresse qu'il idolâtre à conspirer contre un maître qu'il aime. C'est ainsi que Metastasio peint Sestus dans la *Clemenza di Tito,* en donnant à ce Sestus le caractère de l'Oreste de Racine. Ce n'est pas que je préfère ce Sestus à Cinna, il s'en faut beaucoup; mais je dis que le rôle de Cinna serait beaucoup plus touchant, si on l'avait peint dès le premier acte aveuglé par une passion furieuse : mais il a joué à ce premier acte le rôle d'un Brutus, et au troisième il n'est plus qu'un amant timide.

⁷ Rendez-la, comme vous, à mes vœux exorable.

Exorable devrait se dire; c'est un terme sonore, intelligible, nécessaire, et digne des beaux vers que débite Cinna. Il est bien étrange qu'on dise *implacable*, et non *placable*; *ame inaltérable*, et non pas *ame altérable*; *héros indomtable,* et non *héros domtable,* etc.

8 Mais voici de retour cette aimable inhumaine.

Aimable inhumaine fait quelque peine à cause de tant de fades vers de galanterie où cette expression commune se trouve.

SCÈNE IV.

1 Je vous aime, Émilie ; et le ciel me foudroie
Si cette passion ne fait toute ma joie,

fait toujours un peu rire. *Avec toute l'ardeur qu'un digne objet peut attendre d'un grand cœur*, est du style de Scudéri. Ce n'est que depuis Racine qu'on a proscrit ces fades lieux communs.

2 Les faveurs du tyran emportent tes promesses.

Des faveurs qui emportent des promesses. Cette figure n'a pas de sens en français. Les faveurs d'Auguste peuvent l'emporter sur les promesses de Cinna, les faire oublier ; mais elles ne les emportent pas. Quinault a dit avec élégance et justesse :

Mais le zéphyr léger et l'onde fugitive
Ont bientôt emporté les serments qu'elle a faits.

3 Il peut faire trembler la terre sous ses pas,
Mettre un roi hors du trône, et donner ses états.

Il y avait :

Jeter un roi du trône, et donner ses états.

Mettre hors est bien moins énergique que *jeter*; et n'est pas même une expression noble. *Roi hors* est dur à l'oreille. Pourquoi ne dirait-on pas *jeter du trône?* on dit bien *jeter du haut du trône.* En tout cas *chasser* eût été mieux que *mettre hors.* Quelquefois en corrigeant on affaiblit.

4 Mais le cœur d'Émilie est hors de son pouvoir.

Voilà une imitation admirable de ces beaux vers d'Horace:

Et cuncta terrarum subacta,
Præter atrocem animum Catonis.

Cette imitation est d'autant plus belle qu'elle est en sentiment. Plusieurs s'étonnent qu'Émilie, affectant de penser comme Caton, ait cependant reçu pendant quinze ans les bienfaits et l'argent d'Auguste, dont *l'épargne lui a été ouverte.* Cette conduite ne semble pas s'accorder avec cette inflexibilité héroïque dont elle fait parade.

5 Je suis toujours moi-même, et ma foi toujours pure.

Il faut *ma foi est toujours pure. Ma foi* ne peut être gouverné par *je suis. Foi pure* ne se dit qu'en théologie.

6 Et prends vos intérêts par-delà mes serments.

Par-delà mes serments : expression dont je ne trouve que cet exemple; et cet exemple me paraît mériter d'être suivi.

7 La conjuration s'en alloit dissipée,
Vos desseins avortés, votre haine trompée.

Votre haine s'en allait trompée. C'est un barbarisme.

8 Que je sois le butin de qui l'ose épargner....

Butin n'est pas le mot propre.

9 Et, malgré ses bienfaits, je rends tout à l'amour,
Quand je veux qu'il périsse, ou vous doive le jour.

La scène se refroidit par ces arguments de Cinna; il veut prouver qu'il a satisfait à l'amour, parcequ'il veut que le sort d'Auguste dépende de sa maîtresse. Toute cette tirade paraît un peu obscure.

10 Souffrez ce foible effort de ma reconnoissance,
Que je tâche de vaincre un indigne courroux,
Et vous donner pour lui l'amour qu'elle a pour vous.

Il faut *et de vous donner*. Le mot d'*amour* n'est point du tout convenable.

11 Une ame généreuse, et que la vertu guide,
Fuit la honte des noms d'ingrate et de perfide;
Elle en hait l'infamie attachée au bonheur,
Et n'accepte aucun bien aux dépens de l'honneur.

Toutes ces sentences refroidissent encore. Voyez si Oreste et Hermione parlent en sentences.

12 Les cœurs les plus ingrats sont les plus généreux.

Elle a déjà retourné cette pensée plus d'une fois.

13 Je me fais des vertus dignes d'une Romaine.

Ce vers est beau, et ces sentiments d'Émilie ne se démentent jamais. Plusieurs demandent encore pourquoi cette Émilie ne touche point, pourquoi ce personnage ne fait pas au théâtre la grande impression qu'y fait Hermione. Elle est l'ame de toute la pièce, et cependant elle inspire peu d'intérêt. N'est-ce point parcequ'elle n'est pas malheureuse ? n'est-ce point parceque les sentiments d'un Brutus, d'un Cassius, conviennent peu à une fille ? n'est-ce point parceque sa facilité à recevoir l'argent d'Auguste dément la grandeur d'ame qu'elle affecte ? n'est-ce point parceque ce rôle n'est pas tout-à-fait dans la nature ? Cette fille, que Balzac appelle une *adorable furie*, est-elle si adorable ? C'est Émilie que Racine avait en vue, lorsqu'il dit, dans une de ses préfaces, qu'il ne veut pas mettre sur le théâtre de ces femmes qui font des leçons d'héroïsme aux hommes. Malgré tout cela, le rôle d'Émilie est plein de choses sublimes ; et quand on compare ce qu'on faisait alors à ce seul rôle d'Émilie, on est étonné, on admire.

14 Il abaisse à nos pieds l'orgueil des diadèmes,

Il nous fait souverains sur leurs grandeurs suprêmes.

Il faut remarquer les plus légères fautes de langage. On est *souverain de*, on n'est pas *souverain sur*, encore moins *souverain sur une grandeur*. Mais ce qui est bien plus digne de remarque, c'est que le second vers n'est qu'une faible répétition du premier.

15 Pour être plus qu'un roi, tu te crois quelque chose !

Ce beau vers est une contradiction avec celui que dit Auguste au cinquième acte :

Qu'en te couronnant roi je t'aurois donné moins.

Ou Émilie ou Auguste a tort. Il n'est pas douteux que le vers d'Émilie, étant plus romain, plus fort, et même étant devenu proverbe, ne dût être conservé, et celui d'Auguste sacrifié; mais il faut surtout remarquer que ces hyperboles commencent à déplaire, qu'on y trouve même du ridicule, qu'il y a une distance infinie entre un grand roi et un marchand de Rome, que ces exagérations d'une fille à qui Auguste fait une pension révoltent bien des lecteurs, et que ces contestations entre Cinna et sa maîtresse sur la grandeur romaine n'ont pas toute la chaleur de la véritable tragédie.

16 Aux deux bouts de la terre en est-il un si vain
Qu'il prétende égaler un citoyen romain?

Il y avait:

Aux deux bouts de la terre en est-il d'assez vain
Pour prétendre égaler un citoyen romain?

17 Attale, ce grand roi, dans la pourpre blanchi,
Qui du peuple romain se nommoit l'affranchi,
Quand de toute l'Asie il se fut vu l'arbitre,
Eût encor moins prisé son trône que ce titre.

Cet exemple du roi Attale serait peut-être plus convenable dans un conseil que dans la bouche d'une fille qui veut venger son père. Mais la beauté de ces vers et ces traits tirés de l'histoire romaine font un très grand plaisir aux lecteurs, quoiqu'au théâtre ils refroidissent un peu la scène: au reste, cet Attale était un très petit roi de Pergame, qui ne possédait pas un pays de trente lieues.

ACTE III, SCÈNE IV.

18 Le ciel a trop fait voir en de tels attentats
Qu'il hait les assassins et punit les ingrats.

Cette réplique de Cinna ne paraît pas convenable : un sujet parle ainsi dans une monarchie; mais un homme du sang de Pompée doit-il parler en sujet ?

19 Dis que de leur parti toi-même tu te rends,
De te remettre au foudre à punir les tyrans.

Cela n'est ni français ni clairement exprimé ; et ces dissertations sur la foudre ne sont plus tolérées.

20 Sans emprunter ta main pour servir ma colère,
Je saurai bien venger mon pays et mon père.

Le mot de colère ne paraît peut-être pas assez juste. On ne sent point de colère pour la mort d'un père mis au nombre des proscrits il y a trente ans ; le mot de *ressentiment* serait plus propre : mais en poésie *colère* peut signifier *indignation*, *ressentiment*, *souvenir des injures*, *désir de vengeance*.

21 Et comme pour toi seul l'amour veut que je vive, etc.

Je remarque ailleurs que toutes les phrases qui commencent par *comme* sentent la dissertation, le raisonnement, et que la chaleur du sentiment ne permet guère ce tour prosaïque. Mais est-ce un sentiment bien touchant, bien tragique, que celui d'Émilie : *Je n'ai pas voulu tuer Auguste moi-même, parcequ'on m'aurait tuée ; je veux vivre pour toi, et je veux que ce soit toi qui hasardes ta vie,* etc. ?

²²Quand j'ai pensé chérir un neveu de Pompée,
Et si d'un faux semblant mon esprit abusé
A fait choix d'un esclave en son lieu supposé....

Il est trop dur d'appeler Cinna esclave au propre, de lui dire qu'il est un fils supposé, qu'il est fils d'un esclave; cette condition était au-dessous de celle de nos valets.

²³ Mille autres à l'envi recevroient cette loi.

Doit-elle lui dire que mille autres assassineraient l'empereur pour mériter les bonnes graces d'une femme? cela ne révolte-t-il pas un peu? cela n'empêche-t-il pas qu'on ne s'intéresse à Émilie? Cette présomption de sa beauté la rend moins intéressante. Une femme emportée par une grande passion touche beaucoup; mais une femme qui a la vanité de regarder sa possession comme le plus grand prix où l'on puisse aspirer révolte au lieu d'intéresser. Émilie a déjà dit, au premier acte, qu'on publiera dans toute l'Italie qu'on n'a pu la mériter qu'en tuant Auguste; elle a dit à Cinna: *Songe que mes faveurs t'attendent.* Ici elle dit que mille Romains *tueraient Auguste pour mériter ses bonnes graces.* Quelle femme a jamais parlé ainsi? Quelle différence entre elle et Hermione, qui dit, dans une situation à-peu-près semblable:

Quoi! sans qu'elle employât une seule prière,
Ma mère en sa faveur arma la Grèce entière;
Ses yeux pour leur querelle, en dix ans de combats,
Virent périr vingt rois qu'ils ne connoissoient pas:

Et moi, je ne prétends que la mort d'un parjure,
Et je charge un amant du soin de mon injure,
Il peut me conquérir à ce prix sans danger,
Je me livre moi-même, et ne puis me venger !

C'est ainsi que s'exprime le goût perfectionné ; et le génie, dénué de ce goût sûr, bronche quelquefois. On ne prétend pas, encore une fois, rien diminuer de l'extrême mérite de Corneille ; mais il faut qu'un commentateur n'ait en vue que la vérité et l'utilité publique. Au reste, la fin de cette tirade est fort belle.

24 S'il nous ôte à son gré nos biens, nos jours, nos femmes,
Il n'a point jusqu'ici tyrannisé nos ames.

Mais en ce cas Auguste est donc un monstre à étouffer : Cinna ne devait donc pas balancer ; il a donc très grand tort de se dédire ; ses remords ne sont donc pas vrais. Comment peut-il aimer un tyran qui ôte aux Romains leurs biens, leurs femmes, et leurs vies ? Ces contradictions ne font-elles pas tort au pathétique aussi-bien qu'au vrai, sans lequel rien n'est beau ?

25 Mais l'empire inhumain qu'exercent vos beautés
Force jusqu'aux esprits et jusqu'aux volontés.

C'est ici une idée poétique, ou plutôt une subtilité : *Vos beautés sont plus inhumaines qu'Auguste!* ce n'est pas ainsi que la vraie passion parle. Oreste, dans une circonstance semblable, dit à Hermione :

Non, je vous priverai d'un plaisir si funeste,
Madame ; il ne mourra que de la main d'Oreste.

REMARQUES SUR CINNA.

Il ne s'amuse point à dire que les beautés inhumaines d'Hermione sont des tyrans; il le fait sentir en se déterminant malgré lui à un crime : ce n'est pas là le poëte qui parle, c'est le personnage.

26 Vous me faites priser ce qui me déshonore;
Vous me faites haïr ce que mon ame adore.

Priser n'est plus d'usage. Cinna ne prise point ici son action, puisqu'il la condamne. Il dit qu'il adore Auguste, cela est beaucoup trop fort : il n'adore point Auguste; *il devrait*, dit-il, *donner son sang pour lui mille et mille fois*. Il devait donc être très touché au moment que ce même Auguste lui donnait Émilie. Il lui a conseillé de garder l'empire pour l'assassiner, et il voudrait donner mille vies pour lui par réflexion.

27 Mais ma main aussitôt contre mon sein tournée....
A mon crime forcé joindra mon châtiment.

Ces derniers vers réconcilient Cinna avec le spectateur : c'est un très grand art. Racine a imité ce morceau dans l'Andromaque :

Et mes mains aussitôt contre mon sein tournées, etc.

SCÈNE V.

1 . . . . Qu'il achève, et dégage sa foi;
Et qu'il choisisse, après, de la mort, ou de moi.

Ce sont là de ces traits qui portaient le docteur cité par Balzac à nommer Émilie *adorable furie*. On ne peut guère finir un acte d'une manière plus grande ou plus tragique; et si Émilie avait une raison plus pressante de vouloir faire périr Auguste, si elle n'avait appris que depuis peu qu'Auguste a fait mourir son père, si elle avait connu ce père, si ce père même avait pu lui demander vengeance, ce rôle serait du plus grand intérêt. Mais ce qui peut détruire tout l'intérêt qu'on prendrait à Émilie, c'est la supposition de l'auteur qu'elle est adoptée par Auguste. On devait chez les Romains autant et plus d'amour filial à un père d'adoption qu'à un père qui ne l'était que par le sang. Émilie conspire contre Auguste, son père et son bienfaiteur, au bout de trente ans, pour venger Toranius qu'elle n'a jamais vu. Alors cette furie n'est point du tout adorable; elle est réellement parricide. Cependant gardons-nous bien de croire qu'Émilie, malgré son ingratitude, et Cinna, malgré sa perfidie, ne soient pas deux très beaux rôles; tous deux étincellent de traits admirables.

ACTE QUATRIÈME.

SCÈNE I.

1. Tout ce que tu me dis, Euphorbe, est incroyable.—
Seigneur, le récit même en paroît effroyable.

IL est triste qu'un si bas et si lâche subalterne, un esclave affranchi, paraisse avec Auguste, et que l'auteur n'ait pas trouvé dans la jalousie de Maxime, dans les emportements que sa passion eût dû lui inspirer, ou dans quelque autre invention tragique, de quoi fournir des soupçons à Auguste. Si le trouble de Cinna, celui de Maxime, celui d'Émilie, ouvraient les yeux de l'empereur, cela serait beaucoup plus noble et plus théâtral que la dénonciation d'un esclave, qui est un ressort trop mince et trop trivial.

2 . . . . . . Cinna seul dans sa rage s'obstine,
Et contre vos bontés d'autant plus se mutine.

Le second vers est faible après l'expression *il s'obstine dans sa rage* : l'idée la plus forte doit toujours être la dernière. De plus, *se mutiner contre des bontés* est une expression bourgeoise ; on ne l'emploie qu'en parlant des enfants. Ce n'est pas que ce mot *mutine*, employé avec art, ne puisse faire un très bel effet. Racine a dit :

Enchaîner un captif de ses fers étonné,
Contre un joug qui lui plaît vainement mutiné.

D'autant plus exige un *que*; c'est une phrase qui n'est pas achevée.

SCÈNE II.

1 Il l'a jugé trop grand pour ne pas s'en punir.

On ne peut nier que ce lâche et inutile mensonge d'Euphorbe ne soit indigne de la tragédie. Mais, dira-t-on, on a le même reproche à faire à OEnone dans Phèdre. Point du tout; elle est criminelle, elle calomnie Hippolyte ; mais elle ne dit pas une fausse nouvelle : c'est cela qui est petit et bas.

SCÈNE III.

¹ Ciel, à qui voulez-vous désormais que je fie
Les secrets de mon ame et le soin de ma vie?

Voilà encore une occasion où un monologue est bien placé; la situation d'Auguste est une excuse légitime : d'ailleurs, il est bien écrit, les vers en sont beaux, les réflexions sont justes, intéressantes; ce morceau est digne du grand Corneille.

² Songe aux fleuves de sang où ton bras s'est baigné,
De combien ont rougi les champs de Macédoine.

Cela n'est pas français. Il fallait, *quels flots j'en ai versés aux champs de Macédoine,* ou quelque chose de semblable.

³ Rends un sang infidèle à l'infidélité.

Ce vers est imité de Malherbe:

Fait de tous les assauts que la rage peut faire
Une fidèle preuve à l'infidélité.

Un tel abus de mots et quelques longueurs, quelques répétitions, empêchent ce beau monologue de faire tout son effet. A mesure que le public s'est plus éclairé, il s'est un peu dégoûté des longs monologues : on s'est lassé de voir des empereurs qui parlaient si long-temps tout seuls. Mais ne devrait-on pas se prêter à l'illusion du théâtre? Auguste ne pouvait-il pas être supposé au milieu de sa cour, et s'abandonner à ses réflexions devant ses confidents, qui tiendraient lieu du chœur des anciens?

Il faut avouer que le monologue est un peu long. Les étrangers ne peuvent souffrir ces scènes sans action, et il n'y a peut-être pas assez d'action dans Cinna.

4 La vie est peu de chose, et le peu qui t'en reste
Ne vaut pas l'acheter par un prix si funeste.

Ne vaut pas l'acheter par un prix si funeste. C'est ici le tour de phrase italien. On dirait bien *non vale il comprar;* c'est un trope dont Corneille enrichissait notre langue.

5 Mais jouissons plutôt nous-mêmes de sa peine.

Peine ici veut dire *supplice*.

6 Qui des deux dois-je suivre, et duquel m'éloigner?
Ou laissez-moi périr, ou laissez-moi régner.

Ces expressions, *qui des deux, duquel,* n'expriment qu'un froid embarras; elles peignent un homme qui veut résoudre un problème, et non un cœur agité. Mais le dernier vers est très beau, et est digne de ce grand monologue.

SCÈNE IV.

AUGUSTE, LIVIE.

On a retranché toute cette scène au théâtre depuis environ trente ans. Rien ne révolte plus que de voir un personnage s'introduire sur la fin, sans avoir été annoncé, et se mêler des intérêts de la pièce sans y être nécessaire. Le conseil que Livie donne à Auguste est rapporté dans l'histoire; mais il fait un très mauvais effet dans la tragédie;

ACTE IV, SCÈNE IV. 407

il ôte à Auguste la gloire de prendre de lui-même un parti généreux. Auguste répond à Livie, *Vous m'aviez bien promis des conseils d'une femme, vous me tenez parole;* et après ces vers comiques il suit ces mêmes conseils : cette conduite l'avilit. On a donc eu raison de retrancher tout le rôle de Livie, comme celui de l'infante dans le Cid. Pardonnons ces fautes au commencement de l'art, et sur-tout au sublime, dont Corneille a donné beaucoup plus d'exemples qu'il n'en a donné de faiblesse dans ses belles tragédies.

2 J'ai trop par vos avis consulté là-dessus.

Là-dessus, là-dessous, ci-dessus, ci-dessous, termes familiers qu'il faut absolument éviter, soit en vers, soit en prose.

3. Assez et trop long-temps son exemple vous flatte;
Mais gardez que sur vous le contraire n'éclate :

n'exprime pas assez la pensée de l'auteur, ne forme pas une image assez précise. Le contraire d'un exemple ne peut se dire.

4. Vous m'aviez bien promis des conseils d'une femme;
Vous me tenez parole, et c'en sont là, madame.

Corneille devait d'autant moins mettre un reproche si injuste et si avilissant dans la bouche d'Auguste, que cette grossièreté est manifestement contraire à l'histoire. *Uxori gratias egit,* dit Sénèque le philosophe, dont le sujet de Cinna est tiré.

5 Depuis vingt ans je règne, et j'en sais les vertus.

Les vertus de régner est un barbarisme de phrase, un solécisme ; on peut dire, *les vertus des rois, des capitaines, des magistrats*, mais non *les vertus de régner, de combattre, de juger.*

6 Une offense qu'on fait à toute sa province,
Dont il faut qu'il la venge, ou cesse d'être prince.

La rime de *prince* n'a que celle de *province* en substantif : cette indigence est ce qui contribue davantage à rendre souvent la versification française faible, languissante, et forcée. Corneille est obligé de mettre *toute sa province*, pour rimer à *prince; et toute sa province* est une expression bien malheureuse, sur-tout quand il s'agit de l'empire romain.

7 . . . . . . Je ne vous quitte point,
Seigneur, que mon amour n'ait obtenu ce point.

Ce mot *point* est trivial et didactique. Premier *point*, second *point*, *point* principal.

8 C'est l'amour des grandeurs qui vous rend importune, augmente encore la faute, qui consiste à faire rejeter par Auguste un très bon conseil, qu'en effet il accepte.

SCÈNE V.

ÉMILIE, FULVIE.

La scène reste vide ; c'est un grand défaut aujourd'hui, et dans lequel même les plus médiocres

ACTE IV, SCÈNE V.

auteurs ne tombent pas. Mais Corneille est le premier qui ait pratiqué cette règle si belle et si nécessaire de lier les scènes, et de ne faire paraître sur le théâtre aucun personnage sans une raison évidente. Si le législateur manque ici à la loi qu'il a introduite, il est assurément bien excusable. Il n'est pas vraisemblable qu'Émilie arrive avec sa confidente pour parler de la conspiration dans la même chambre dont Auguste sort; ainsi elle est supposée parler dans un autre appartement.

2 D'où me vient cette joie? et que mal à propos
   Mon esprit malgré moi goûte un entier repos!

On ne voit pas trop en effet d'où lui vient cette prétendue joie; c'était au contraire le moment des plus terribles inquiétudes. On peut être alors atterré, immobile, égaré, accablé, insensible, à force d'éprouver des sentiments trop profonds; mais de la joie! cela n'est pas dans la nature.

3 Et je vous l'amenois, plus traitable et plus doux,
   Faire un second effort contre votre courroux.

Je vous l'amenais.... faire un second effort contre un grand courroux n'est ni français ni intelligible : de plus, comment cette Fulvie n'est-elle pas effrayée d'avoir vu Cinna conduit chez Auguste, et des complices arrêtés? comment n'en parle-t-elle pas d'abord? Comment n'inspire-t-elle pas le plus grand effroi à Émilie? Il semble qu'elle dise par occasion des nouvelles indifférentes.

4 Chacun diversement soupçonne quelque chose.

Ces termes lâches et sans idée, ces familiarités de la conversation, doivent être soigneusement évités.

5 Que même de son maître on dit je ne sais quoi.

Je ne sais quoi est du style de la comédie; et ce n'est pas assurément un *je ne sais quoi* que la mort de Maxime, principal conjuré.

6 On lui veut imputer un désespoir funeste.

On lui veut imputer est de la gazette suisse; *on veut dire qu'il s'est donné une bataille.*

7 On parle d'eaux, de Tibre, et l'on se tait du reste.

Il est bien singulier qu'elle dise que Maxime s'est noyé et qu'on se tait du reste. Qu'est-ce que le reste? et comment Corneille, qui corrigea quelques vers dans cette pièce, ne réforma-t-il pas ceux-ci? n'avait-il pas un ami?

8 Que de sujets de craindre et de désespérer,
Sans que mon triste cœur en daigne murmurer!

Cela n'est pas naturel. Émilie doit être au désespoir d'avoir conduit son amant au supplice. Le reste n'est-il pas un peu de déclamation? On entend toujours ces vers d'Émilie sans émotion. D'où vient cette indifférence? c'est qu'elle ne dit pas ce que toute autre dirait à sa place : elle a forcé son amant à conspirer, à courir au supplice, et elle parle de sa gloire! et elle est *fumante d'un courroux généreux*! elle devrait être désespérée, et non pas fumante.

ACTE IV, SCÈNE V.

9 Et je veux bien périr comme vous l'ordonnez,
Et dans la même assiette où vous me retenez.

Pourquoi les dieux voudraient-ils qu'elle mourût dans cette *assiette*? Qu'importe qu'elle meure dans cette *assiette* ou dans une autre? ce qui importe, c'est qu'elle a conduit son amant et ses amis à la mort.

SCÈNE VI.

1 Mais je vous vois, Maxime, et l'on vous faisoit mort !

Ne dissimulons rien, cette résurrection de Maxime n'est pas une invention heureuse. Qu'un héros qu'on croyait mort dans un combat reparaisse, c'est un moment intéressant ; mais le public ne peut souffrir un lâche que son valet avait supposé s'être jeté dans la rivière. *Corneille* n'a pas prétendu faire un coup de théâtre ; mais il pouvait éviter cette apparition inattendue d'un homme qu'on croit mort, et dont on ne désire point du tout la vie ; il était fort inutile à la pièce que son esclave Euphorbe eût feint que son maître s'était noyé.

2 En faveur de Cinna je fais ce que je puis.

Maxime joue le rôle d'un misérable. Pourquoi l'auteur, pouvant l'ennoblir, l'a-t-il rendu si bas? apparemment il cherchait un contraste ; mais de tels contrastes ne peuvent guère réussir que dans la comédie.

3 Cinna dans son malheur est de ceux qu'il faut suivre,
Qu'il ne faut pas venger de peur de leur survivre.

Que veut dire *de peur de leur survivre?* Le sens naturel est qu'il ne faut pas venger Cinna, parceque, si on le vengeait, on ne mourrait pas avec lui; mais, en voulant le venger, on pourrait aller au supplice, puisqu'Auguste est maître, et que tout est découvert. Je crois que Corneille veut dire : *Tu feins de le venger, et tu veux lui survivre.*

4 C'est un autre Cinna qu'en lui vous regardez.

Cela est comique, et achève de rendre le rôle de Maxime insupportable.

5 Et puisque l'amitié n'en faisoit plus qu'une ame,
Aimez en cet ami l'objet de votre flamme.

L'auteur veut dire : *Cinna et Maxime n'avaient qu'une ame,* mais il ne le dit pas.

6 ... Tu m'oses aimer, et tu n'oses mourir!
est sublime.

7 Maxime, en voilà trop pour un homme avisé.

Avisé n'est pas le mot propre; il semble qu'au contraire Maxime a été trop peu avisé : il paraît trop évidemment un perfide; Émilie l'a déjà appelé lâche.

8 Fuis sans moi; tes amours sont ici superflus.

Superflus n'est pas encore le mot propre; ces amours doivent être très odieux à Émilie.

Cette scène de Maxime et d'Émilie ne fait pas

ACTE IV, SCÈNE VI.

l'effet qu'elle pourrait produire, parceque l'amour de Maxime révolte, parceque cette scène ne produit rien, parcequ'elle ne sert qu'à remplir un moment vide, parcequ'on sent bien qu'Émilie n'acceptera point les propositions de Maxime, parcequ'il est impossible de rien produire de théâtral et d'attachant entre un lâche qu'on méprise et une femme qui ne peut l'écouter.

SCÈNE VII.

MAXIME [1].

Autant que le spectateur s'est prêté au monologue important d'Auguste, qui est un personnage respectable, autant il se refuse au monologue de Maxime, qui excite l'indignation et le mépris. Jamais un monologue ne fait un bel effet que quand on s'intéresse à celui qui parle, que quand ses passions, ses vertus, ses malheurs, ses faiblesses, font dans son ame un combat si noble, si attachant, si animé, que vous lui pardonnez de parler trop long-temps à soi-même.

[2] . . . . . . Et quel est le supplice
Que ta vertu prépare à ton vain artifice?

Ce mot de *vertu* dans la bouche de Maxime est déplacé, et va jusqu'au ridicule.

[3] Sur un même échafaud la perte de sa vie
Étalera sa gloire et ton ignominie.

Il n'y avait point d'échafauds chez les Romains pour les criminels ; l'appareil barbare des supplices n'était point connu, excepté celui de la potence en croix pour les esclaves.

4 Un même jour t'a vu, par une fausse adresse,
Trahir ton souverain, ton ami, ta maîtresse.

Fausse adresse est trop faible, et Maxime n'a point été adroit.

5 Jamais un affranchi n'est qu'un esclave infâme.

Il ne paraît pas convenable qu'un conjuré, qu'un sénateur reproche à un esclave de lui avoir fait commettre une mauvaise action; ce reproche serait bon dans la bouche d'une femme faible, dans celle de Phèdre, par exemple, à l'égard d'OEnone, dans celle d'un jeune homme sans expérience; mais le spectateur ne peut souffrir un sénateur qui débite un long monologue pour dire à son esclave, qui n'est pas là, qu'il espère qu'il pourra se venger de lui, et le punir de lui avoir fait commettre une action infâme.

6 Mon cœur te résistoit, et tu l'as combattu
Jusqu'à ce que ta fourbe ait souillé sa vertu.

Il faut éviter cette cacophonie en vers, et même dans la prose soutenue.

7 Mais les dieux permettront à mes ressentiments
De te sacrifier aux yeux des deux amants.

On se soucie fort peu que cet esclave Euphorbe soit mis en croix ou non. Cet acte est un peu défectueux dans toutes ses parties; la difficulté d'en faire cinq est si grande, l'art était alors si peu connu, qu'il serait injuste de condamner Corneille.

Cet acte eût été admirable par-tout ailleurs dans son temps : mais nous ne recherchons pas si une chose était bonne autrefois, nous recherchons si elle est bonne pour tous les temps.

8 Et j'ose m'assurer qu'en dépit de mon crime
Mon sang leur servira d'assez pure victime.

On ne peut pas dire *en dépit de mon crime* comme on dit *malgré mon crime, quel qu'ait été mon crime*, parcequ'un crime n'a point de dépit. On dit bien *en dépit de ma haine, de mon amour*, parceque les passions se personnifient.

ACTE CINQUIÈME.

SCÈNE I.

1 Prends un siège, Cinna, prends; et sur toute chose
Observe exactement la loi que je t'impose.

Sede, inquit, Cinna; hoc primum a te peto ne loquentem interpelles. Toute cette scène est de Sénèque le philosophe. Par quel prodige de l'art Corneille a-t-il surpassé Sénèque, comme dans les Horaces il a été plus nerveux que Tite-Live ? C'est là le privilège de la belle poésie : et c'est un de ces exemples qui condamnent bien fortement ces deux auteurs, d'Aubignac et la Motte, qui ont voulu faire des tragédies en prose; d'Aubignac, homme sans talent, qui, pour avoir mal étudié le théâtre, croyait pouvoir faire une bonne tragédie dans la prose la plus plate; la Motte, homme d'esprit et de génie, qui, ayant trop négligé le style et la langue dans la poésie, pour laquelle il avait beaucoup de talent, voulut faire des tragédies en prose, parceque la prose est plus aisée que la poésie.

2 Au milieu de leur camp tu reçus la naissance;
Et lorsqu'après leur mort tu vins en ma puissance,
Leur haine enracinée au milieu de ton sein
T'avoit mis contre moi les armes à la main.

Il y avait auparavant :

Ce fut dedans leur camp que tu pris la naissance;
Et quand après leur mort tu vins en ma puissance,
Leur haine héréditaire, ayant passé dans toi,
T'avoit mis à la main les armes contre moi.

Leur haine héréditaire était bien plus beau que *leur haine enracinée.*

3 Ma cour fut ta prison, mes faveurs tes liens.

On sous-entend *furent*. Ce n'est point une licence, c'est un trope en usage dans toutes les langues.

4 De la façon enfin qu'avec toi j'ai vécu,
Les vainqueurs sont jaloux du bonheur du vaincu.

De la façon est trop familier, trop trivial.

5 Qu'en te couronnant roi je t'aurois donné moins.

Voilà ce vers qui contredit celui d'Émilie. D'ailleurs, quel royaume aurait-il donné à Cinna? les Romains n'en recevaient point. Ce n'est qu'une inadvertance qui n'ôte rien au sentiment et à l'élo-

ACTE V, SCÈNE I. 417

quence vraie et sans enflure dont ce morceau est rempli.

⁶ Ai-je de bons avis, ou de mauvais soupçons ?

Bons et *mauvais* n'est-il pas un peu trop antithèse ? et ces antithèses en général ne sont-elles pas trop fréquentes dans les vers français et dans la plupart des langues modernes ?

⁷ Mais tu ferois pitié, même à ceux qu'elle irrite,
Si je t'abandonnois à ton peu de mérite.

Ces vers et les suivants occasionnèrent un jour une saillie singulière. Le dernier maréchal de la Feuillade, étant sur le théâtre, dit tout haut à Auguste : Ah ! tu me gâtes le *Soyons amis, Cinna*. Le vieux comédien qui jouait Auguste se déconcerta et crut avoir mal joué. Le maréchal, après la pièce, lui dit : Ce n'est pas vous qui m'avez déplu ; c'est Auguste qui dit à Cinna qu'il n'a aucun mérite, qu'il n'est propre à rien, qu'il fait pitié, et qui ensuite lui dit, *Soyons amis*. Si le roi m'en disait autant, je le remercierais de son amitié.

Il y a un grand sens et beaucoup de finesse dans cette plaisanterie. On peut pardonner à un coupable qu'on méprise, mais on ne devient pas son ami ; il fallait peut-être que Cinna très criminel fût encore grand aux yeux d'Auguste. Cela n'empêche pas que le discours d'Auguste ne soit un des plus beaux que nous ayons dans notre langue.

⁸ N'attendez point de moi d'infâmes repentirs.

Le *repentir* ne peut ici admettre de pluriel.

9 Je sais ce que j'ai fait, et ce qu'il vous faut faire.

Le sens est, *ce que vous devez faire;* mais l'expression est trop équivoque, elle semble signifier ce que Cinna doit faire à Auguste.

SCÈNE II.

1 Vous ne connoissez pas encor tous les complices;
Votre Émilie en est, seigneur, et la voici.

Les acteurs ont été obligés de retrancher Livie, qui venait faire ici le personnage d'un exempt, et qui ne disait que ces deux vers. On les fait prononcer par Émilie, mais ils lui sont peu convenables : elle ne doit pas dire à Auguste, *votre Émilie,* ce mot la condamne; si elle vient s'accuser elle-même, il faut qu'elle débute en disant : *Je viens mourir avec Cinna.*

2 Quoi ! l'amour qu'en ton cœur j'ai fait naître aujourd'hui
T'emporte-t-il déjà jusqu'à mourir pour lui ?
Ton ame à ces transports un peu trop s'abandonne,
Et c'est trop tôt aimer l'amant que je te donne.

Cette petite ironie est-elle bien placée dans ce moment tragique ? est-ce ainsi qu'Auguste doit parler ?

3 Le ciel rompt le succès que je m'étois promis.

On ne rompt point un succès, encore moins un succès qu'on s'est promis : on rompt une union, on détruit des espérances, on fait avorter des desseins, on prévient des projets : le ciel ne m'a pas accordé, m'ôte, me ravit, le succès que je m'étais promis.

4 L'une fut impudique, et l'autre est parricide.

Il est ici question de Julie et d'Émilie. Ce mot *impudique* ne se dit plus guère dans le style noble, parcequ'il présente une idée qui ne l'est pas ; on n'aime point d'ailleurs à voir Auguste se rappeler cette idée humiliante et étrangère au sujet. Les gens instruits savent trop bien qu'Émilie ne fut même jamais adoptée par Auguste ; elle ne l'est que dans cette pièce.

5 O ma fille ! est-ce là le prix de mes bienfaits ? —
Ceux de mon père en vous firent mêmes effets.

Il y avait dans les premières éditions :

Mon père l'eut pareil de ceux qu'il vous a faits.

On a corrigé depuis :

Ceux de mon père en vous firent mêmes effets.

Mais *firent mêmes effets* n'est recevable ni en vers, ni en prose.

LIVIE.

6 C'en est trop, Émilie ; arrête, etc.

Les comédiens ont retranché tout le couplet de Livie, et il n'est pas à regretter : non seulement Livie n'était pas nécessaire, mais elle se faisait de fête mal à propos pour débiter une maxime aussi fausse qu'horrible, qu'il est permis d'assassiner pour une couronne, et qu'on est absous de tous les crimes quand on règne.

7   Et, dans le sacré rang où sa faveur l'a mis,
    Le passé devient juste, et l'avenir permis.

Ce vers n'a pas de sens. *L'avenir* ne peut signifier *les crimes à venir*; et, s'il le signifiait, cette idée serait abominable.

8   Si j'ai séduit Cinna, j'en séduirai bien d'autres.

Il semble qu'Émilie soit toujours sûre de faire conspirer qui elle voudra, parcequ'elle se croit belle. Doit-elle dire à Auguste qu'elle aura d'autres amants qui vengeront celui qu'elle aura perdu?

9   Que la vengeance est douce à l'esprit d'une femme!

Ce vers paraît trop du ton de la comédie, et est d'autant plus déplacé, qu'Émilie doit être supposée avoir voulu venger son père, non pas parcequ'elle a le caractère d'une femme, mais parce qu'elle a écouté la voix de la nature.

10 Je l'attaquai par-là, par-là je pris son ame.

Expression trop familière.

11 J'en suis le seul auteur, elle n'est que complice.

Pourquoi toute cette contestation entre Cinna et Émilie est-elle un peu froide? c'est que si Auguste veut leur pardonner, il importe fort peu qui des deux soit le plus coupable; et que, s'il veut les punir, il importe encore moins qui des deux a séduit l'autre. Ces disputes, ces combats à qui mourra l'un pour l'autre, font une grande impression quand on peut hésiter entre deux personnages, quand on ignore sur lequel des deux le coup tombera, mais non pas quand tous les deux sont condamnés et condamnables.

12 Mourez, mais en mourant ne souillez point ma gloire....
Et la mienne se perd si vous tirez à vous
Toute celle qui suit de si généreux coups.

Tirez à vous est une expression trop peu noble. *Généreux coups* ne peut se dire d'une entreprise qui n'a pas eu d'effet.

13 Eh bien, prends-en ta part, et me laisse la mienne.

Eh bien, prends-en ta part est du ton de la comédie.

14 Tout doit être commun entre de vrais amants.

Ce vers est encore du ton de la comédie; et cette expression *de vrais amants* revient trop souvent.

15 Mais enfin le ciel m'aime, et ses bienfaits nouveaux
Ont arraché Maxime à la fureur des eaux.

Maxime vient ici faire un personnage aussi inutile que Livie. Il paraît qu'il ne doit point dire à Auguste qu'on l'a fait passer pour noyé de peur qu'on n'eût envoyé après lui, puisqu'il n'avait révélé la conspiration qu'à condition qu'on lui pardonnerait. N'eût-il pas été mieux qu'il se fût noyé en effet de douleur d'avoir joué un si lâche personnage? On ne s'intéresse qu'au sort de Cinna et d'Émilie, et la grace de Maxime ne touche personne.

SCÈNE III.

¹ Euphorbe vous a feint que je m'étois noyé.

Feindre ne peut gouverner le datif; on ne peut dire *feindre à quelqu'un*.

² Et pensois la résoudre à cet enlèvement
Sous l'espoir du retour pour venger son amant.

Sous l'espoir du retour.... expression de comédie; *retour pour venger*, expression vicieuse.

³ Sa vertu combattue a redoublé ses forces.

On dit *les forces de l'état, la force de l'ame*. De plus, Émilie n'avait besoin ni de forces ni de vertu pour mépriser Maxime.

⁴ Si pourtant quelque grace est due à mon indice....

Indice est là pour rimer à *artifice* : le mot propre est *aveu*.

⁵ Faites périr Euphorbe au milieu des tourments.

C'est un sentiment lâche, cruel, et inutile.

⁶ Soyons amis, Cinna; c'est moi qui t'en convie.

C'est ce que dit Auguste qui est admirable; c'est là ce qui fit verser des larmes au grand Condé, larmes qui n'appartiennent qu'à de belles ames.

De toutes les tragédies de Corneille celle-ci fit le plus grand effet à la cour, et on peut lui appliquer ces vers du vieil Horace :

C'est aux rois, c'est aux grands, c'est aux esprits bien faits....
. . . .
C'est d'eux seuls qu'on attend la véritable gloire.

De plus, on était alors dans un temps où les esprits, animés par les factions qui avaient agité le règne de Louis XIII, ou plutôt du cardinal de Richelieu, étaient plus propres à recevoir les sentiments qui règnent dans cette pièce. Les premiers spectateurs furent ceux qui combattirent à la Marfée, et qui firent la guerre de la Fronde. Il y a d'ailleurs dans cette pièce un vrai continuel, un développement de la constitution de l'empire romain, qui plaît extrêmement aux hommes d'état; et alors chacun voulait l'être.

J'observerai ici que, dans toutes les tragédies grecques faites pour un peuple si amoureux de sa liberté, on ne trouve pas un trait qui regarde cette liberté; et que Corneille, né Français, en est rempli.

7 Aime Cinna, ma fille, en cet illustre rang;
Préfère-s-en la pourpre à celle de mon sang.

La pourpre d'un rang est intolérable; cette pourpre comparée au sang, parcequ'il est rouge, est puérile.

8 J'ose avec vanité me donner cet éclat,
Puisqu'il change mon cœur, qu'il veut changer l'état,

n'est pas français.

9 Si tu l'aimes encor, ce sera ton supplice. —
Je n'en murmure point, il a trop de justice.

Un supplice est juste; on l'ordonne avec justice; celui qui punit a de la justice: mais le supplice n'en a point, parcequ'un supplice ne peut être personnifié.

10 . . . . . . Une céleste flamme
D'un rayon prophétique illumine mon ame.

Un rayon prophétique ne semble pas convenir à Livie; la juste espérance que la clémence d'Auguste préviendra désormais toute conspiration vaut bien mieux qu'un rayon prophétique.

On retranche aux représentations ce dernier couplet de Livie comme les autres, par la raison que tout acteur qui n'est pas nécessaire gâte les plus grandes beautés.

FIN DU PREMIER VOLUME.

TABLE

DES PIÈCES CONTENUES DANS CE VOLUME.

	Pages.
Vie de P. Corneille, ...	v
Préface historique de Voltaire sur le Cid,	xxxiii
Le Cid, tragédie,....................	1
Horace, tragédie,...................	87
Cinna, tragédie,....................	171
Remarques de Voltaire sur le Cid, ...	263
———— sur Horace,.............	293
———— sur Cinna,..............	353

Fin de la Table du tome premier.

www.ingramcontent.com/pod-product-compliance
Lightning Source LLC
Chambersburg PA
CBHW060232230426
43664CB00011B/1620